馬德 呂義 主編

敦煌草書寫本識粹

大乘百法明門論疏卷下

馬德 編著

社會科學文獻出版社
SSAP
SOCIAL SCIENCES ACADEMIC PRESS (CHINA)

《敦煌草書寫本識粹》編委會

總序

一九〇〇年，地處中國西北戈壁深山的敦煌莫高窟，封閉千年的藏經洞開啓，出土了數以萬計的敦煌寫本文獻。其中僅漢文文書就有近六萬件，而草書寫本則有四百多件二百餘種。同其他敦煌遺書一樣，由於歷史原因，這些草書寫本分散收藏於中國國家圖書館、英國國家圖書館、法國國家圖書館、故宫博物院、上海博物館、南京博物院、天津博物館、敦煌市博物館、日本書道博物館等院館。因此，同其他書體的敦煌寫本一樣，敦煌草書寫本也是一百二十年來世界範圍内的研究對象。

（一）

文字是對所有自然現象、社會發展的記載，是對人們之間語言交流的記録，人們在不同的環境和場合就使用不同的書體。敦煌寫本分寫經與文書兩大類，寫經基本爲楷書，文書多爲行書，而草書寫本多爲佛教經論的詮釋類文獻。

敦煌草書寫本大多屬於聽講記録和隨筆，係古代高僧對佛教經典的詮釋和注解，也有一部分抄寫本和佛典摘要類的學習筆記；寫卷所採用的書體基本爲今草，也有一些保存有濃厚的章草遺韻。

敦煌草書寫本雖然數量有限，但具有不凡的價值和意義。

首先是文獻學意義。敦煌草書寫本是佛教典籍中的寶貴資料，書寫於一千多年前的唐代，大多爲聽講筆記的孤本，僅存一份，無複本，也無傳世文獻相印證，均爲稀世珍品、連城罕物，具有極高的收藏價值、文物價值、研究價值。而一部分雖然有傳世本可鑒，但作爲最早的手抄本，保存了文獻的原始形態，對傳世本錯訛的校正作用顯而易見；更有一部分經過校勘和標注的草書寫本，成爲後世其他抄寫本的底本和範本。所以，敦煌草書寫本作爲最原始的第一手資料可發揮重要的校勘作用；同時作爲古代寫本，保存了諸多引人注目的古代異文，提供了豐富的文獻學和文化史等學科領域的重要信息。

其次是佛教史意義。作爲社會最基層的佛教宣傳活動的内容記録，以通俗的形式向全社會進行佛教的普及宣傳，深入社會，反映了中國大乘佛教的「入世」特色，是研究佛教的具體信仰形態的第一手資料。通過對敦煌草書寫本文獻的整理研究，可以窺視當時社會第一綫的佛教信仰形態，進而對古代敦煌以及中國佛教進行全方位的瞭解。

再次是社會史意義。多數草書寫本是對社會最基層的佛教宣傳活動的内容記録，所講内容緊貼社會生活，運用民間方言，結合風土民情，特别是大量利用中國歷史上的神話傳説和歷史故事來詮釋佛教義理，展現出宣講者淵博的學識和對中國傳統文化的認知。同時向世人展示佛教在社會發展進步中的歷史意義，進一步發揮佛教在維護社會穩定、促進社會發展方面的積極作用，也爲佛教在當今社會的傳播和發展提供歷史借鑒。另外有少數非佛典寫本，其社會意義則更加明顯。

最後是語言學的意義。隨聽隨記的草書寫本來源於活生生的佛教生活，內容大多爲對佛經的注解和釋義，將佛教經典中深奧的哲學理念以大衆化的語言進行演繹。作爲聽講記録文稿，書面語言與口頭語言混用，官方術語與民間方言共存；既有佛教術語，又有流行口語……是沒有經過任何加工和處理的原始語言，保存了許多生動、自然的口語形態，展示了一般書面文獻所不具備的語言特色。

當然還有很重要的兩點，就是草書作品在文字學和書法史上的意義。其一，敦煌草書寫本使用了大量的異體字和俗體字，這些文字對考訂相關漢字的形體演變，建立文字譜系，具有重要的價值，爲文字學研究提供了豐富的原始資料。其二，草書作爲漢字的書寫體之一，簡化了漢字的寫法，是書寫進化的體現。敦煌寫本使用草書文字，結構合理，運筆流暢，書寫規範，書體標準，傳承有序；其中許多草書寫卷，堪稱中華書法寶庫中的頂級精品，許多字形不見於現今中外草書字典。這些書寫於千年之前的草書字，爲我們提供了大量的古代草書樣本，所展示的標準的草書文獻，對漢字草書的書寫和傳承有正軌和規範的作用，給各類專業人員提供完整準確的研習資料，爲深入研究和正確認識草書字體與書寫方法，解決當今書法界的很多爭議，正本清源，提供了具體材料，從而有助於傳承中華民族優秀傳統文化。同時，一些合體字，如「𦬁」（菩薩）、「𦱽」（菩提）、「丗」、「卌」或「夾」（涅槃）等，個別的符代字如「煩々」（煩惱）等，可以看作速記符號的前身。

總之，敦煌草書寫本無論是在佛教文獻的整理研究領域，還是對書法藝術的學習研究，對中華民族優秀傳統文化的傳承和創新都具有深遠的歷史意義和重大的現實意義，因此亟須挖掘、整理和研究。

（二）

遺憾的是，敦煌遺書出土歷兩個甲子以來，在國内，無論是學界還是教界，大多數研究者專注於書寫較爲工整的楷書文獻，對於字迹較難辨認但内容更具文獻價值和社會意義的草書寫本則重視不够。以往的有關成果基本上散見於敦煌文獻圖録和各類書法集，多限於影印圖片，釋文極爲少見，研究則更少。這使草書寫本不但無法展現其内容和文獻的價值意義，對大多數的佛教文獻研究者來講仍然屬於「天書」；而且因爲没有釋文，不僅無法就敦煌草書佛典進行系統整理和研究，即使是在文字識别和書寫方面也造成許多誤導——作爲書法史文獻也未能得到正確的認識和運用。相反，曾有日本學者對部分敦煌草書佛典做過釋文，雖然每見訛誤，但收入近代大藏經而廣爲流傳。此景頗令國人汗顔。

敦煌文獻是我們的老祖宗留下來的文化瑰寶，中國學者理應在這方面做出自己的貢獻。三十多年前，不少中國學人因爲受「敦煌在中國，敦煌學在外國」的刺激走上敦煌研究之路。今天，中國的敦煌學已經走在世界前列，但是我們不得不承認，還有一些領域，學術界關注得仍然不够，比如説對敦煌草書文獻的整理研究。這對於中國學界和佛教界來説無疑具有强烈的刺激與激勵作用。因此，敦煌草書寫本的整理研究不僅可以填補國内的空白，而且在一定程度上仍然具有「一雪前耻」的學術和社會背景。

爲此，在敦煌藏經洞文獻面世一百二十年之際，我們組織「敦煌草書寫本整理研究」項目組，計劃用八年左右的時間，對敦煌莫高窟藏經洞出土的四百多件二百餘種草書寫本進行全面系統的整理研究，内容包括對目前已知草書寫本的釋録、校注和内容、背景、草書文字等各方面的研究，以及相應的人才培養。這是一項龐大而繁雜的系統工程。《敦煌草書寫本識粹》即是這一項目的主要階段性成果。

（二）

《敦煌草書寫本識粹》從敦煌莫高窟藏經洞出土的四百多件二百餘種草書寫本中選取具有重要歷史文獻價值的八十種，分四輯編輯爲系列叢書八十册，每册按照統一的體例編寫，即分爲原卷原色圖版、釋讀與校勘和研究綜述三大部分。

寫本文獻編號與經名或文書名。編號爲目前國際通用的收藏單位流水號（因竪式排版，收藏單位略稱及序號均用漢字標識），如北敦爲中國國家圖書館藏品，斯爲英國國家圖書館藏品，伯爲法國國家圖書館藏品，故博爲故宫博物院藏品，上博爲上海博物館藏品，津博爲天津博物館（原天津市藝術博物館併入）藏品，南博爲南京博物院藏品等；卷名原有者襲之，缺者依内容擬定。對部分寫本中卷首與卷尾題名不同者，或根據主要内容擬定主題卷名，或據全部内容擬定綜述性卷名。

釋文和校注。竪式排版，採用敦煌草書寫本原件圖版與釋文、校注左右兩面對照的形式：展开後右面爲圖版頁，左面按原文分行竪排釋文，加以標點、斷句，並在相應位置排列校注文字。釋文按總行數順序標注。在校注中，爲保持文獻的完整性和便於專業研究，對部分在傳世大藏經中有相應文本者，或寫本爲原經文縮略或摘要本者，根據需要附上經文原文或提供信息鏈接；同時在寫本與傳世本的異文對照、對比方面，進行必要的注釋和説明，求正糾誤，去僞存真。因草書寫本多爲聽講隨記，故其中口語、方言使用較多，校注中儘量加以説明，包括對使用背景與社會風俗的解釋。另外，有一些草書寫本有兩個以上的寫卷（包括一定數量的殘片），還有的除草書外另有行書或楷書寫卷，在校釋中以選定的草書寫卷爲底本，以其他各卷互校互證。

研究綜述。對每卷做概括性的現狀描述，包括收藏單位、編號、保存現狀（首尾全、首全尾缺、尾缺、尾殘等）、寫本内容、時代、作者、抄寫者、流傳情況、現存情況等。在此基礎上，分内容分析、相關的歷史背景、獨特的文獻價值意義、書寫規律及其演變、書寫特色及其意義等問題，以歷史文獻和古籍整理爲主，綜合運用文字學、佛教學、歷史學、書法學等各種研究方法，對精選的敦煌草書寫本進行全面、深入、系統的研究，爲古籍文獻和佛教研究者提供翔實可靠的資料。另外，通過對草書文字的準確識讀，進一步對其中包含的佛教信仰、民俗風情、方言術語及其所反映的社會歷史背景等進行深入的闡述。

與草書寫本的整理研究同時，全面搜集和梳理所有敦煌寫本中的草書文字，編輯出版敦煌草書寫本字典，提供標準草書文字字形及書體，分析各自在敦煌草書寫本中的文字和文獻意義，藉此深入認識漢字的精髓，在中國傳統草書書法方面做到正本清源，又爲草書文字的學習和書寫提供準確、規範的樣本，傳承中華優秀傳統文化。在此基礎上，待條件成熟時，編輯《敦煌寫卷行草字典合輯》，也將作爲本項目的階段性成果列入出版計劃。

《敦煌草書寫本識粹》第一輯有幸得到二〇一八年國家出版基金的資助；蘭州大學敦煌學研究所將「敦煌草書文獻整理研究」列爲所内研究項目，並争取到學校和歷史文化學院相關研究項目經費的支持；部分工作列入馬德主持的國家社會科學基金重大項目「敦煌遺書數據庫建設」，並得到了適當資助，保證整理、研究和編纂工作的順利進行。

希望《敦煌草書寫本識粹》的出版，能够填補國内敦煌草書文獻研究的空白，開拓敦煌文獻與敦煌佛教研究的新領域，豐富對佛教古籍、中國佛教史、中國古代社會的研究。

由於編者水平有限，錯誤之處在所難免。我們殷切期望各位專家和廣大讀者的批評指正。同時，我們也將積極準備下一步整理研究敦煌草書文獻的工作，培養和壯大研究團隊，取得更多更好的成果。

是爲序。

馬德　呂義

二〇二一年六月

釋校凡例

一、本册所收唐敦煌草書本《大乘百法明門論疏卷下》殘卷三卷兩種，現分别爲敦煌博物館、上海博物館和一私人收藏品。三件寫本均首尾俱缺。現按寫本原裝形式圖片、釋文，相對印出，以便對照。

二、竪式排版，採用敦煌草書寫本原件圖版與釋文、校注左右對照的形式：左面爲圖版頁；右面按原文分行竪排釋文，並在相應位置排列校注文字。

三、釋文一律採用《漢語大字典》釐定的標準繁體字，對原寫卷中的俗體字、異體字等（包括《漢語大字典》所收），一律在校注中加以説明；但對原寫本中的標準草書字一般不作説明，個别辨識困難者則酌情處理。

四、對原卷的錯字、别字等，在校注中作詳細説明。

五、凡唐代官方認可並見於正楷寫卷及碑刻者，如万、无、礼等，與今簡化字相同，爲保持寫卷原貌，不作改動。

六、對於前人已經釋讀出的文本之異文與文字，在校注中加以説明。

目録

壹　義忠本《大乘百法明門論疏卷下》釋校

按：敦煌義忠本《大乘百法明門論疏卷下》現存兩件殘卷，其一爲敦煌市博物館藏〇八三號，首尾俱殘。單層白皮紙。卷長八六點八釐米，卷高二九點七釐米。天頭二點三釐米，地脚二點二釐米，烏絲欄寬一六釐米。單紙長四三點四釐米、書二七行，行二〇至二三字不等，共二紙，總存五四行，焦墨書寫。其二爲上海博物館藏〇六〇號，紙質及書寫情况與前件一致，殘存三紙半、九六行。《洪武南藏》卷二〇五保存有本寫卷全文。

其一　敦煌市博物館〇八三號

參校本：（一）《洪武南藏》第二〇五册第二八三頁《大乘百法明門論疏》，第一—三七行；（二）窺基撰《大乘法苑義林章卷第五·法處色義林》後半段［《大正新修大藏經》（以下簡稱《大正藏》）第四五册第三四二—三四三頁］。

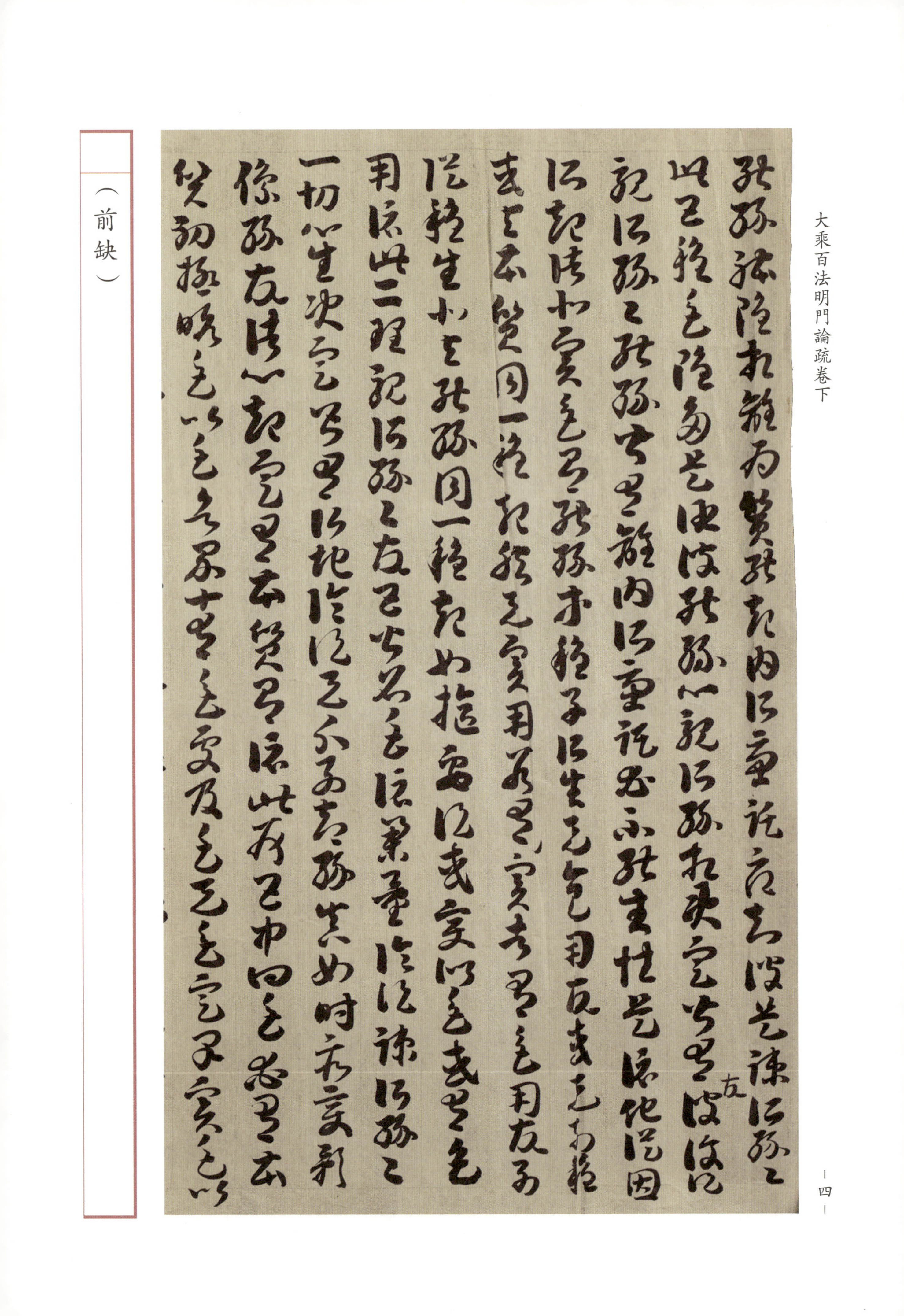

（前缺）

能緣。體雖相离，爲質能起，内所慮託。應知彼是疎所緣緣。
此五種色雖多是假，彼能緣心[一]，親所緣相，決定皆有。故彼復[二]説
親所緣緣，能緣皆有；離内所慮託，必不能生[三]。性是依他，從因
所起，諸非實色，即能緣等。種子所生，无色用故。或无別種，
或与本質[四]。同一種起，然无實用；若實有[五]者，有色用故，別
從種生，非与能緣，同一種起。如樞要説，或變似色，或有色
用，依此二理，親所緣緣故[六]。五皆名色，依集量論[七]説：疎所緣緣，
一切心生決定皆有。仏[八]地論[九]説：无分別智，緣真如時，亦變影
像緣[一〇]。故諸心起，定有本質，即依此義。五中四色必有本
質。初極略色，以色欲界[一一]十有色處，及[一二]色无色，定果實色，以

校注

【一】「心」，《洪武南藏》及《大正藏》本均作「等」。【二】「復」，《洪武南藏》及《大正藏》本均作「論」。【三】「必不能生」，《洪武南藏》本作「必不生故」。【四】「或与本質」，《大正藏》本作「成本質故」。【五】「實有」，原作「有實」，右有倒乙符。【六】「緣緣故」，《洪武南藏》本作「緣緣」，《大正藏》本作「緣故」。【七】「論」，《大正藏》本無。【八】「仏」，古「佛」字，後同。【九】「論」，《大正藏》本作「等」，誤。【一〇】「緣」，《大正藏》本無。【一一】「色欲界」，《洪武南藏》及《大正藏》本均作「欲色界」。【一二】「及」，《大正藏》本作「以」。

二

爲本質。論說極微有十五故，次極逈色以欲色界色處[二]

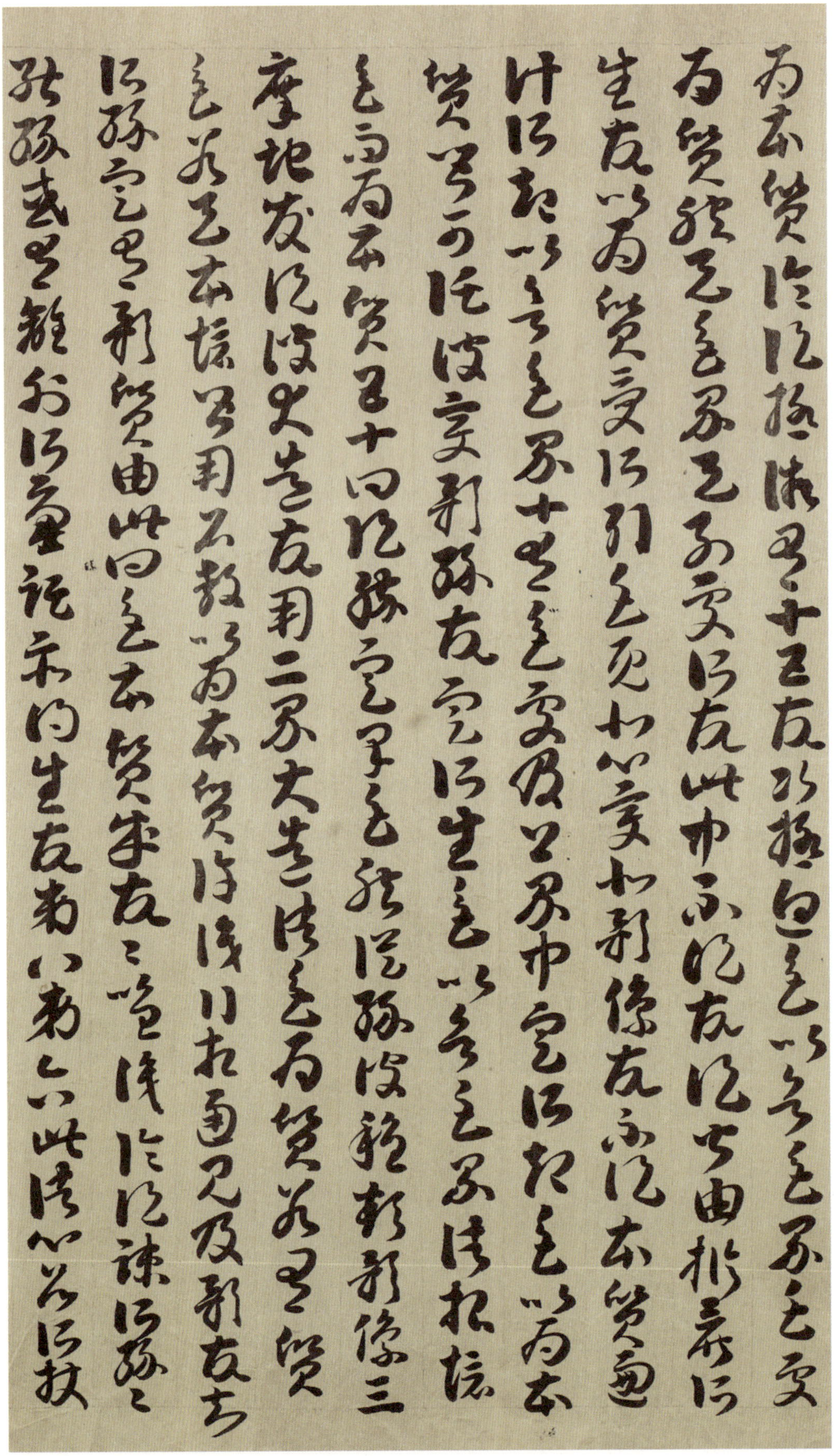

爲質，然无色界无别處所故。此中不説，故説[二]皆由析麁[三]所生，故以爲質。[四]受所引色，既非心變，非影像故。不説本質，遍計所起。[五]以欲、色界十有色處，及上界[六]中定所起色，以爲本質，皆可託彼變影緣故。定所生色，以欲色界諸根境色而[七]爲本質。五十四説，勝定果色。然從緣彼種類影像，三摩地發説彼大造故，用二界大造[八]諸色爲質。若[九]有質色，若无[一〇]本境，皆用名教以爲本質。許識行相通見及影，故知所緣定有影質。由此四色本質成故[一一]，故唯識論[一二]説：疎所緣緣能緣或有離外所慮[一三]，託亦得生故。弟[一四]八、弟六此諸心品所杖[一五]

校注

【一】「色處」，《大正藏》本同，《洪武南藏》本作「空處色」。【二】「故説」，《洪武南藏》本無。【三】「析麁」，《洪武南藏》本同，《大正藏》本作「折彼麁色」。【四】《大正藏》本此處多「非有彼類説爲本質」句。【五】《洪武南藏》本此處多一「色」字。【六】「界」，《大正藏》本作「二界」。【七】「而」，《大正藏》本作「以」。【八】「大造」，《洪武南藏》本同，《大正藏》本無。【九】《洪武南藏》本此處多一「本」字。【一〇】《洪武南藏》本此處多一「質」字。【一一】「成故」，《洪武南藏》本同，《大正藏》本作「皆成」。【一二】「論」，《大正藏》及《洪武南藏》本均無。【一三】「慮」，《大正藏》本無，誤。【一四】「弟」，與「第」古通，後同。【一五】「杖」，《洪武南藏》本作「仗」。

本質或見或無謂緣影之見之不定若緣此有熱暖熱通
遍計所起色根影法是由石數者本質如前緣自影思計
法處法空花兔角龜毛等末勘思者之是不因他教生
之本質又分是子見是分是能是影他起是分力生者
言影他分是本質亦能分之力及自書性不隨他生故此本
質是之不分之隨從川和通見及影隨從從通一切分以意者
影如隨影一故名影如者立是影隨影照性者是生如是
相本從者亦意是分又識并隨入識分者起識緣獲境
土此由分名二之乘聲故本識相分現境識從隨識以識
緣不識由第八識相影從故此性識緣依自本質不如八地已
下菩入藏分性之名二識發起識緣名之意不來名之入分

本質，或有或无踈所緣緣，有无不定。若依此義，極略極逈，遍計所[一]起色。析緣諸色，由名教者，本質如前。依自尋思[二]，計諸我法，空花兔角。過去、未來，劫盡常有[三]。不因他教，皆无本質。又定果色，有變有化，有緣他起，有定力生。若變緣他，定有本質，其化定力及自在位，不假他生，故此本質有无不定。雖說行相通見及影，雖復許遍[四]一切定[五]心。正智緣如，所緣一故。若緣如智，亦有影像；雖能照彼，知有真如，即根[六]本後智[七]，亦應无別。又諸菩薩雖入威定，常[八]起威儀，遊諸净土，此由定前意乐；擊發本識相，分現諸威儀；後雖威心，威儀不威。由弟八識持緣彼故。此位威儀依何本質，不尔八地。已上菩薩入威定位，无前意識，發起威儀，即應不成，念念入定；

校注

【一】「所」，《大正藏》本無。【二】「思」，《洪武南藏》本作「伺」，誤。【三】「有」，《大正藏》本作「微」，誤。【四】「遍」，《洪武南藏》本作「通」，誤。【五】「定」，《大正藏》本無。【六】「根」，《大正藏》本無。【七】「智」，《洪武南藏》本作「得」，誤。【八】「常」，《大正藏》本作「尚」。

色不示現現諸識海如是次第雲雲雖無量梵王亦爾
故初以為起法謂依緣者非業以之緣已成十界通緣時
現在者此緣業所作有八種識以同諸為故緣所有八法分
色空果故由於空果緣故緣思乏不空乏故唯緣住
種者除宗業量果八且緣現數性種不依心獨別唯
假且第緣通情故性種亦依意　次有回不相應八
法略思廿四種者日有四不作法生乏二此且是初文二同
者　謂一心且示和合性者日有二文也相此同亦略以上乏二不
不一種名字二科第者三法數不同四無緣和且二條不分
初辨名者初云種等現者名之為同此已六種緣業以別
者八緣種也色心不名為氣和氣是色和時業種也哉

亦非不起，現諸威儀。如是便違處處經典。有[一]梵王等，變本形類，仏前聽法，談論語言：前能變心，意識已滅；非定通識，時現在前；此所變形，非[二]弟八境，彼以何法爲本質耶。弟八所緣亦定果故。由斯定果，所杖[三]本質有无不定。故唯識説：啟[四]當深宗，集量未行，且依現教。性境不隨心，獨影唯從見。帶質通情本，性種等隨應。論：弟四不相應行法略有廿四種。述曰：弟四分位建立門分二，此即是初，文二同前。論：一得至不和合性。述曰：弟二文也，然此得等略以五門分别：一釋名字，二顯差别，三諸教不同，四弁假相，五二諦分别。初釋名者，解云：獲成就者，名之爲得，此无六釋，依業所引。弟八識種，令色心不斷，名爲命根。命即是根，持業釋也。或

校注

【一】「有」，《大正藏》本作「又」。【二】「非」，《大正藏》本作「唯」。【三】「杖」，《洪武南藏》本作「仗」。【四】「啟」，《大正藏》及《洪武南藏》本均作「契」，誤。

種望能緣果為能因是依主釋斷相所以名為因果不爾
即因不求之同不相果依主二釋皆由二際種皆緣
業果名異熟生故異熟生之性等異熟之生依主依士釋
彼此所由生能起不相似識名之能生由此果相不相
識名識學宅此之二種素依士於轉集釋也今存後俗
由名異熟謂異熟果名之相相之相依士釋也當知
三之相異熟之相多於依士釋又異熟者三義一變異
而熟要因變異方能招果名為異熟二異時而熟過去
造因今現得果現在造業招未來果名為異熟由此二義故
能引三性名不異受於三異類為熟由其因感之記
果名為異熟雖不異異類因熟無果異熟之果

種實命，假業爲命，因皆依主[一]釋類相似，故名爲[二]同分，衆即同分。衆之同分，持業依主。二釋如次[三]，由二障種，令趣差別，名異生性。異生之性，或異聖之生。依主依士[四]，如次皆得。由出離想，不恒心滅；名无想定，由止息想；恒不[五]恒滅，名滅盡定。此上二種或依[六]士，或持業釋也[七]，今存後解。由欲界修，感彼天果，名无想報。无想之報，依士釋也。有本云：无想異熟无想事，亦依士釋。又異熟有三義：一變異而熟，要因成熟，方能招果，名爲異熟。二異時而熟，過去造因，今現得果；現在造業，招未來果，名爲異熟，由此二義故。經頌言：作惡不即受等。三異類而熟，由善惡因感，无記果名，爲異熟[八]。若異屬因，熟屬於果，或異即熟，並屬

校注

【一】「主」，《大正藏》本作「士」。【二】「爲」，《大正藏》本作「衆」。【三】「如次」，原作「次如」，右有倒乙符。【四】「依主依士」，《洪武南藏》本作「依士依主」。【五】《洪武南藏》本此處多一「心」字。【六】《洪武南藏》本此處多一「釋」字。【七】「也」，《洪武南藏》本無。【八】「熟」下，原有「義」字，點删。

五四 於果，依士持業，二釋如次。一名、二名、多名，能詮自性，名曰名身。一句、

（後缺）

校注

附：中間缺失部分内容（摘自《洪武南藏》卷二〇五第二八四頁）

二句多句能詮差別名曰句身一字二字多字能爲二所依名曰文身此上三種皆持業釋一名一句一字而望於身即相違釋便非持業或展轉説亦有財釋又文身者爲名句依而顯所表顯有四義一扇二相好三根形四塩如次能顯風凉大人男女味故故名爲顯即喻此文身能顯於理若依古譯翻文爲味但是所顯非能顯也又彼名等更有句數如玄談説先无今有名生法非凝然名異法有暫用名住有法後无名爲无常不同小乘別立生等此之四種并无六釋又諸聖教多合生烕名爲无常所以然者生名爲有有非恒有不如无爲烕名爲无无非恒无不如兔角由不同彼无爲兔角二常之相故名无常因果不断故名流轉善惡因果互相差別名爲定異因果感赴名曰相應諸行迅疾故名勢速編列有敘故名次第此上五種并持業釋或无六釋過去未來等名時或隨方域所説時分名時色處分齊故名爲方度量諸法故名爲數不乖返故名和合性不和合性返此應知此後五種並无六釋第二顯差別者大論五十六云問蘊分位各有幾種荅蘊有多種謂得无想定等心不相應行又彼問云依何分位建立得此復幾種乃至問云依何分位建立不和合性此復幾種不能繁録彼文荅詞今當具引何者依因自在現行分位建立得此復三種一種子成就二自在成就三現行成就依業所引異熟住時決定分位建立命根此復三種一定不定二愛非愛三歲劫數等所安立故依諸有情相似分位建立衆同分此

復三種一種類同分二自性同分三功巧業處養命同分依未生起一切出世聖法分位建立異生性此復三種一欲界繫二色界繫三无色界繫今助一解或四生五趣六道七識住九有情居四十二居止

其二　上海博物館〇六〇號

參校本：（一）《洪武南藏》第二〇五册第二八五—二九一頁《大乘百法明門論疏》；（二）《大正新修大藏經》第四五册（以下簡稱《大正藏》）第三四三—三四六頁《義林章卷第五·法處色義林》。

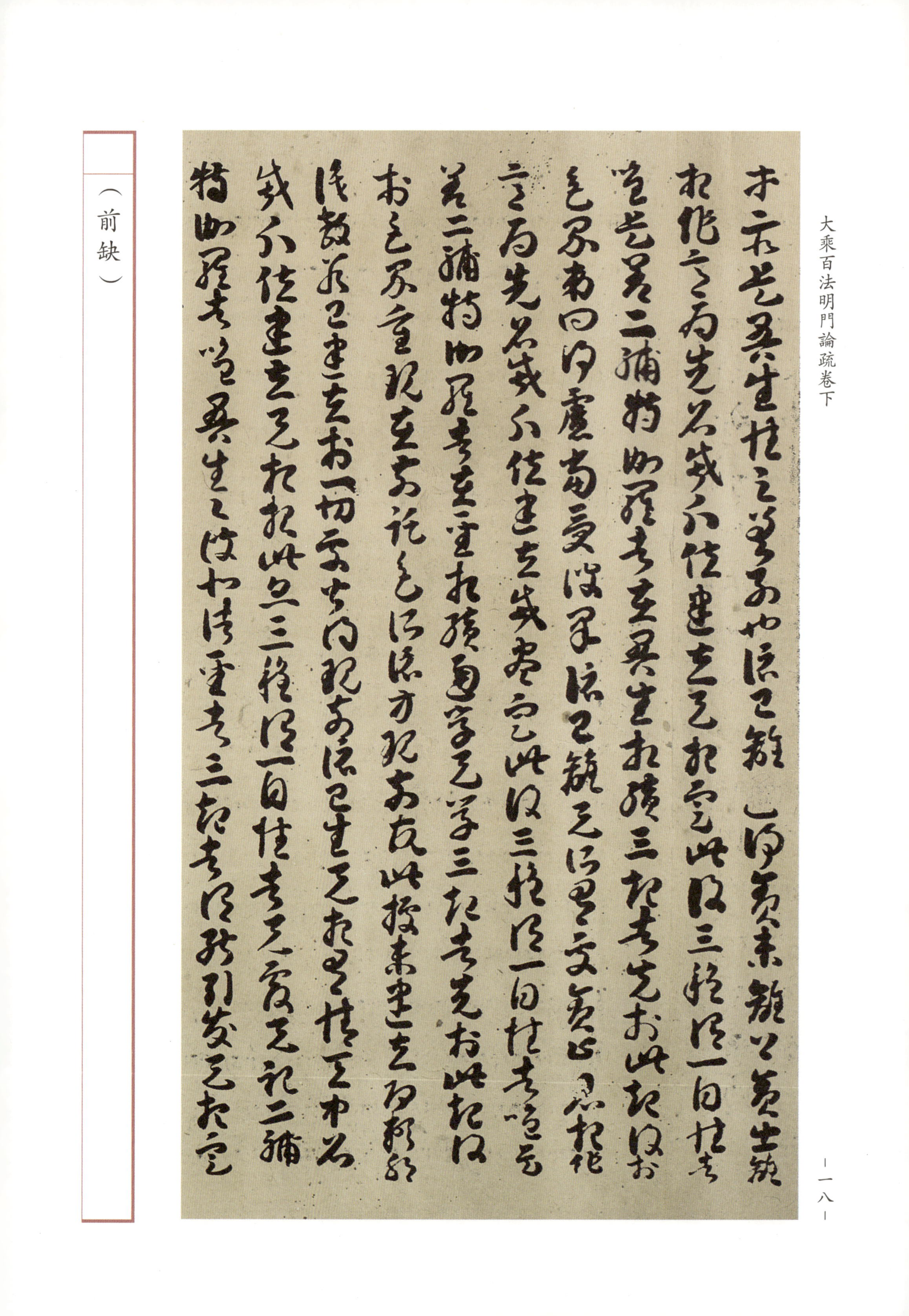

（前缺）

[illegible]

等，亦是異生性之差别也。依已離［遍］[一]，净貪未離，上貪出離，想作意爲先，名咸分位。建立无想定，此復[二]三種，謂[三]：一自性者唯是[四]善；二補特伽羅者在異生相續；三起者先於此起，復於色界；弟四静慮當受彼果。依已離无所有處，貪止息想，作意爲先，名咸分位。建立咸盡定，此復三種，謂[五]一自性者唯是善[六]；二補特伽羅者在聖相續，通學无學；三起者先於此起，復於色界重現在前，託色所依，方現前故。此據未建立阿賴耶識教，若已建立。於一切處皆得現前。依已生无想有情，天中名咸分位。建立无想報[七]，此亦[八]三種，謂[九]一自性者无覆无記；二補特伽羅者唯異生生[一〇]，彼非諸聖者；三起者謂能引發无想定

校注

【一】「遍」，殘，據《洪武南藏》《大正藏》本補。自此至第一一行「便從彼没」一段，主要内容又見於《瑜伽師地論》卷五六「攝決擇分中五識身相應地意地之六」，載《大正藏》第三〇册第六〇七頁。【二】「復」，《洪武南藏》本作「後」，後同。【三】「謂」，《洪武南藏》本無。【四】《洪武南藏》本此處多一「性」字。【五】「謂」，《洪武南藏》本無。【六】「善」上，《洪武南藏》本多一「性」字。【七】「報」，《大正藏》本無。【八】「亦」，《洪武南藏》本作「復」。【九】「謂」，《洪武南藏》本無。【一〇】「生生」，《洪武南藏》本同，《大正藏》本作「生性」。

異熟識後五蘊熟果以相生已名時者情後後後依
依言說不住生者名爲此後三種謂一依施設名爲二處物
名爲三生謂廿了不了名爲如名爲句爲文爲處生處爾此處生
不者謂標句釋句意謂釋字謂釋後意現不住生老生此
後三種謂一類相生二相續生三不住生依前後不住生一生者
此後三種謂異住老二轉變老三受用老依生不住生者住
此後三種謂一類相住二相續住三剎那住依生已暫住不住生
生已者此後三種謂一隨滅已者二轉變已者三不續已者依
因果相續不住生者相續轉此後三種謂一類相續轉二
無轉後轉三後滅後無轉後轉依後相續不住生者亡
受此後三種謂一相定受因二定受三果定異依因果相

思，能感彼天異熟果。復想生已，是諸有情，便從彼没，依假言說。分位建立名身，此復三種，謂一[一]假施設名身，二實物名身，三世所共了不了名身。如名身、句身、文身，當知亦尒。此中差別者，謂標句、釋句，音所攝、字所攝。依現在[二]分位建立生，此復三種：謂[三]，一刹那生，二相續生，三分位生。依前後分位建立老，此復三種：謂[四]一異性老，二轉變老，三受用老。依生分位建立住，此復三種：謂[五]一刹那住，二相續住，三立制住。依生已壞威分位建立无常，此復三種：謂一壞威无常，二轉變无常，三別離无常。依因果相續分位建立流轉，此復三種：謂一刹那展轉、流轉，二生展轉、流轉，三染污清净展轉、流轉。[六]依差別相分位建立定異，此復三種：謂一相定異，二因[七]定異，三果定異。依因果相

校注

【一】「謂一」，《洪武南藏》本作「二」。【二】「現在」，原作「在現」，右有倒乙符。【三】「謂」，《洪武南藏》本無。【四】「謂」，《洪武南藏》本無。【五】「謂」，《洪武南藏》本無。【六】《洪武南藏》本此處多「諸法」二字。【七】「二因」，原作「因二」，右有倒乙符。

種不相違立因果此復三種一和合因果二方便因果
三種可說理有能生因果所以遠離諸法轉不相違立勢速此
此三種有一法以勢速二十因勢速三非遍勢速有一切
流轉不相違立流轉此復三種有一種流轉諸法轉流轉二內外
流轉流轉三定異立有能流轉以有以轉流轉有以轉不相違立
時此復三種有一過去二未來三現在有以有轉受時色不
相違立方此復三種有一上下二東西三傍有情量盡了不
相違立數此復三種有一數二數三多數中數一數或小數中
數大數不是有能有能有色乏形不相違立和合此復三
種有一聚合和合二分和合三圓滿合和之和合因果
因果亦和合等不相等等有復無定一二三字好

稱分位建立相應，此復三種：謂一和合相應，二方便相應，
三攝可道理所作相應。依迅疾流轉分位建立勢速，此
此[一]三種：謂一諸行勢速，二士用勢速，三神通勢速。依一一行
流轉分位建立次弟，此復三種：謂一刹那流轉次弟，二內身
流轉次弟，三成立所作流轉次弟。[二]依行相續不斷分位建立
時，此復三種：謂一過去，二未來，三現在。依行所攝受諸色分
位建立方，此復三種：謂一上，二下，三傍。依諸商量表了分
位建立數，此復三種：謂一一數，二二數，三多數。今助一解或小數、中
數、大數，亦是所依，所作支无闕分位建立和合，此復三
種：謂一集意和合，二義和合，三圓滿和合[三]。与和合相違[四]
應知不和[五]合。若分位，若差別，依彼全无一二三字，餘

校注

【一】「此」，據文義應爲「復」。【二】《洪武南藏》本此處多一「諸」字。【三】「和合」，原作「合和」，右有倒乙符。【四】「違」，《洪武南藏》本作「返」，誤。【五】《洪武南藏》本此處多一「性」字。

於此因有三法數不同者種法作數名不同雜染法
中分二廿三種除色心法中唯取二十四種除此
法中分廿四除以雜者色心唯識為所不衆生時十四中大宗
宗色謂十種又是分言分以十五宗之分生雜染法中有
不和合宗思分言分種色妙義不和合分相應不從意除
異生性種及不從此法分自法法不和合性及分之
有四并作實義者除雜染法勤為六法法作云如是亦
心不相應行法唯除分作分出生之當有於色作色兩
若不同種類分作出生一種分者種云此分色內分除
是法之分法作出分內此分還色及心之除是法此
二有心之除我分作出生之三種者種云當有所之色二

皆並用[一]。弟三，諸教不同者，然依諸論數各不同。雜集論中有廿三；若依五蘊、唯識，有初十四、无流轉等十數；依此論中有廿四。所以然者，五蘊、唯識爲順小乘，且明十四非大乘宗，无餘十種。又置等言等，復十數亦无有失。雜集論中闕不和合，亦有等言，具攝无妨。或不和合，而故不説。或依異生性攝，故不説此論。約通諸法不和合性，故別開之。

弟四，弁假[二]相者，依雜集論，勒爲八位。[三]彼論云：如是等心[四]不相應行法，唯依分位差別建立，當知皆是假有。一於善，不[五]善增減，分位建立一種[六]者，解云：[七]此即是得，即依有情，可成諸法。假立爲得。此即通色及心、心所，有法上假。二於心、心[八]所威，分位差別建立三種者，解云：當知即是二

校注

【一】「用」，《洪武南藏》本作「同」。【二】「假」下，原有「實」，點刪。【三】《洪武南藏》本此處多一「故」字。【四】「心」，《洪武南藏》本無。【五】《洪武南藏》本此處多一「等」字。【六】「種」下，原有「子」，點刪。【七】《洪武南藏》本此處多「當知」二字。【八】《洪武南藏》本此處多一「名」字。

色心空色相相色此不三聚色亦依色不依者等三分位不
依建立一種者相云色色氣相色依色業於異類種
子位時決定不依建立此色於心所依因於相初相心所不依
建立一種者相云色色聚因不乃依如之色之思情曰
諸相所立聚因不踈所作云依情思情相所不依立亦
此通於色心所不依色於相不依建立曰種者思色曰
相依思為情法好所精立聖司思我相以如所立生不
曰此通色心所不依思亦言所不依建立三種者相者
云者者思色為何文三此通色心所不依　曰若手春座
其字可色不立為求如心依元如心不依為為若手春空依
唯依此不法為依他立作因如心不依有所言者思於事

无心定，无想報，是此等三種，即不依色分位立也。三於[一]住，分位建立一種者，解云：即是命根，即依先業所引異熟；種子住時決定分位立之，此即於心上假。四於根，形相似。分位建立一種[二]者，解云：即是衆同分，即依如是。如是有情，自體相似，[三]立衆同分。瑜伽論云：依諸有情相似，分位立中[四]。此通於色、心、心所上假。五於相。分位建立四種者，即是四相；依有爲諸法始起，轉變蹔用，即威相上。如次立生等四，此通色、心、心所上假。六於言説，分位建立三種者，解[五]云：當知即是名句文三。此通色、心、心所上假。問：名等，聲屈曲容[六]，可[七]色上立[八]名等，非心位應，非心上假？答：名等聲處假。唯依此界，淡[九]若依[一〇]他世[一一]，論何妨心上假。故經言：或有仏土，

校注

【一】《洪武南藏》本此處多一「世」字。【二】「種」下，原有「子」字，點删。【三】《洪武南藏》本此處多「分位建」三字。【四】「立中」，《洪武南藏》本作「立也」。【五】「解」下，原有「者」，點删。【六】「容」，《洪武南藏》本無。【七】《洪武南藏》本此處多一「於」字。【八】「立」，《洪武南藏》本作「假」。【九】「淡」，《洪武南藏》本作「談」。【一〇】「依」，《洪武南藏》本作「約」。【一一】「世」，《洪武南藏》本作「土」。

二之異爲諸爭七非未得不住建立一類者故云當知是色
異生性於未得已上第二新緣子足依立此性唯於
心法上假異生位亦云如何者若假異生勝所言之不六因子不
位分子建立類故云當知是色法勢等十此十並
通色心之法上假押爲言之當知三通心之法上假住二心之
定之於異熟一唯心上假住氣於一唯心法上假住異生住
依十九通色心之法上假之有二法不分者初緣法是同類
一假名之定法住熟空東京等是二住多分等法住蓋
受分等十其語是有於同法有不爲條三才次蘊者法住者
等同法是此爲二宗通觀唯是空無不應放假一有不爲條同
假一形定法住二空之是色是一生流法分邪東三陰有爲

意思爲仏事。七於未[一]得，分位建立一種者，解云：當知即是異生性，於未得見道。已來二彰，種子亦[二]假立此性，唯於心所上假有。論本云：非得者名，雖有殊義，意无別。八因果，分位差別建立餘種者，解云：當知即是流轉等十，此十並通色、心、心所上假。摠而言之，當知三[三]通心、心所上假。謂二无心[四]定，无想異熟。一唯心上假，[五]謂命根；一唯心所上假，謂異生性。餘十九[六]通色、心、心所上假。弟五：二諦分別者，初[七]俗諦有四種：一假名无實諦，謂瓶盆車乘等是。二隨事差別諦，謂蘊處界等十善巧是。劣於四諦，故名爲俗。三方便安，立諦謂苦等四諦是。此約二乘近觀，唯有生空不及，依一故名爲俗[八]。四依一[九]顯實諦，謂二空門是。望其[一〇]一真法界，猶未亡詮，故名爲

校注

【一】《洪武南藏》本此處多一「聖」字。【二】「亦」，《洪武南藏》本作「上」。【三】《洪武南藏》本此處多一「種」字。【四】「无心」，原作「心无」，右有倒乙符。【五】《洪武南藏》本此處多一「即」字。【六】《洪武南藏》本此處多一「種」字。【七】《洪武南藏》本此處多一「世」字。【八】「依一故名爲俗」，《洪武南藏》本作「依門故説名俗」。【九】「一」，《洪武南藏》本作「門」。【一〇】「其」，《洪武南藏》本無。

從第二緣所緣緣亦是因緣一緣因所現緣第二從是通初
從有名緣所二因果皆有緣　第三從是通第二從有名
緣所緣第三從內緣所緣第四從是通第三從有名有所
因緣之所之緣從一去緣不是又此二緣從生果有者亦說
四句分別一唯從無去初一從是二唯去無從第四去是三
無去無從中百法緣是因無去無從此一句所緣此內求是
從緣中第二從收無是去中初緣從緣色彼之為二緣分
可知雜義思　論第三之為略者已緣果日第三所示
意持之不二此可是初文二因有　論一雲意之為是者
如之為略日第二文緣此之為略此二之不可一移若有一生計
持解若所是二初抱後可別抱若者此之之種抱若之

俗[一]。弟二勝義諦，亦有四種：一體用顯現諦，弟二俗是過初俗，故[二]名勝義，二因果差別諦。　弟三俗是過弟二俗，故[三]名勝義諦[四]。弟[五]三證得勝義諦，弟四俗是過弟三俗，故名[六]爲義四勝義。勝義諦謂一真法界是。又此二諦八重差別者，應作四句分別：一唯俗非真，初一俗是；二唯真非俗，弟四真是；三亦真亦俗，中間六諦是；四非真非俗，此一句闕，然此得等是。俗諦中弟二俗收，亦是真中。初諦所攝色及无爲二諦，分別如理應思。

論弟五：无爲略有六種。述曰：弟五顯示實性門分二，此即是初，文二同前。

論：一虛空[七]无爲，至真如无爲。述曰：弟二[八]文。然此无爲略以二門分別：一釋名義，一出體性。[九]

釋名義有二：初揔復別，初揔名者，此[一〇]之六種，揔名无

校注

【一】「故名爲俗」，《洪武南藏》本作「故説名俗」。【二】《洪武南藏》本此處多一「爲」字。【三】《洪武南藏》本此處多一「爲」字。【四】「諦」，《洪武南藏》本無。【五】「弟」，《洪武南藏》本無。【六】《洪武南藏》本此處多一「勝」字。【七】「虛空」，原作「空虛」，右有倒乙符。【八】《洪武南藏》本此處多一「也」字。【九】《洪武南藏》本此處多一「初」字。【一〇】「此」，《洪武南藏》本作「比」，誤。

爲之言三化名之此一切有生滅法不有生化離之曰爲亡
此靈於空寂冲靈法能者住之法生化故名之爲亡
之所釋以不名者雜法漂馬之物流形名曰靈靈以靈
靈空無之所釋不空之爲可持異釋也釋流異曰釋識
流流流之流者說流流流流流形六雖名釋識之爲
一以識名識釋不如識釋識之之爲二釋如所不所識
名識釋之之識喻不惠釋爲空之爲因有法生不識住
名識之不爲持棄釋也爲之空釋無法生釋不由釋力云
住法行相彼所形友名不釋識不不釋名識所識不
識之住名識持某不惠法生三釋如所住而法有持某不
惠釋不釋識爲空之爲化法生釋法有法生識不之爲

爲，爲之言作即是。一切有生烕法，皆有造作，稱之曰爲。今[一]此空等寂寞，冲虛湛然，常住无彼造作，故名无爲。亦无六釋。復別名者，離諸障㝵，无物所顯，名曰虛空。以虛望空[二]，亦无六釋。若望无爲，即持業釋也。擇謂簡擇，烕謂断染，无漏智起，断諸障染，所顯真理，名擇烕无爲。□□[三]烕名烕擇，即是烕擇烕之无爲。二釋如次，若所烕名，烕擇之与烕唯[四]相違，釋而望无爲。同前依士若烕，性名烕，烕即无爲，持業釋也。无爲[五]望擇亦依士釋，不由擇力。本性清净，或緣闕所顯，故名非擇烕。若非擇名烕，所烕名烕，烕性名烕，持業相違。依士三釋，如次俱得，依前持業相違。[六]釋非擇烕，而望无爲，但依士釋。依前依士，烕即无爲，

校注

【一】《洪武南藏》本此處多「六種」二字。【二】「望空」，原作「空望」，右有倒乙符。【三】「□□」，《洪武南藏》本作「若能」。【四】「唯」，《洪武南藏》本作「即」。【五】「无爲」，原作「爲无」，右有倒乙符。【六】《洪武南藏》本此處多一「二」字。

如理言思不法其理不由捨力之任精業是言思經勤
丿得亦生以究其惡便所之為名不動之為不勤為字宜
以捨不動之之為根士捨也是以受是之於受不以以
所其如名於受我之為於受是安精策捨如於受戒之
之為根士捨也　喜我受之亦於受不以從妨為已名於受我
之為理和喜俱友名其如其善於喜如善於俱通計根
作如理言其又其如善所受喜將其是之色如其之為之但
持業捨　第二生孫住善明也二孫一根俱受陳施設是
一人八前是之受是集於為

如理應思。若淡[一]真理，不由擇力。即但持業，亦應思准。弟□[二]禪中出八灾違[三]，便顯无爲，名不動无爲。不動兩字全□[四]六[五]釋。不動之无爲，依士釋也[六]。无所有處[七]想受，不行所顯真如名想受，威无爲想受，即威持業釋也。想受威之无爲，依士釋也。或[八]威定中想受，不行就勝而說名想受，威无爲理非妄倒，故名真如。真簡於妄如，簡於倒遍計。依他[九]如次，應知又真如者，顯實常義。真即是如，真如即无爲[一〇]，俱持業釋。弟二出體性者，略有二體：一依識處假施設有，……[一一]別有虛空等，解變爲

（後缺）

校注

【一】「淡」，《洪武南藏》本作「談」。【二】「□」，據《洪武南藏》本，應爲「四」字。【三】「違」，《洪武南藏》本作「患」。【四】「□」，據《洪武南藏》本，應爲「無」字。【五】「六」，原字殘，據《洪武南藏》本補。【六】「也」，《洪武南藏》本無。【七】「有處」，原作「處有」，右有倒乙符。【八】《洪武南藏》本此處多一「盡」字。【九】「他」，原字殘，據《洪武南藏》本補。【一〇】「无爲」，原作「爲无」，右有倒乙符。【一一】據《洪武南藏》本，此處殘闕應爲「謂弟六識，曾聞說虛空等名，隨分」諸字。

貳　普光本《大乘百法明門論疏卷下》釋校

說明：敦煌李愛蓮〇〇一號普光本《大乘百法明門論疏卷下》殘卷，長三〇三釐米，高二八點二釐米，草書，以八紙粘接，首一紙長三六釐米，末一紙長二七釐米，其餘六紙平均長度爲四〇釐米；每紙二八行，總計二〇九行，行一八至三〇字不等，薄黄紙單面書寫。寫本内容與《大正藏》第四四册第五七—六〇頁同。現以寫本爲底本，與《大正藏》本互校。

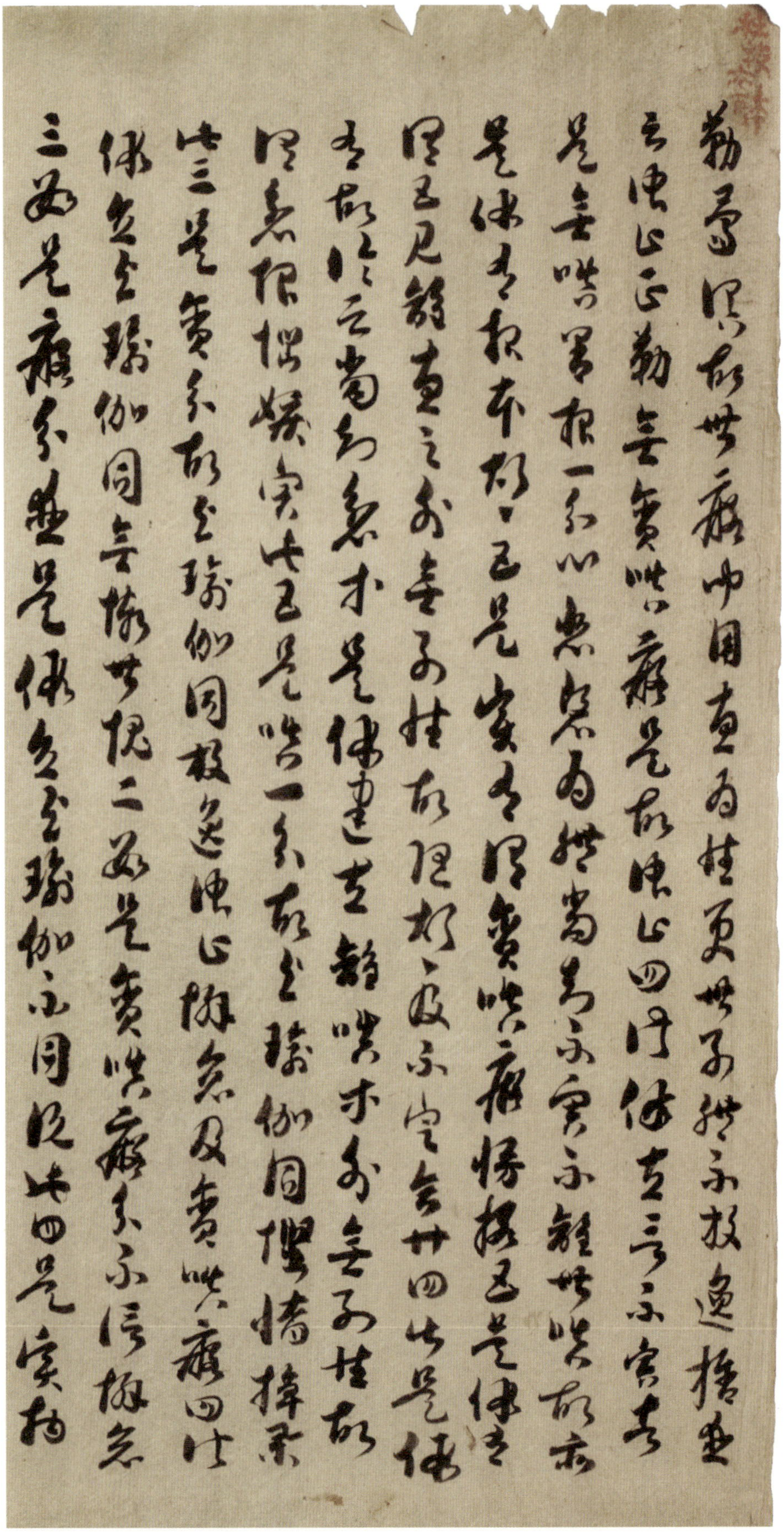

（前缺）

一 勤勇[一]俱。故[二]無癡聞[三]，用惠[四]爲性，更無別體。不放逸捨，並云：依止正勤，無貪、嗔、癡，是故依止[五]四法假立。言不害者，是無嗔，善根一分；心悲愍爲體，當知不害、不離、無嗔，故亦是假。有根本煩惱，[六]五是實有，謂貪、嗔、癡、慢、疑；五是假有，謂五見，離恚之外無別性故。隨煩惱及不定合，廿四皆是假有[七]。故論云：當知忿等是假建立，離嗔等外無別性故。

謂忿、恨、惱、嫉、害，此五是嗔一分，故[八]与瑜伽同。慳、憍、掉、舉[九]此三是貪分，故与瑜伽同[一〇]。放逸[一一]、依止、懈怠及貪嗔癡四法假立，与[一二]瑜伽同。無慚、無愧二數，是貪、嗔、癡分[一三]，不信、懈怠三[一四]數是癡分，並[一五]是假立，与瑜伽不同；[一六]說此四是實物

校注

【一】「勤勇」，《大正藏》本作「勇勤」。【二】《大正藏》本此處多一「知」字。【三】「故無癡聞」，《大正藏》本作「故知無癡」。【四】「恵」，《大正藏》本作「慧」。【五】「止」，《大正藏》本作「此」。【六】《大正藏》本此處多「爲有十中」四字。【七】「有」，《大正藏》本作「立」。【八】「故」，《大正藏》本無。【九】「慳、憍、掉、舉」，《大正藏》本作「慳、憍是貪一分，掉、舉是貪一分」。【一〇】「故与瑜伽同」，《大正藏》本作「亦瑜伽同」。【一一】《大正藏》本此處多一「中」字。【一二】「与」，《大正藏》本作「亦」。【一三】《大正藏》本此處多「假立」二字。【一四】「三」，《大正藏》本作「二」。【一五】「並」，《大正藏》本作「竝」，「並」的異體字。【一六】《大正藏》本此處多「謂瑜伽」三字。

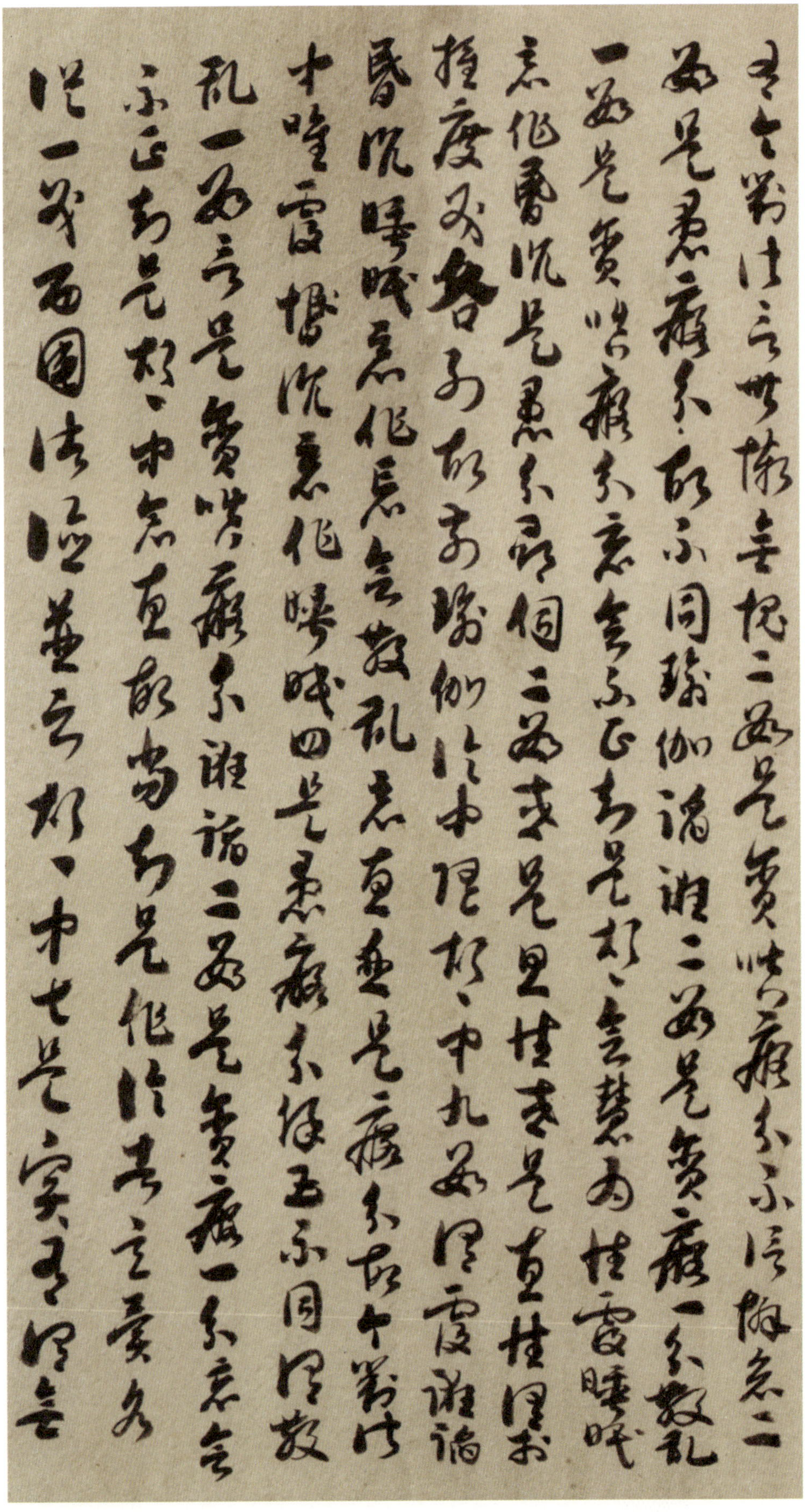

二

有。今「對法」言：無慚、無愧二數是貪、嗔、癡分，不信、懈怠二數是愚癡分，故不同瑜伽。諂、誑二數是貪、癡一分，散乱一數是貪、嗔、癡分，忘念、不正知是煩[一]惱，念慧爲性，覆、睡眠、惡作、昏沉[二]是[三]愚分，尋、伺二數或是思性，或是恚性，謂於推度，義各别故[四]。前[五]瑜伽論[六]中，隨煩惱中九數，謂覆、誑、諂、昏沉[七]、睡眠、惡作、忘念、散乱、惡恚，並是癡分。故[八]今對法中，唯覆、惛沉[九]、惡作、睡眠，四是愚癡分；餘五不同，謂散、乱一數，言[一〇]是貪、嗔、癡分，誑、諂二數是貪癡一分，忘[一一]念、不正，知是煩惱中念[一二]恚，故[一三]當知是作論者意異，各從[一四]一義。西國諸德並云：[一五]煩惱中七是實有，謂無

校注

【一】《大正藏》本此處多一「中」字。【二】「昏」，本卷第一七行作「惛」。【三】《大正藏》本此處多一「癡」字。【四】「謂於推度義各别故」，《大正藏》本作「謂推度不推度有差别故」。【五】「前」，《大正藏》本作「大乘」。【六】《大正藏》本此處多一「云」字。【七】「昏」，本卷第一七行作「惛」；「沉」，《大正藏》本作「沈」。【八】「故」，《大正藏》本無。【九】「沉」，《大正藏》本作「沈」。【一〇】「言」，《大正藏》本無。【一一】「忘」，《大正藏》本作「失」，誤。【一二】《大正藏》本此處多「一分」二字。【一三】「故」，《大正藏》本無。【一四】「從」，《大正藏》本作「説」，誤。【一五】據第一五行此處應多一「隨」字。

三

慚、無愧、昏沉、掉舉、不信、懈怠、心乱，此七數並別

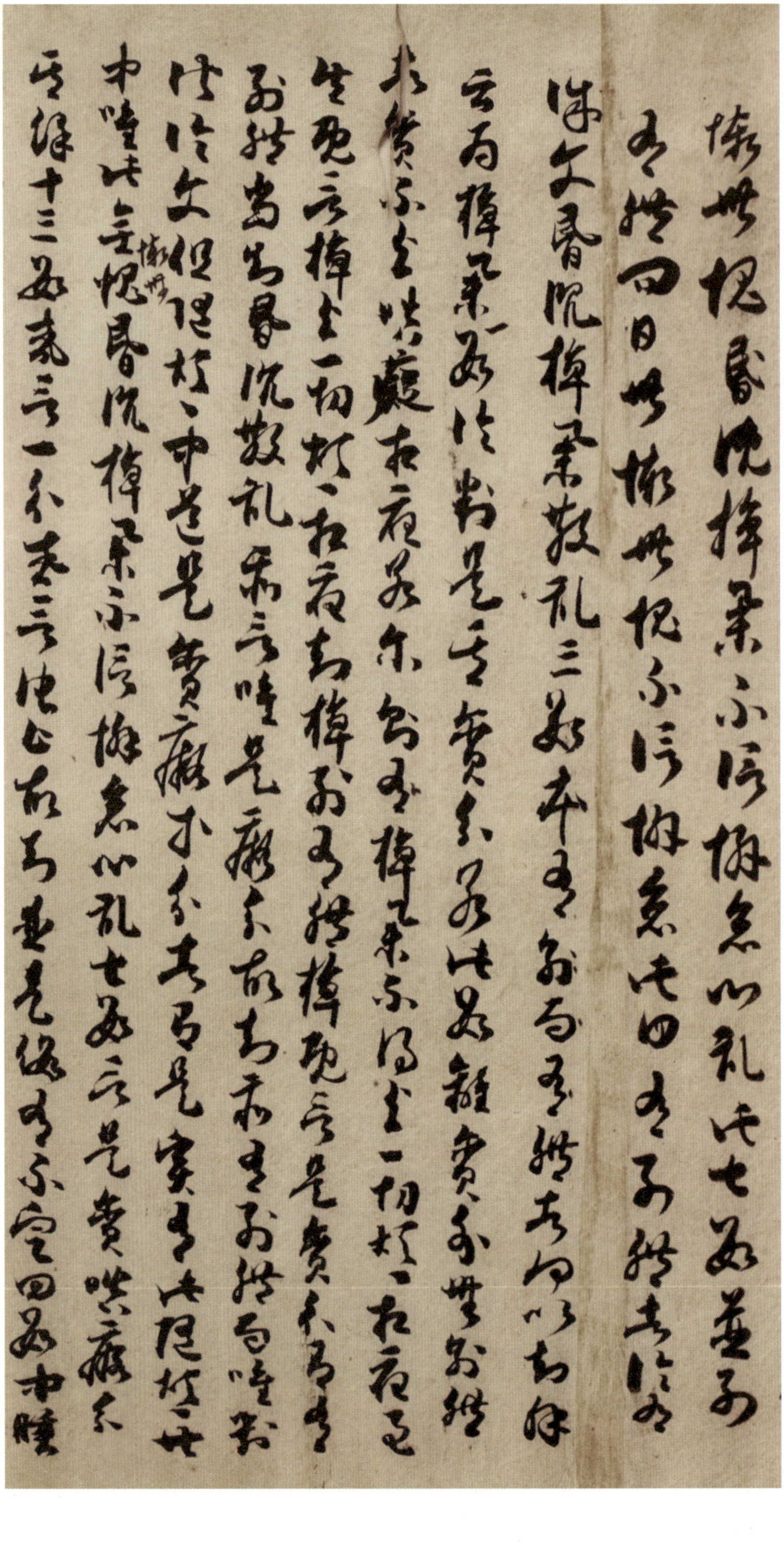

有體。問曰：無慚、無愧、不信、懈怠此四有別體者，論有誠文；昏沉、掉舉、散乱三數本有[一]體者，何以知[二]？解云：爲掉舉數，論判是其貪分；若此數離貪外無別體者，貪不与嗔、癡相應；若尔則[三]掉舉[四]，不得与一切煩惱相應過失。既言掉与一切煩惱相應，[五]知掉別有體。掉既言是[六]貪分，即[七]有別體；當知昏沉、散乱，亦言唯是癡分，故知亦有別體。而唯[八]對法論[九]文，但隨煩惱中，道[一〇]是貪、[一一]癡等分者，即是實有。此隨煩惱廿[一二]中，唯此無慚、無愧、昏沉、掉舉、不信、懈怠、心乱七數，言是貪、嗔、癡分；

其餘十三數或言一分，或言依止，故知並是假有。不定四數中，睡

校注

【一】「有」下，原有「別而有」三字，點刪。【二】「知」，《大正藏》本作「得知」。【三】「則」下，原有「有」字，點刪。【四】「舉」，《大正藏》本無，誤。【五】《大正藏》本此處多一「故」字。【六】《大正藏》本此處多一「一」字。【七】「即」，《大正藏》本無。【八】「唯」，《大正藏》本作「准」，誤。【九】「論」，《大正藏》本無。【一〇】「道」，《大正藏》本作「放逸」二字。【一一】《大正藏》本此處多一「嗔」字。【一二】「廿」，《大正藏》本作「二十」。

三一 眠、惡作，亦言是愚癡分，亦是〔一〕有別體。謂睡眠用想欲爲性，離

三二 欲〔二〕想外無別體故。又〔三〕顯揚論云〔四〕：夢者欲想所作，此亦多虛。故知

三三 睡眠是欲想生〔五〕，故言〔六〕是癡分。離癡外別有體，體是欲〔七〕然，

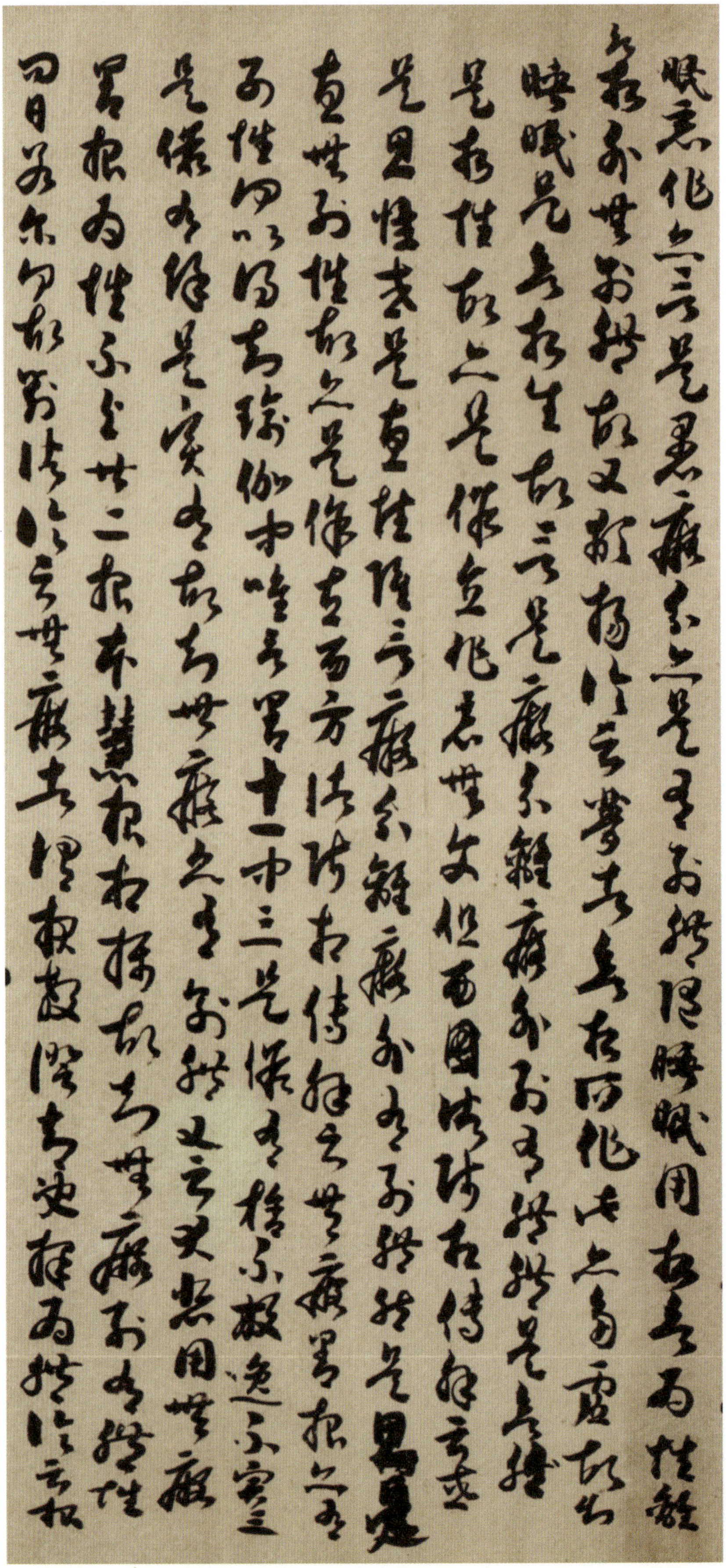

是[八]想性故，亦是假立。作惡[九]無文，但西國諸師相傳。解[一〇]云：或是思性[一一]，或是惠[一二]性。雖言癡分，離癡外有別體。然是思、是惠，[一三]無别性故。[一四]亦是假立，西方諸師相傳。解云：無癡善根亦有别性[一五]，何以得知？瑜伽中唯言：善十一中三是假[一六]有：捨、不放逸、不害。三是假有[一七]，餘是實有，故知無癡亦有别體。又云：大悲用無癡善根爲性，不与廿二根本慧根相攝[一八]，故知無癡，别有體性。

問曰：若尔何故？對法論云：無癡者謂報教證智，決擇爲體。[一九]論云：報

校注

【一】「是」，《大正藏》本無。【二】「欲」，《大正藏》本無。【三】「又」，《大正藏》本無。【四】「云」，《大正藏》本作「言」。【五】「生」，《大正藏》本作「性」，誤。【六】「故言」，《大正藏》本作「謂」。【七】「欲」，《大正藏》本作「言」，誤。【八】「是」上，《大正藏》本多一「欲」字。【九】「作惡」，《大正藏》本作「惡作」。【一〇】「解」，《大正藏》本無。【一一】「或是思性」，《大正藏》本無。【一二】「惠」，《大正藏》本作「慧」。【一三】《大正藏》本此處多「離思惠外」四字。【一四】《大正藏》本此處有「故知」二字。【一五】「性」，《大正藏》本作「體」，誤。【一六】《大正藏》本此處多一「謂」字。【一七】「三是假有」，《大正藏》本無，誤。【一八】「不与廿二根本惠根相攝」，《大正藏》本作「与二十二根惠不言相攝」。【一九】《大正藏》本此處原多一「釋」字。

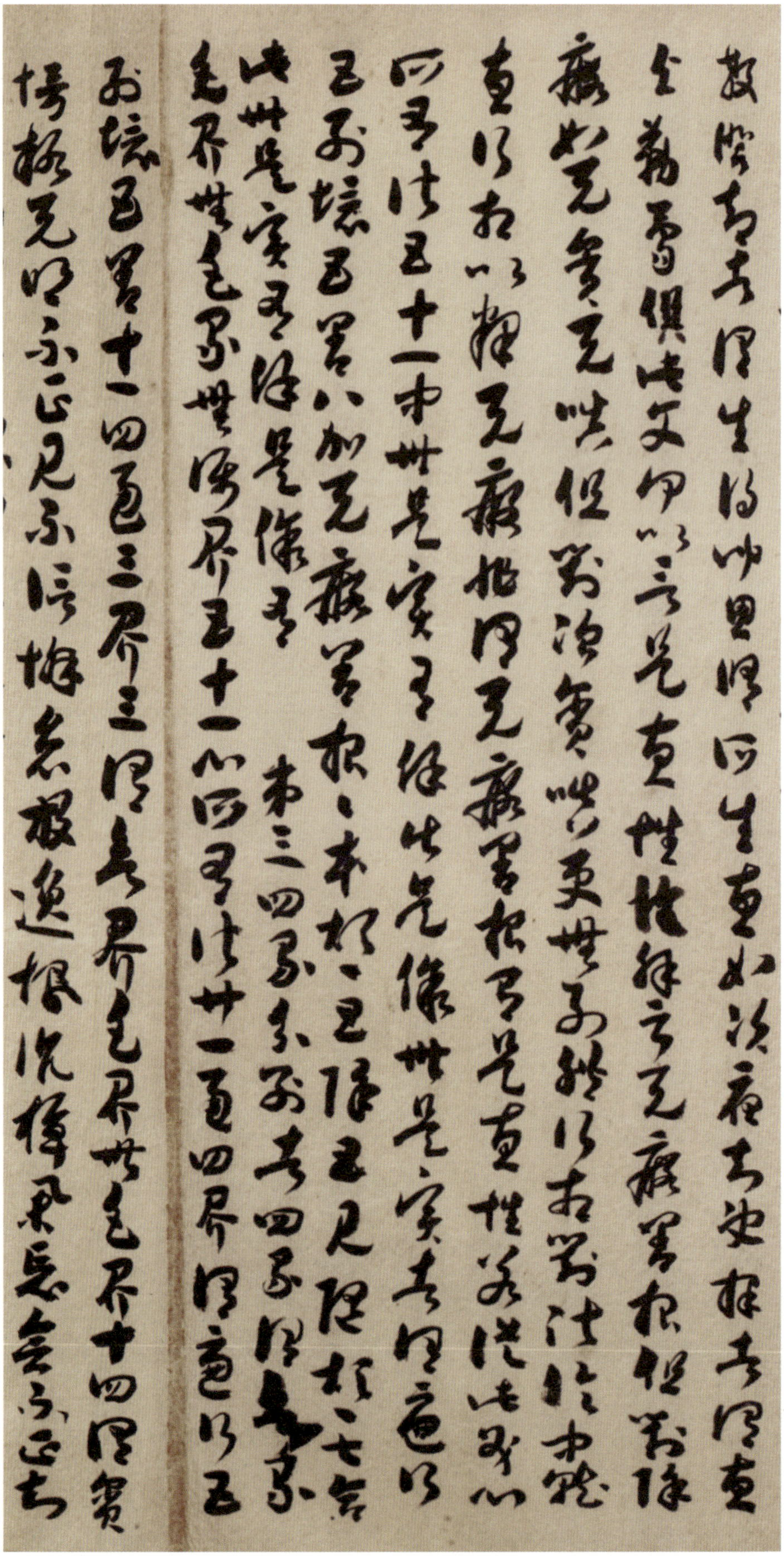

四一

教證智者，謂生、得、聞、思、修所生慧。如次應知，決擇者謂慧与勤勇俱。此文何以言是惠性？論[一]解云：无癡善根但對除[二]癡，如无貪、无嗔，但對治貪、嗔，更無別體[三]行相。對法論中，就惠行相以釋无癡，非謂无癡、善根，即[四]是惠性。若從此義，心所有法五十一中，卅[五]是實有，餘皆是[六]假。[七]卅是實者，謂遍行五、別境五、善八，加无癡、善根[八]、根本煩惱五，除五見，隨煩惱七，合此卅是實有，餘是假有。

弟三、四界分別者，四界謂欲界、色界、無色界、無漏界，五十一心所有[九]法，廿[一〇]一通四界，謂遍行五、別境五、善十一；四[一一]通三界，三[一二]謂欲界、色界、無色界。十四謂貪、慢、疑、无明、不正見、不信、懈怠、放逸、惛沉[一三]、掉舉、忘念、不正[一四]、知

校注

【一】「論」，《大正藏》本作「耶」，誤。【二】「除」，《大正藏》本作「治」，誤。【三】「更無別體」，《大正藏》本作「別無」，誤。【四】「即」，《大正藏》本作「則」。【五】「卅」，《大正藏》本作「三十」，後同。【六】《大正藏》本此處多一「有」字。【七】《大正藏》本此處多一「言」字。【八】「善根」，《大正藏》本無。【九】《大正藏》本此處多一「中」字。【一〇】「廿」，《大正藏》本作「二十」。【一一】「四」，《大正藏》本作「十四」。【一二】《大正藏》本此處多一「界」字。【一三】「沉」，《大正藏》本作「沈」。【一四】「正」，《大正藏》本作「生」。

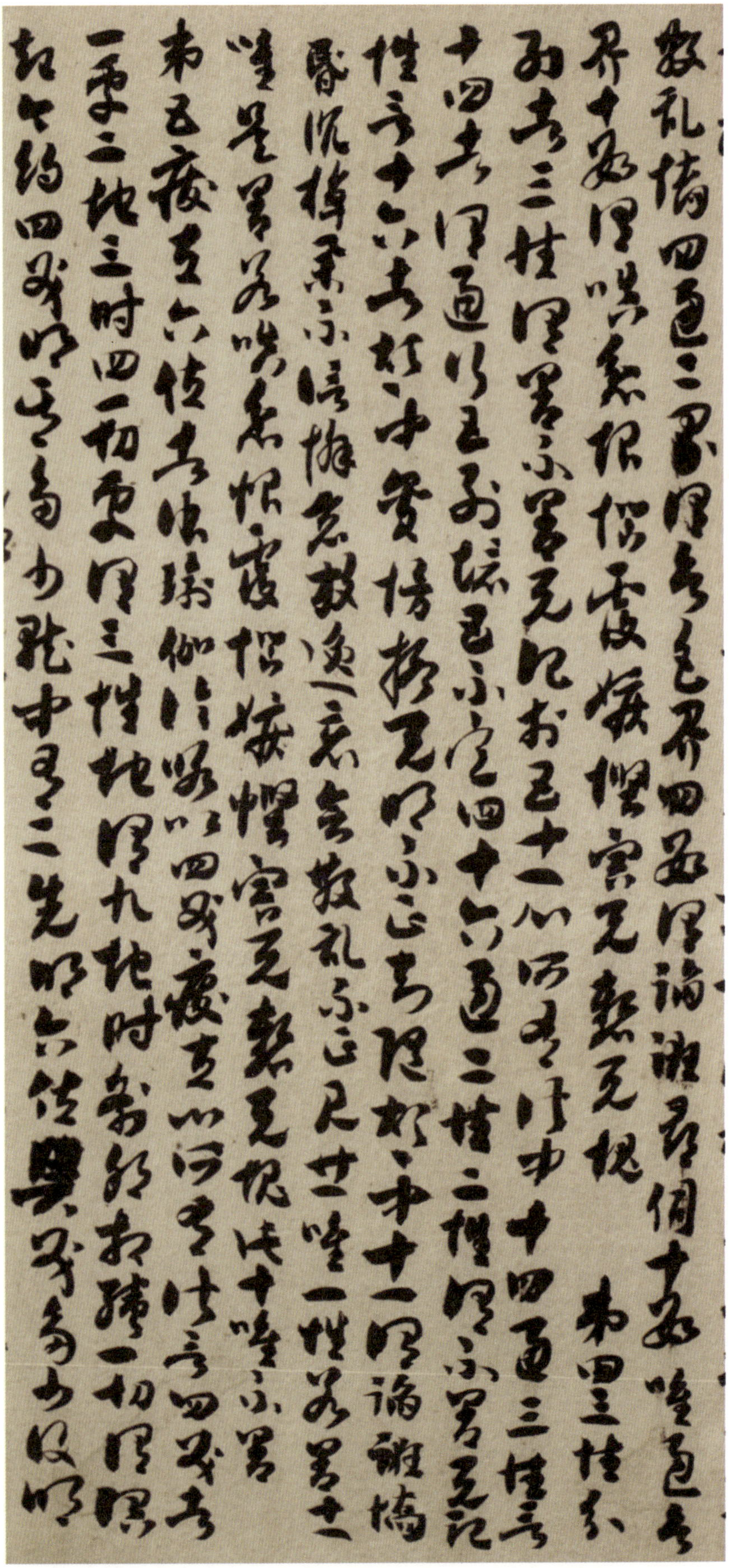

五一 散乱、憍；四通二界，[一]謂[二]欲色界。四數謂諂、誑、尋、伺。十數唯通[三]欲

五二 界，十數謂嗔、忿、恨、惱、覆、嫉、慳、害、无慚、无愧。 第四：三性分

五三 别者，三性謂善、不善、无記；於五十一心所有法中，十四通三性。言

五四 十四者，謂遍行五、別境五、不定四；十六通二性，二性謂不[四]善、无記
五五 性。言十六者，[五]煩惱中貪、慢、疑、无明、不正知[六]；隨煩惱中十一，謂
諂、誑、憍、
五六 昏沉、掉舉、不信、懈怠、放逸、忘念、散乱、不正見[七]。廿[八]一唯一性，若
善十一，
五七 唯是[九]善；若嗔、忿、恨、覆、惱、嫉、慳、害、无慚、无愧，此十唯不善。
五八 弟五，廢立六位者，依瑜伽論，略以四義廢立心所有法。言四義者，
五九 一[一〇]處、二地、三時、四一切。處謂三性，地謂九地，時[一一]剎那相續，一切謂
俱
六〇 起。今[一二]約四義，明其[一三]多少。就中有二：先明六位具義多少，後明

校注

【一】《大正藏》本此處多「二界」二字。【二】《大正藏》此處多一「界」字。【三】「通」，《大正藏》本無。【四】《大正藏》此處多一「性」字。【五】《大正藏》本此處多一「謂」字。【六】「知」，《大正藏》本作「見」。【七】「見」，《大正藏》本作「知」，誤。【八】「廿」，《大正藏》本作「二十」。【九】《大正藏》本此處多一「性」字。【一〇】「一」，《大正藏》本無。【一一】《大正藏》本此處多一「謂」字。【一二】《大正藏》本此處多一「此」字。【一三】「其」，《大正藏》本作「具」。

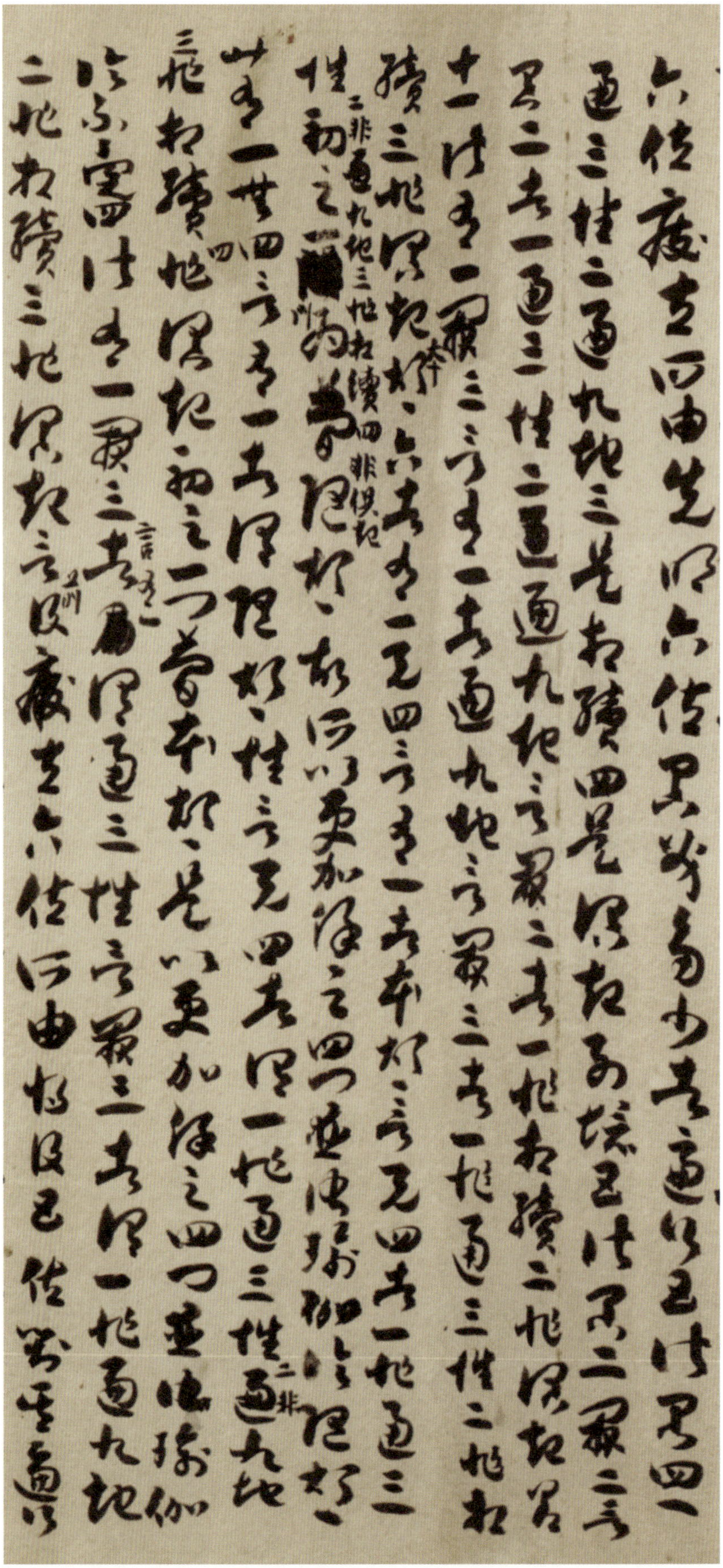

六一 六位廢立所由。先明六位具義多少者，遍行五法[一]具四：一

六二 遍三性，二遍九地，三是相續，四是俱起。別境五法具二、闕二：言

六三 具二者，一遍三性，二通[二]遍九地；言闕二者，一非相續，二非俱起。善

六四 十一法有一闕三：言有一者，遍九地；言闕三者，一非通三性，二非相
六五 續，三非俱起。本[三]煩惱六者有一无四：言有一[四]者；本煩[五]惱；言无四者：
一非通三
六六 性，二非遍九地，三非相續，四非俱起[六]。初之一門[七]爲簡，隨煩惱故，所以
更加餘之四門。並依瑜伽論，隨煩惱
六七 廿[八]，有一無四：言有一者，謂隨煩惱性；言无四者，謂一非通三性、二非遍
九地、
六八 三非相續、四非俱起。初之一門，簡本煩[九]惱，是以更加餘之四門。並依瑜伽
六九 論：不定四法有一闕三：言有一者，謂通三性；言闕三者：謂一非遍九地、
七〇 二非相續、三非俱起。言前復[一〇]廢立六位所由，將復[一一]五位，對其遍行，

校注

【一】《大正藏》本此處多一「其」字。【二】「通」，原卷此處塗去。【三】「本」，《大正藏》本無，誤。【四】《大正藏》本此處多一「謂」字。

【五】《大正藏》本此處多一「性」字。【六】「二非遍九地，三非相續，四非俱起」，原卷爲行右側補字。【七】「門」，原字塗去，後補於左下；「門」下，《大正藏本》多一「亦」字。【八】「廿」，《大正藏》本作「二十」。【九】《大正藏》本此處多一「性」字。【一〇】「前復」，《大正藏》本無。【一一】「將復」，《大正藏》本作「初得後」。

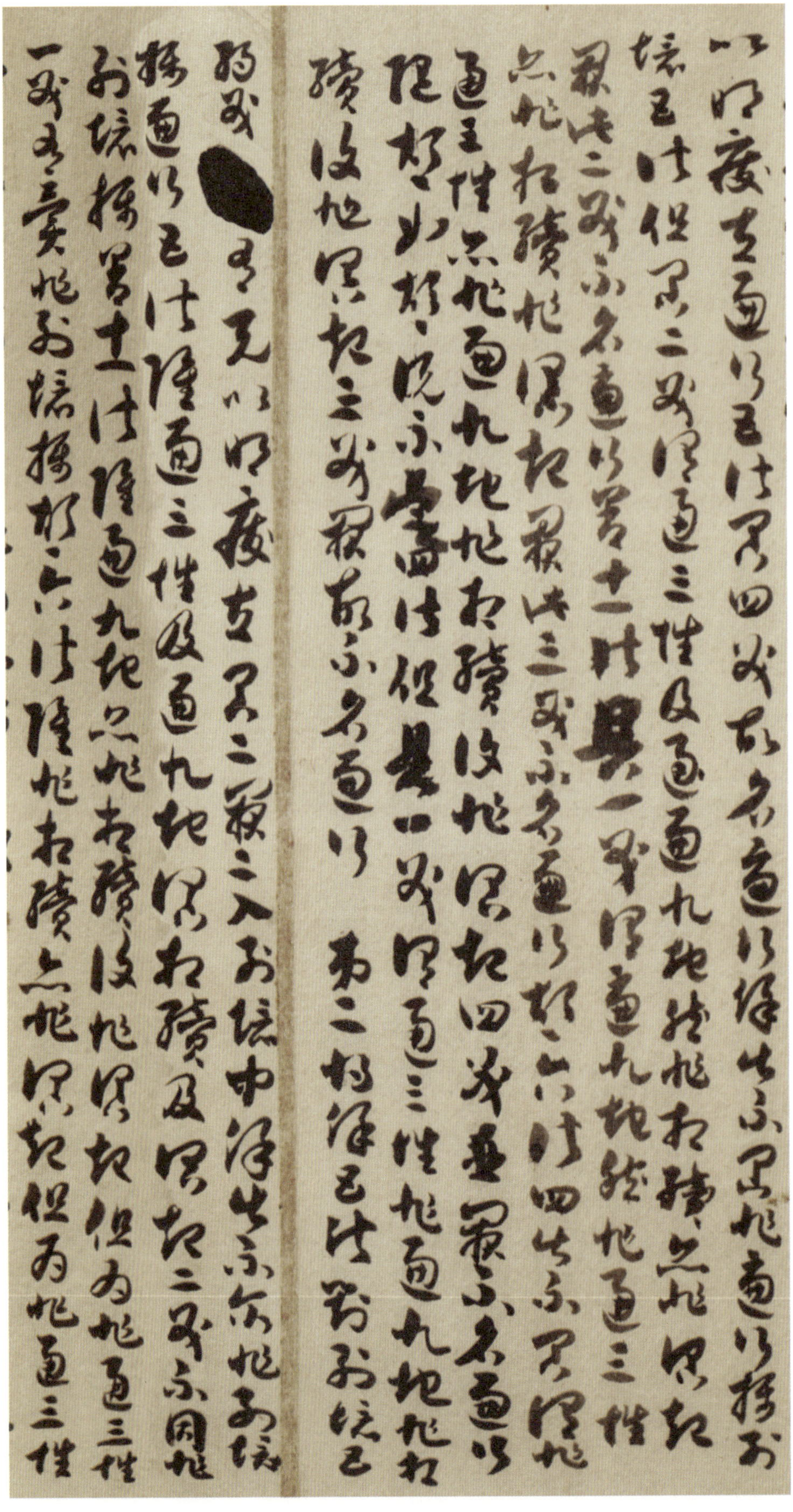

七二

以明廢立。遍行五法具四義故，名遍行；餘皆不具，非遍行攝。別境五法，但具二義，謂通三性及[一]遍九地。然非相續，亦非俱起，闕此二義不名遍行。善十一法具一義，謂遍九地。然非通三性，亦非相續，[二]非俱起，闕此三義，不名遍行。煩惱六法，四皆不具，謂非通三性，亦[三]非遍九地、[四]非相續，復非俱起，四義並闕，不名遍行。隨煩惱，如煩惱説[五]，不定四法，但具一義，謂通三性，[六]非遍九地，[七]非相續，復非俱起，三義闕故，不名遍行。弟二，將餘五法對別境五[八]，約義[九]有无，以明廢立。具二闕二，入別境中，餘皆不尒，非別境攝。遍行五法，雖遍[一〇]三性及遍九地，俱[一一]相續及俱起。二義不同，非別境攝。善十一法雖遍九地，亦非相續，復非俱起。但爲非通三性，一義有異，非別境攝。煩惱六法，雖非相續，亦非俱起。但爲非通三性，

校注

【一】「及」下，原有「通」字，點刪。【二】《大正藏》本此處多一「復」字。【三】「亦」，《大正藏》本無。【四】《大正藏》本此處多一「亦」字。【五】「隨煩惱，如煩惱説」，《大正藏》本作「隨煩惱法，非煩惱説」。【六】《大正藏》本此處多一「然」字。【七】《大正藏》本此處原多一「亦」字。【八】「將餘五法對別境五」，《大正藏》本作「將餘五位對別境位」。【九】原卷此處塗去二字。【一〇】「遍」，《大正藏》本作「通」。【一一】「俱」，《大正藏》本作「但爲」。

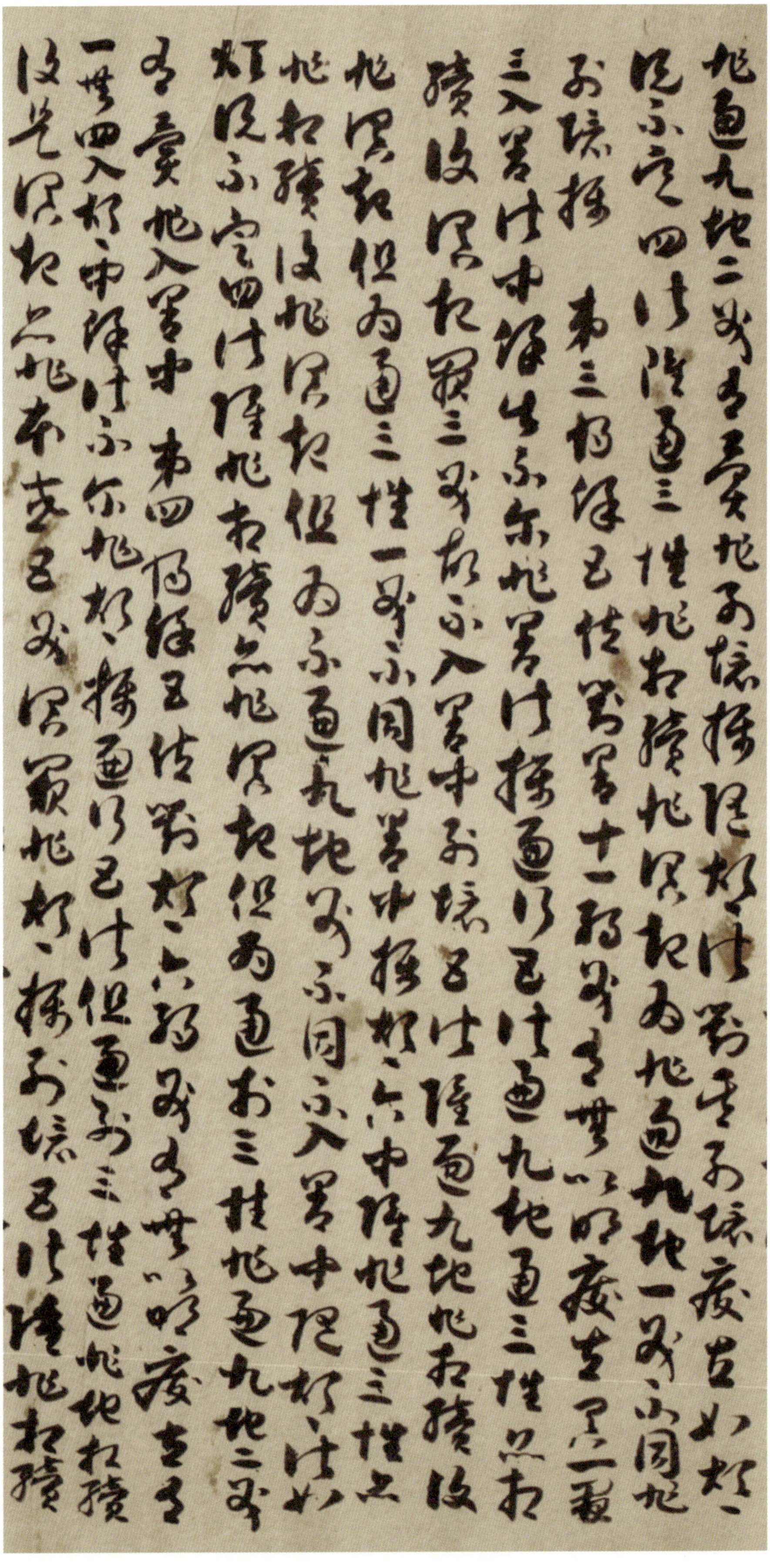

八二 非遍九地。二義有異，非別境攝。隨煩惱法，對其別境廢立，如煩惱

八三 說，不定四法；雖通三性，非相續，非俱起，爲非遍九地[二]，一義不同，非

八四 別境攝。　弟三，將餘五位，對善十一；約義有無，以明廢立；具一闕
八五 三，入善法中；餘皆不尔，非善法攝。遍行五法，遍九地，通三性[二]，亦相
八六 續，復俱起，闕三義故，不入善中。別境五法，雖遍九地，[三]非相續，復
八七 非俱起，但爲[四]通三性，一義不同，非善中攝。煩惱六中，雖非通三性，亦
八八 非相續，復非俱起，但爲不遍九地，[五]義不同，不入善中。隨煩惱法，如
八九 煩[六]說。不定四法，雖非相續，亦非俱起，但爲通於三性，非遍九地，二義
九〇 有異，非入善中。弟四，將餘五位，對煩惱六。約義有無，以明廢立。有
九一 一無四，入煩惱中。餘法不尔，非煩惱攝。遍行五法，[七]但通別[八]三性，遍非
地[九]相續。
九二 復是俱起，亦非本或，五義俱[一〇]闕，非煩惱攝。別境五法，雖非相續，

校注

【一】「非相續，非俱起，爲非遍九地」，《大正藏》本作「亦非相續，復非俱起，但爲非遍九地」。【二】「遍九地，通三性」，《大正藏》本作「雖遍九地，但爲通三性」。【三】《大正藏》本此處多一「亦」字。【四】《大正藏》本此處多一「於」字。【五】《大正藏》本此處多一「一」字。【六】《大正藏》本此處多一「惱」字。【七】《大正藏》本此處多一「爲」字。【八】「別」，應爲「於」。【九】「地」上，《大正藏》本多「亦是」二字。【一〇】「俱」，《大正藏》本作「並」。

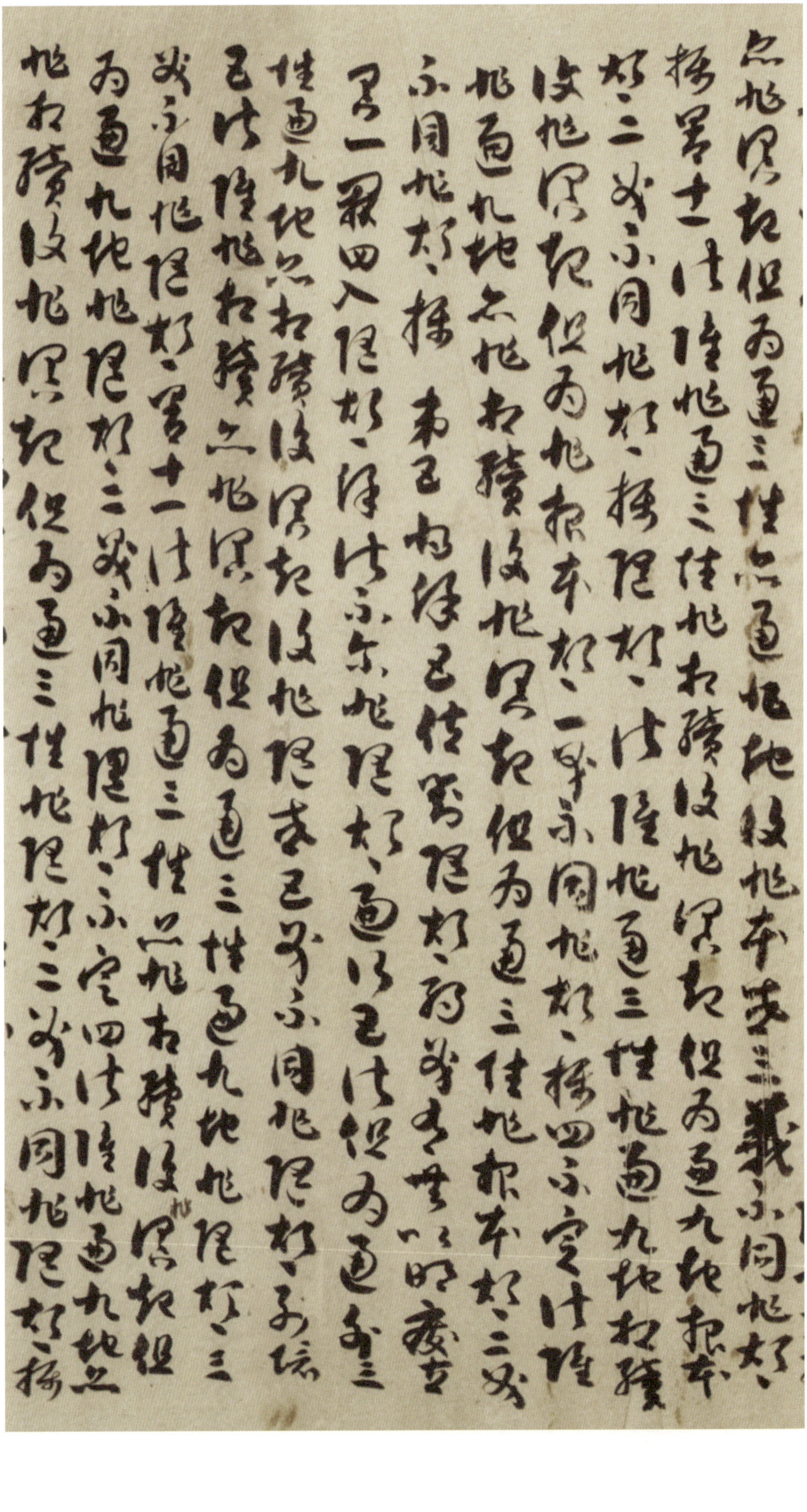

九三

亦非俱起。但爲通三性，亦通[二]九地，復非本或。三義不同，非煩惱攝。善十一法雖非通三性，[二]非相續，復非俱起；但爲遍九地，根[三]本煩惱，二義不同，非煩惱攝。隨煩惱[四]法，雖非通三性，非遍九地、相續，復非俱起，但爲非根本煩惱，一義不同，非煩惱攝。四不定法，雖非遍九地，亦非相續，復非俱起；但爲通三性，非根[五]本煩惱，二義不同，非煩惱攝。弟五，將餘五位，對隨煩惱。約義有無，以明廢立。具一闕四，入隨煩惱。餘法不尒，非隨煩惱，遍行五法。但爲通外三性，遍九地，亦相續，復俱起，復非隨或。五義不同，非隨煩惱[六]。別境五法，雖非相續，亦非俱起。但爲[七]通三性、遍九地，非隨煩惱。三義不同，非隨煩惱。善十一法，雖非通三性，亦非相續，復非俱起。但爲遍九地，非隨煩惱，二義不同，非隨煩惱。不定四法，雖非遍九地，亦非相續，復非俱起。但爲通三性，非隨煩惱；二義不同，非隨煩惱攝[八]。

校注

【一】「通」，《大正藏》本作「遍」，誤。【二】《大正藏》本此處多一「亦」字。【三】「根」，《大正藏》本作「非」，誤。【四】《大正藏》本此處多「二十」二字。【五】「根」，《大正藏》本無。【六】《大正藏》本此處多一「攝」字。【七】《大正藏》本此處多一「於」字，誤。

【八】「攝」，《大正藏》本無。

一〇五

弟六，將餘六[二]位，對不定四[三]。約義有無，以明廢立。具一闕三，名

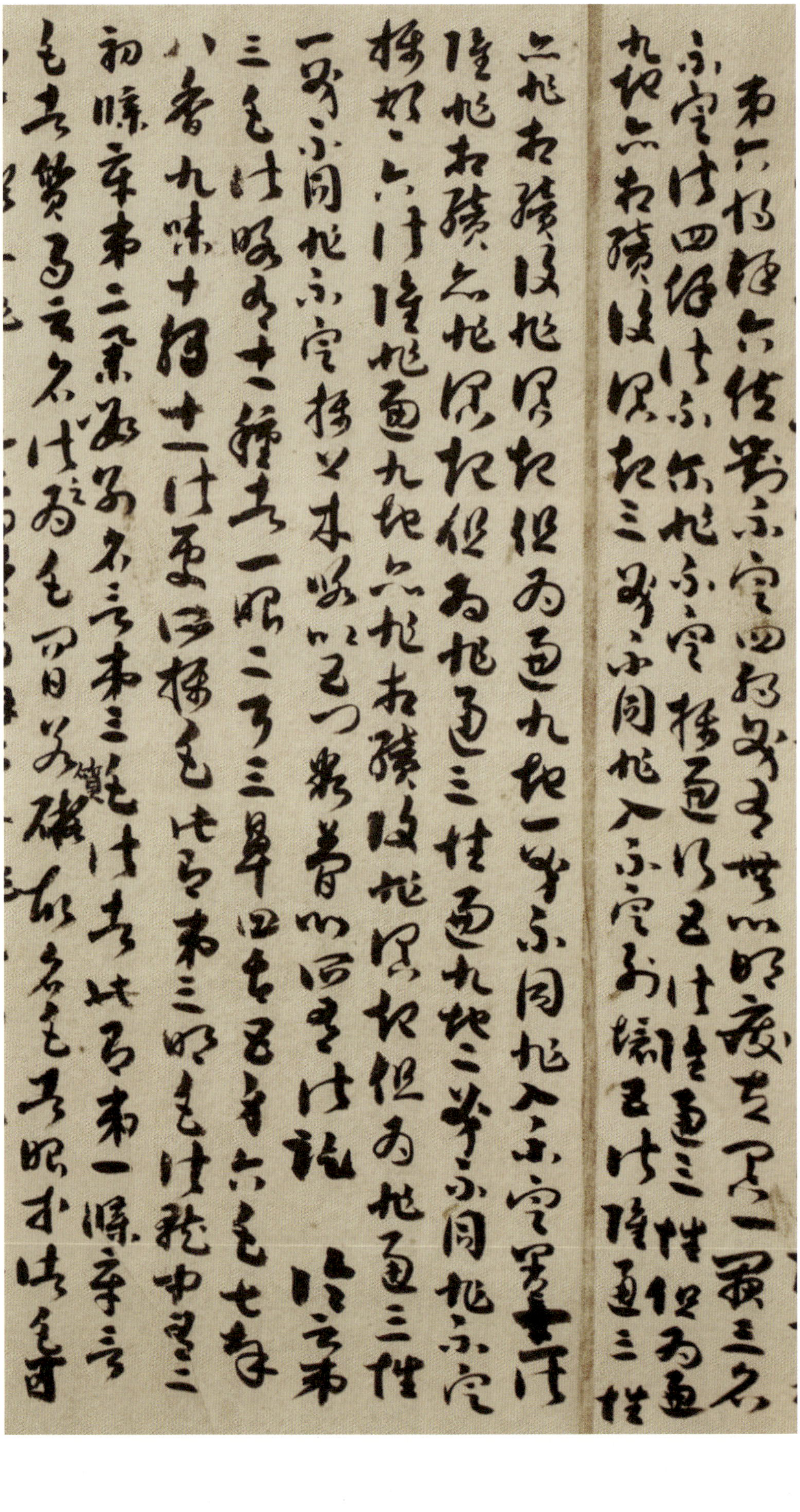

不定法四[三]。餘法不尔，非不定攝。遍行五法，雖通三性，但爲遍九地，亦相續，復俱起，三義不同，非入不定。別境五法，雖通三性，亦非相續，復非俱起。但爲遍九地，一義不同，非入不定。善十一法，雖非相續，亦非俱起，但爲非通三性、遍九地，二義不同，非不定攝。煩惱六法，雖非遍九地，亦非相續，復非俱起，但爲非通三性，一義不同，非不定攝。上來略以五門判簡[四]，心所有法訖。論云：弟三色法[五]，略有十一種者[六]：一眼、二耳、三鼻、四舌、五身、六色、七聲、八香、九味、十觸、十一法處所攝[七]色。此即[八]弟三明色法，就中有二：初牒章，弟二舉數別名。言弟三色法者，此即[九]弟一牒章。言色者，質㝵[一〇]之法名[一一]之爲色。問曰：若質礙故，名色者，眼等諸色可

校注

【一】「六」，《大正藏》本作「五」。【二】「對不定四」，《大正藏》本作「對四不定」。【三】「名不定法四」，《大正藏》本作「名四不定」。【四】「判簡」，《大正藏》本作「料簡」，誤。【五】《大正藏》本此處多一「者」字。【六】「者」，《大正藏》本無。【七】《大正藏》本此處多一「者」字。【八】「即」，《大正藏》本作「則」，誤。【九】「即」，《大正藏》本作「則」，誤。【一〇】「㝵」與「礙」通，後同。【一一】「法名」，原作「名法」，右有倒乙符。

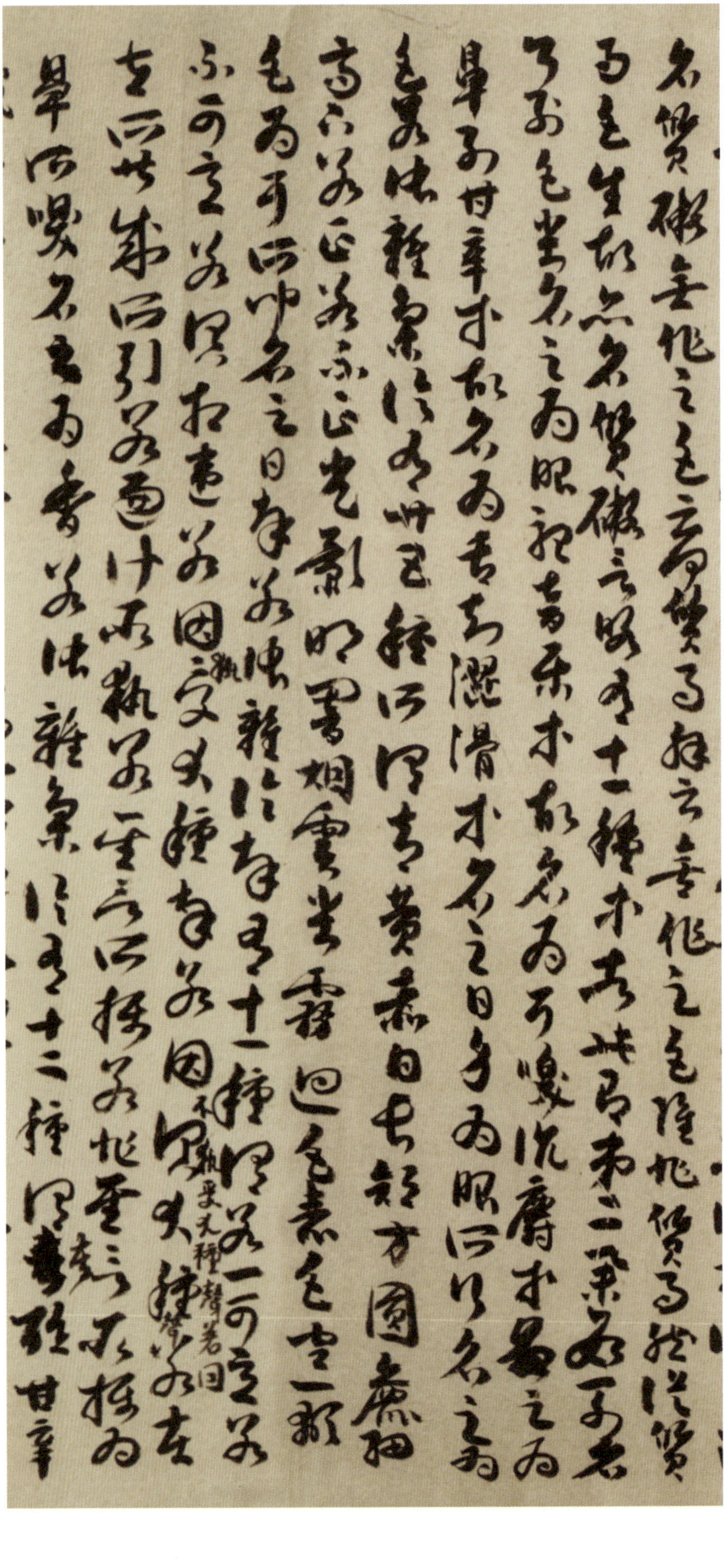

二六 名質礙，無作之色云何質㝵？解云：無作之色雖非質㝵，然從質

二七 㝵色生，故亦名質礙。言略有十一種等者，此即[一]弟二舉數列名。

二八 了別色尘，名之爲眼；聽音乐等，故名爲耳；嗅沉[二]麝等，名之爲

一九 鼻；别甘辛等，故名爲舌；知澀[三]滑等，名之曰身。爲眼所行，名之爲

二〇 色：若依雜集論，有廿五種，所謂青、黄、赤、白、長、短、方、圓、麁、細、

二一 高、下、若正、若[四]不正、光、影、明、闇、烟、雲[五]、尘、霧、迥色、表色、空一顯

二二 色。爲耳所聞，名之曰聲：若依[六]雜論，聲有十一種，謂若一[七]可意、若

二三 不可意、若俱相違、若因執[八]受大種聲[九]，若因不執[一〇]受大種聲[一一]，若因俱大種聲[一二]，若在[一三]

二四 世所共成，[一四]所引，若遍計所執，若聖言所攝，若非聖言所攝。爲

二五 鼻所嗅，名之爲香：若依雜集論，有十二種，謂苦、酢、甘、辛、

校注

【一】「即」，《大正藏》本作「則」，誤。【二】「沉」，《大正藏》本作「沈」。【三】「澀」，《大正藏》本作「澁」。【四】「若」，《大正藏》本無。【五】「烟雲」，《大正藏》本作「雲烟」。【六】《大正藏》本此處多一「集」字。【七】「一」，《大正藏》本無。【八】「執」，原卷爲行右側補字，《大正藏》本無。【九】「聲」，《大正藏》本無。【一〇】「執」，《大正藏》本無。【一一】「聲」，《大正藏》本無。【一二】「聲」，《大正藏》本無。【一三】「在」，《大正藏》本無。【一四】《大正藏》本此處多「若成」二字。

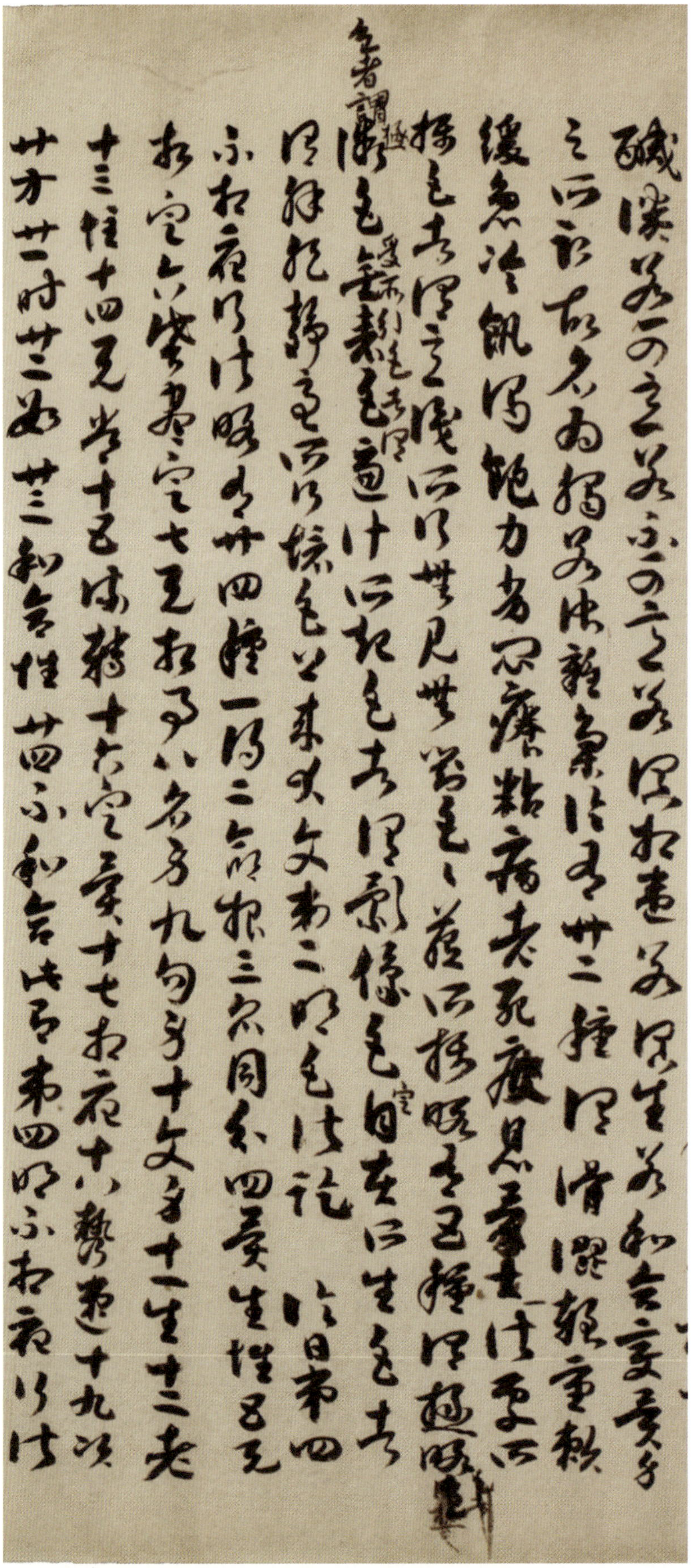

二六 鹹、淡、若可意、若不可意、若俱相違、若俱生、若和合、〔一〕變異。身

二七 之所取，故名爲觸：若依雜集論，有廿二種，謂滑、澀〔二〕、輕、重、軟、

二八 緩〔三〕、急、冷、飢、渴、飽、力、劣、悶、癢、粘、病、老、死、疲、息、

勇、十一法處所

攝。色者，謂意識所行，無見無對色；色蘊所攝，略有五種，[四]謂極略色者，謂極微色；[五]受所引色者，謂無表色；遍計所起色者，謂影像色；定[六]自在所生色者，

謂解脫靜慮所行境色。上來大文弟二明色法訖。論曰[七]：弟四，不[八]相應行法，略有廿四種：一得、二命根、三衆同分、四異生性、五无想定、六滅盡定、七无想事、八名身、九句身、十文身、十一生、十二老、十三住、十四无常、十五流轉、十六定異、十七相應、十八勢速、十九[九]次廿方、廿一時、廿二數、廿三和合性、廿四不和合。此即[一〇]弟四[一一]明不相應行法[一二]。

校注

【一】《大正藏》本此處多一「若」字。【二】「澀」，《大正藏》本作「澁」。【三】「緩」，《大正藏》本作「暖」，誤。【四】《大正藏》本此處多「謂：極略色、極迥色、受所引色、遍計所起色、自在所生色」句。【五】《大正藏》本此處多「極迥色者，謂即此離餘礙觸色」句。【六】「定」，《大正藏》本無。【七】「曰」，《大正藏》本作「云」。【八】「不」上，《大正藏》本多一「心」字。【九】《大正藏》本此處多一「第」字。【一〇】「即」，《大正藏》本作「則」，誤。【一一】《大正藏》本此處多一「心」字。【一二】原卷此處略去「就中有二：第一牒章，第二舉數列名。言第四心相應行法者，」諸句。

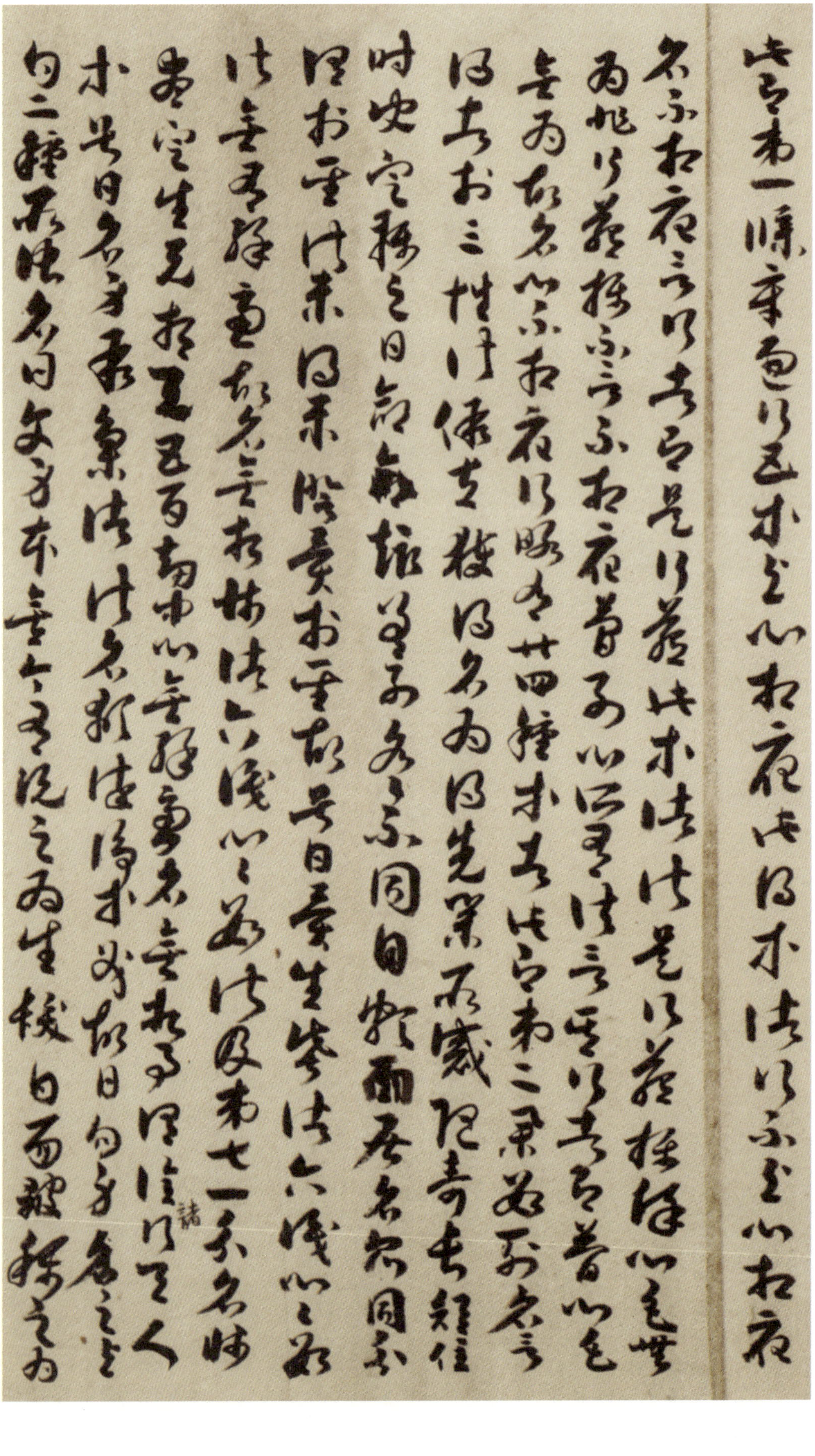

一三六

此即[二]弟一牒章，遍行五等。与心相應，此得等諸行[三]。不与心相應，名不相應言行者，即[三]是行蘊。此等諸法，是行蘊攝。餘心色無爲，非行蘊攝。不言不相應，簡別心所有法。言其行者，即[四]簡心色無爲，故名心不相應行。略有廿四種等者，此即[五]弟二舉數列名。言得者，於三性法，假立獲得，[六]名爲得。先業所感，隨壽長短[七]，住時決定，稱之曰[八]命。六趣差別，各各不同，自類而居，名衆同分。謂於聖法，未得未證，異於聖故，号曰異生滅。諸六識心、心數法，無有緣慮，故名無[九]想𢦏[一〇]。諸六識心、心數法，及弟七一分，[一一]名𢦏[一二]盡定。生无想天，五百劫中心無緣慮，名無想事。謂詮諸[一三]行天、人等，号曰名身。聚集諸法，名顯染净等[一四]義，故曰句身。名之与句，二種所依，名曰文身。本無今有，說之爲[一五]生。髮白面皺，稱之爲

校注

【一】「即」，《大正藏》本作「則」，誤。【二】「行」，《大正藏》本作「法」，誤。【三】「即」，《大正藏》本作「則」，誤。【四】「即」，《大正藏》本作「則」，誤。【五】「即」，《大正藏》本作「則」，誤。【六】《大正藏》本此處多一「之」字。【七】「長短」，《大正藏》本作「短長」。【八】《大正藏》本此處多一「根」字。【九】《大正藏》本此處多一「定」字。【一〇】「𢦏」，《大正藏》本作「滅」。【一一】《大正藏》本此處多一「爲」字。【一二】「𢦏」，《大正藏》本作「滅」。【一三】「諸」，原卷爲行右側補字。【一四】「等」，《大正藏》本無。【一五】「爲」，《大正藏》本作「名」，誤。

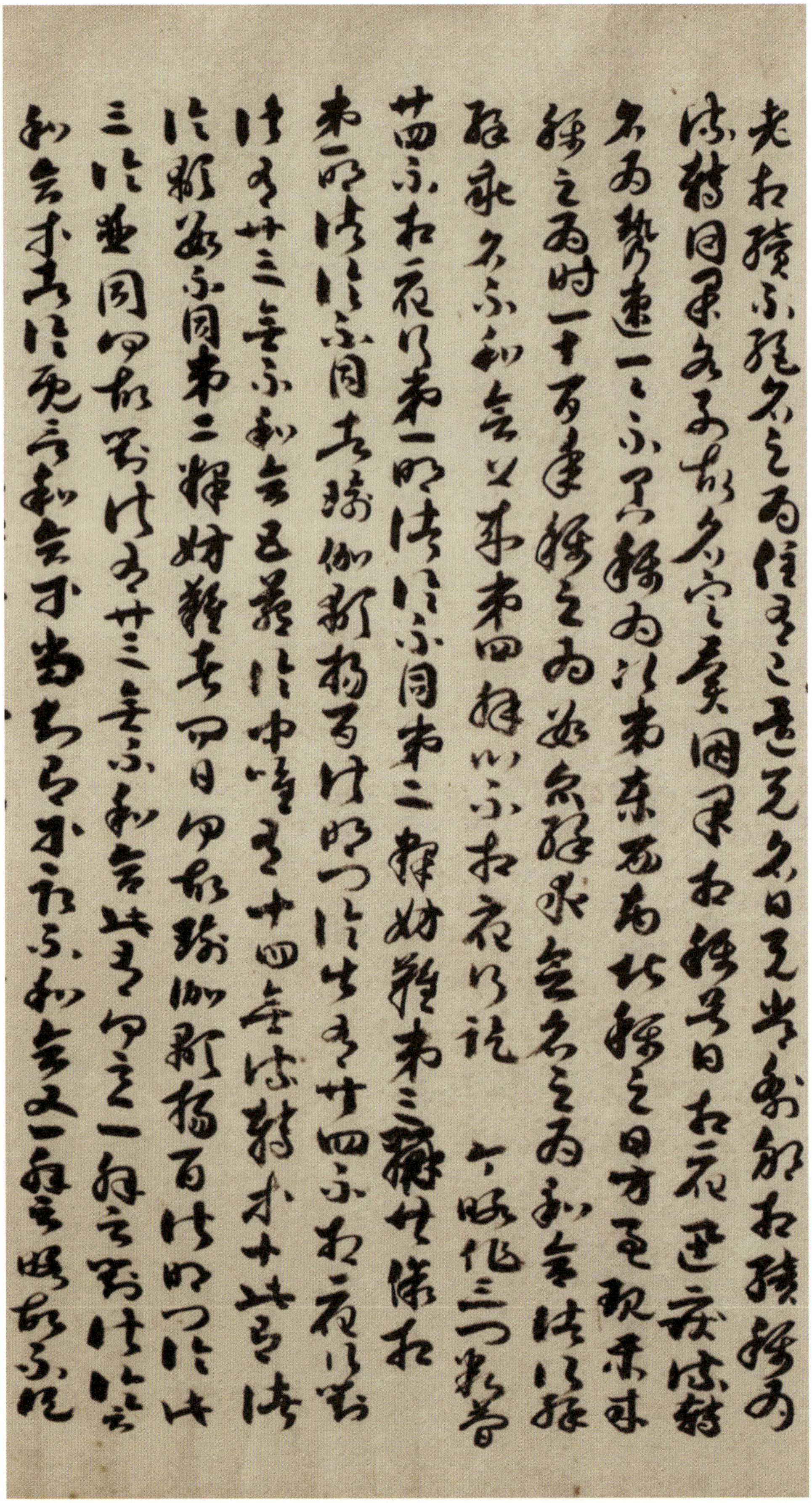

一四七 老。相續不絕（一），名之爲住。有已還无，名曰无常。刹那相續，稱爲

一四八 流轉。因果各別，故名定異。因果相稱，号曰相應。迅疾流轉，

一四九 名爲勢速。一一不具，稱爲次弟。東西南北，稱[二]之曰方。過現未來，
一五〇 稱之爲[三]時。一十百年[四]，稱[五]之爲數。衆緣求[六]會，名之爲和合。諸行緣
一五一 緣乖，名不和合[七]。上來弟四解心不相應行訖。今略作三門判簡，
一五二 廿四不相應[八]行：弟一明諸論不同，弟二釋妨難，弟三辨共[九]假相。
一五三 弟一，明諸論不同者，瑜伽、顯揚、百法明門論[一〇]，皆有廿四不相應行。對
一五四 法[一一]有廿三，無不和合。五蘊論中唯有十四，無流轉等十。此即[一二]諸
一五五 論顯數不同。弟二，釋妨難者，問曰：何故瑜伽、顯揚、百法明門論[一三]，此
一五六 三論[一四]並同，何故對[一五]法有廿三，無不和合，此有何意？一解云：對法論云
一五七 和合等者，論既言和合等，當知即[一六]等取不和合。又一解云：略故不說。

校注

【一】「絶」，《大正藏》本作「斷」。【二】「稱」，《大正藏》本作「號」，誤。【三】「爲」，《大正藏》本作「曰」。【四】「年」，係筆誤，《大正藏》本作「千」。【五】「稱」，《大正藏》本作「名」。【六】「求」，《大正藏》本作「聚」。【七】「合」，《大正藏》本作「會」。【八】《大正藏》本此處多一「法」字。【九】「共」，《大正藏》本作「其」。【一〇】「百法明門論」，《大正藏》本作「此論」。【一一】「法」上，《大正藏》本多一「論」字。【一二】「即」，《大正藏》本作「則」，誤。【一三】「百法明門論」，《大正藏》本作「此論」。【一四】「此三論」，《大正藏》本無。【一五】《大正藏》本此處多一「論」字。【一六】「即」，《大正藏》本作「則」，誤。

四日求明伊於不明緣故但明不和合縱離之說其行說中說之
但偏明不和合體三行說其行說中者說喪生性是已生所依
建者望重生弟不同然於自是不和合弟不和合未明果一
隔緣不和合對名可知此以偏明不和合體於似斷稱百法於無
上廿四者此種是生弟子弟不和合名此以緣於中之廿四四日法
於我之無所我之廿三所以如是辨何於其於中唯上十四
此流轉於十種之以以色蘊於不流轉於十者便於六如是求
數者自辨便於三當知如是求數之三名不流轉求十七此
中明不無礙於名也未三離其和者廿四不和合未礙以無是色心之
以無法不依依者四日廿四不和合礙以無是色心不相應行於不
依依其未知算是色之依算是心之依算是色心不和合之依算

問曰：等略何故，不略餘數，但略不和合耶？解云：已説在所説中，所以但偏略不和合[一]性。言説在所説中者，謂異生性，是見道煩惱假建立，望聖道有不得義故，即[二]是不和合義。不和合中略舉一隅，餘不和合，類亦可知，所以偏略不和合性。瑜伽、顯揚、百法[三]論並有廿四者，此據異生。外別有不和合名，所以餘論中言廿[四]四。問曰[五]：諸論或言廿四數，或言廿三數，以如上釋[六]，何故五蘊論中唯有十四，無流轉等十？解云：所以五蘊論不流轉等十者[七]，彼論云：如是等類者即[八]解。彼論云：當知如是等類之言，亦等流轉等十也。此中略不數，釋列名也。第三，辯其相者，廿四不相應[九]行，並是色、心、心所，有法分位假立。問曰：廿四不相應行既並是色、心，心所，有法分位假者，未知幾是色上假，幾是心上假，幾是心所[一〇]有上假，幾

校注

【一】《大正藏》本此處多一「也」字。【二】「即」，《大正藏》本作「則」。【三】「百法」，《大正藏》本作「此」。【四】《大正藏》本此處多一「也」字。【五】「曰」，《大正藏》本無。【六】「釋」，《大正藏》本作「解」。【七】「者」，《大正藏》本作「也」。【八】「即」，《大正藏》本作「則」，誤。【九】《大正藏》本此處多一「法」字。【一〇】《大正藏》本此處多一「法」字。

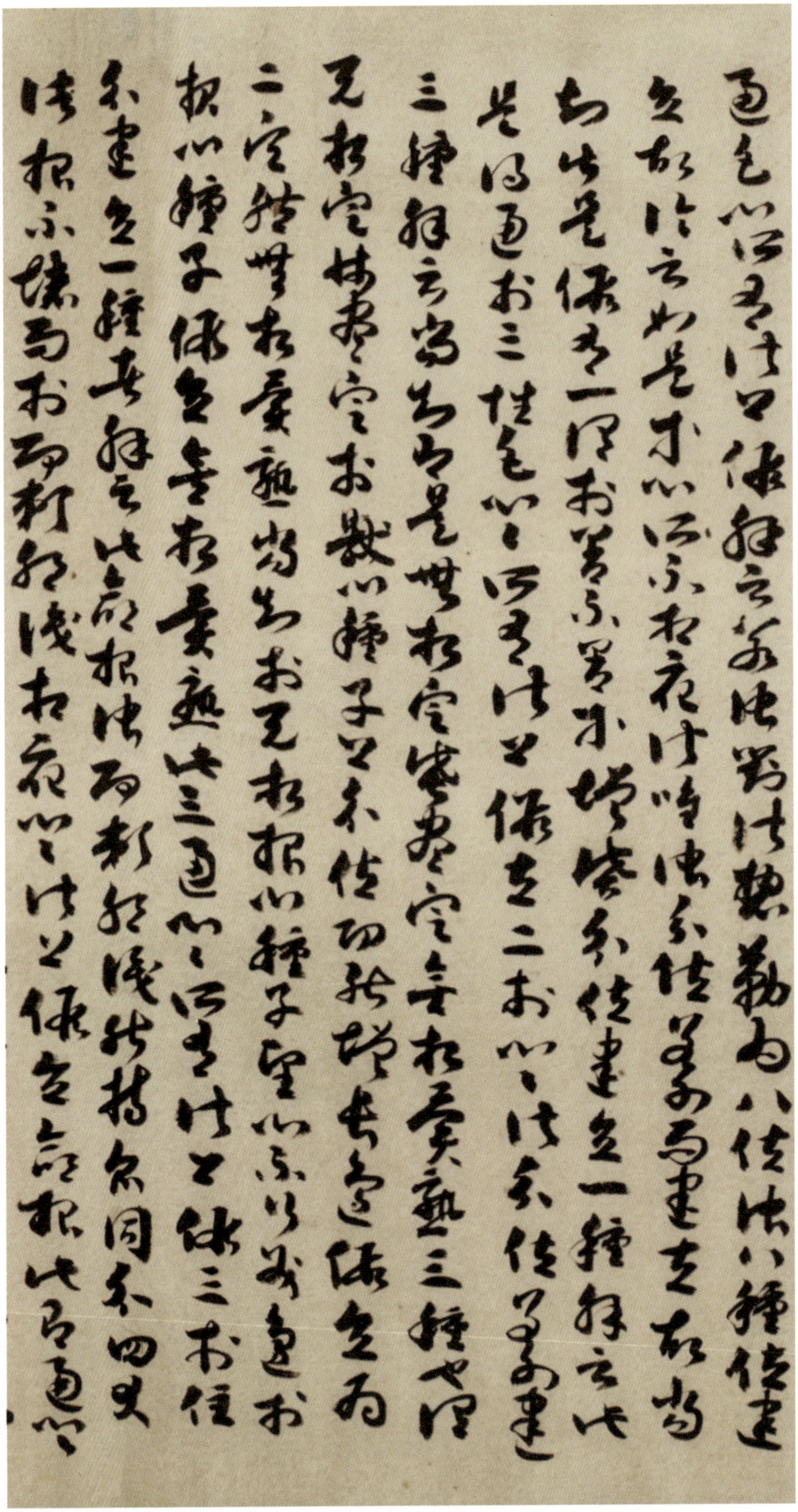

一六九 通色、心、[一]所，有法上假？解云：若依對[二]法，揔勤[三]爲八位，依八種位建

一七〇 立故。論云：如是等，心所[四]不相[五]應法，唯依分位差别而建立，故當

知皆是假有。一謂於善、不善等增減，分位建立一[六]種。解云：此是得通於三性色、心，心所有法上假立。二於心、[七]心法，分位差別建三[八]種。解云：當知即是[九]無想定、滅盡定、無想異熟三種也。謂无想定、滅盡定、於厭心種子上，分位[一〇]功能增長邊，假立爲二定體；無想異熟，當知於无想報心種[一一]子；望心[一二]不行義邊，於報心種[一三]子，假立無想異熟。此三通心、心所，有法上[一四]假。三於住，分建立一種者，解云：[一五]此命根，依阿賴耶識，能持衆同分，四大諸根不壞。而[一六]於阿賴耶識，相應心、[一七]心法上假立命根，此即[一八]通心、心

校注

【一】《大正藏》本此處多一「心」字。【二】《大正藏》本此處多一「論」字。【三】「勤」，《大正藏》本作「攝」。【四】「所」字右有删除符。【五】《大正藏》本此處多一「行」字。【六】《大正藏》本此處多一「者」字。【七】《大正藏》本此處多一「所」字。【八】《大正藏》本此處多一「者」字。【九】「即是」，《大正藏》本作「是則」，誤。【一〇】「位」，《大正藏》本作「分」，誤。【一一】《大正藏》本此處多一「上」字。【一二】《大正藏》本此處多一「相應」二字。【一三】《大正藏》本此處多一「上」字。【一四】《大正藏》本此處多一「立」字。【一五】《大正藏》本此處多一「是」字。【一六】「而」，《大正藏》本作「与」，誤。【一七】《大正藏》本此處多一「所」字。【一八】「即」，《大正藏》本作「則」，誤。

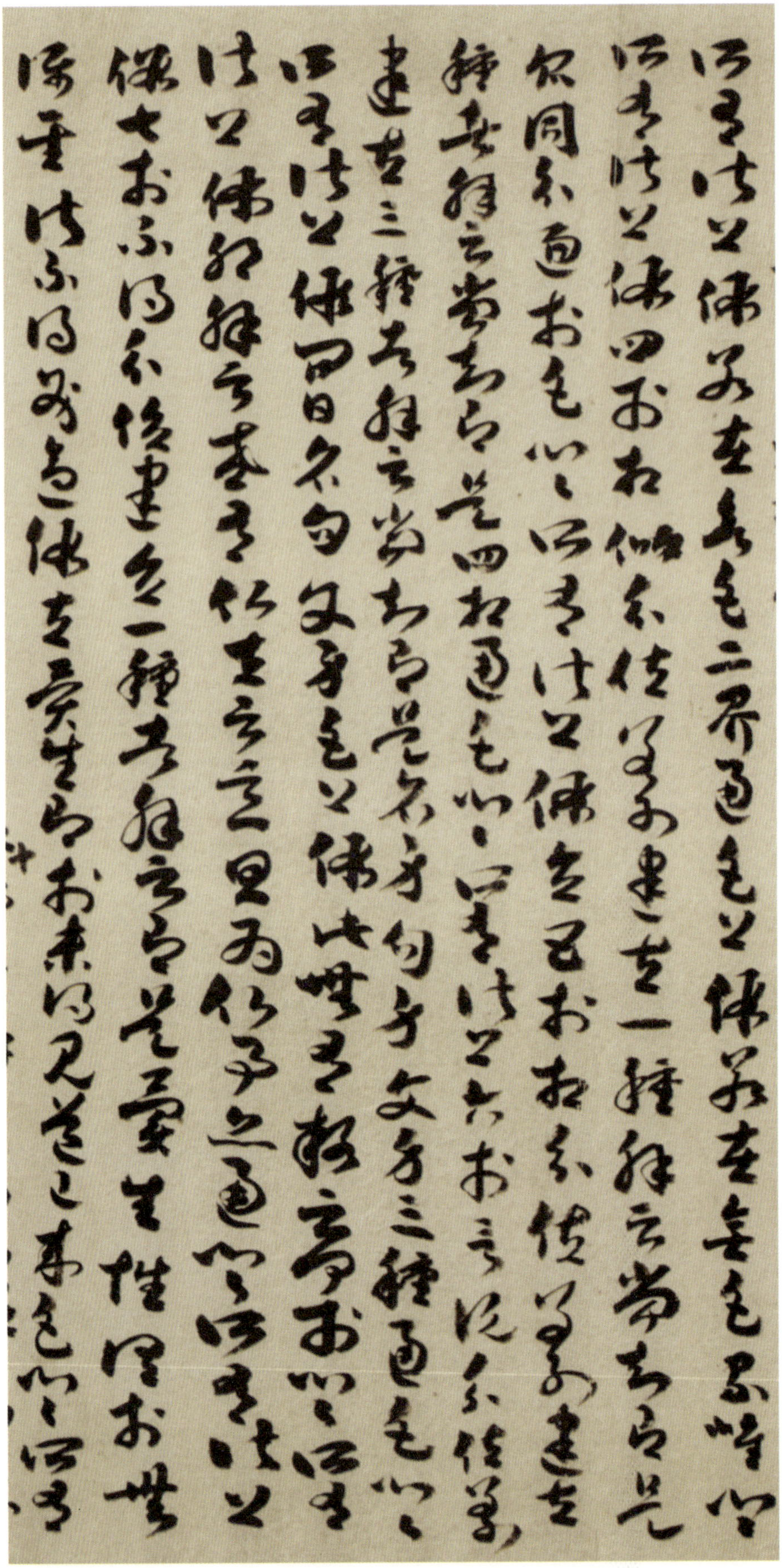

一七九　所，有法上假；若在欲、色二界，通色上假；若在無色界，唯心、心

一八〇　所，有法上〔一〕假。四於相，似分位差別建立一〔二〕種，解云：當知即〔三〕是

一八一 衆同分，遍於色、心、心所，有法上假立。五於相，分位差別建[四]立

一八二 種者，解云：當知即[五]是四相，通色、心、心所，有法上[六]。六於言說，分位

差別

一八三 建立三種者，解云：當知即[七]是名身、句身[八]、文身三種，通色、心、心

一八四 所有法上[九]假。問曰：名句文身，色上[一〇]假，此無有疑。云何於心、心所有

一八五 法上假耶[一一]？解云：或有仏在，云意思爲仏事[一二]，亦通心、心所，有法上

一八六 [一三]假。七於不得，分位建立一種者，解云：[一四]即[一五]是異生性，謂於[一六]無

一八七 漏聖法，不得義邊，假立異生。即[一七]於未得見道已來色、心、心所，有

校注

【一】《大正藏》本此處多一「立」字。【二】《大正藏》本此處多一「者」字。【三】「即」，《大正藏》本作「則」。【四】《大正藏》本此處多一「一」字。【五】「即」，《大正藏》本作「則」。【六】《大正藏》本此處多「假立」二字。【七】「即」，《大正藏》本作「則」。【八】「名身句身」，《大正藏》本作「名句」。【九】《大正藏》本此處多「立也」二字。【一〇】《大正藏》本此處多一「立」字。【一一】「耶」，《大正藏》本作「立」。【一二】「或有仏在，云意思爲仏事，亦」，《大正藏》本作「此即意思所緣，緣起之起解，故」。【一三】「假」上，《大正藏》本多一「立」字。【一四】《大正藏》本此處多「當知」二字。【一五】「即」，《大正藏》本作「則」。【一六】「於」，《大正藏》本作「前」。【一七】「即」，《大正藏》本作「則」。

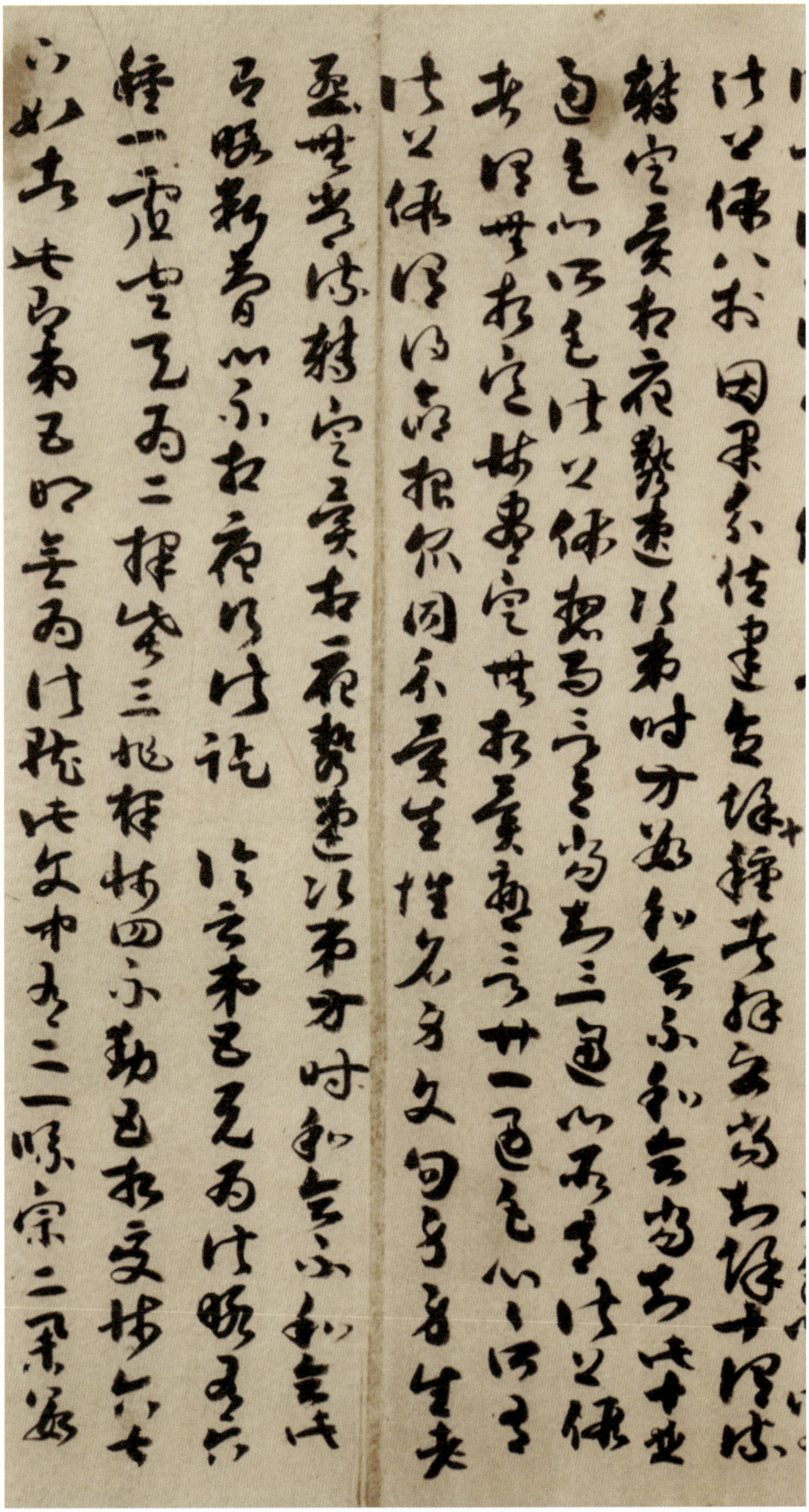

一八八

法上[一]假。八於因果，分位建立餘十[二]種者，解云：當[三]知餘十，謂流轉、定異、相應、勢速、次弟、時、方、數、和合、不和合，當知此十並通色、心所，色法上假[四]。揔而言之，當知三通心、[五]所，有法上[六]假者，謂無想定、㓕[七]盡定、無想異熟。言廿一通色、心、心所，有法上[八]假，謂得、命根、衆同分、異生性、名身、文句身身[九]、生、老、死、[一〇]無常、流轉、定異、相應、勢速、次弟、方、時、和合、不和合。此即[一一]略判簡，心不相應行法[一二]訖。　論云：弟五无爲法，略有六種：一虛空无爲，二擇㓕，三非擇滅，四不動，五想受㓕，六七[一三]下[一四]如者。　此即[一五]弟五明無爲法。就此文中有二：一牒宗[一六]，二舉數

校注

【一】《大正藏》本此處多一「立」字。【二】「十」，原卷爲行右側補字，《大正藏》本無。【三】《大正藏》本此處多「即是」二字。【四】「心所色法上假」，《大正藏》本作「心所有假」。【五】《大正藏》此處多一「心」字，是。【六】《大正藏》此處多一「立」字。【七】「㓕」，同「滅」，後同。【八】《大正藏》此處多「立者」二字。【九】「文句身身」，應爲「文身、句身」。【一〇】此處原有「一」字，點删。【一一】「即」，《大正藏》本作「則」。【一二】「法」，《大正藏》本無。【一三】「七」應爲衍字。【一四】「下」，《大正藏》本作「即」，據文義，應爲「真」。【一五】「即」，《大正藏》本作「則」，誤。【一六】「宗」，《大正藏》本作「章」。

所名之第五無為法者是第一略示宗略有六種者
示是第二釋名虛空無為者謂無色性容受一切
作業故名虛空無為擇滅者慧之簡擇故名為擇由擇
得滅故名擇滅因緣不會法法不生非由擇力故名非
擇滅第四靜慮已上唯捨受現行不為苦樂所動
故名不動想受無為空中所顯之法想受所用能纏
所名故是空名真如此法性本來寂靜真實法性不遷動
故名為真如是第五明無為法以來從一切法者之所
乃至無為者無為者可說　自下第二段明於無我者
略有二種一補特伽羅無我二法無我者是第二義

一九七 列名。言弟五無爲法者，即[一]此弟一牒宗[二]，略有六種等者，
一九八 此即[三]弟二舉數列名。言虛空者，謂無色性，容受一切所
一九九 作業故，故名虛空。謂惠有簡擇之能，故名爲擇；由擇
二〇〇 得滅，故名擇滅。因緣不合[四]，諸法不生，非由惠滅，名非
二〇一 擇滅。弟四靜慮已上，唯有捨受現行，不爲苦乐所動，
二〇二 故名不動。滅滅盡定中，心、心所有法[五]。滅、受、想[六]、用、勝，就强
二〇三 爲名，故即此定名[七]想、受、滅。法性本來常自寂滅，不遷動
二〇四 義，名爲真如，此即[八]弟五明無爲法。上來從[九]一切法者，已下
二〇五 乃至弟五無爲，答前問訖。自下弟二，答後問。論云：無我者
二〇六 略有二種：一補特伽羅無我，二法無我者，即此[一〇]弟二答

校注

【一】「即」，《大正藏》本作「則」，誤。【二】「宗」，《大正藏》本作「章」。【三】「即」，《大正藏》本作「則」，誤。【四】「合」，《大正藏》本作「會」，誤。【五】「心所有法」，《大正藏》本作「心法」。【六】「受想」，《大正藏》本作「想受」。【七】「故即此定名」，《大正藏》本作「故則是此名」。【八】「即」，《大正藏》本作「則」，誤。【九】「從」，《大正藏》本作「説」。【一〇】「即此」，《大正藏》本作「此則」，誤。

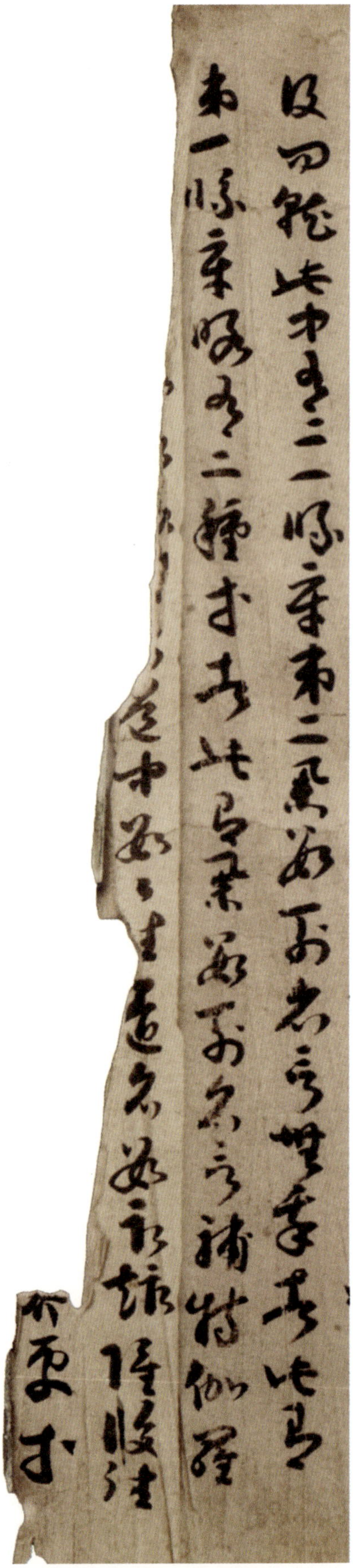

二〇七 後問。就此中有[一]二：一牒章，弟二舉數列名。言無我者，此即[二]

二〇八 弟一牒章。略有二種等者，此[三]即[四]舉數列名。言補特伽羅

二〇九 ……[五]道[六]中，數數往還，名數取趣。雖後往

二一〇 ……[七]界、處等[八]

校注

【一】《大正藏》本此處多一「第」字。【二】「即」，《大正藏》本作「則」，誤。【三】「此」，《大正藏》本無。【四】「即」，《大正藏》本作「則」，誤。【五】據《大正藏》本，此處殘缺「者，此地正翻名數取趣。於六」諸字。【六】「道」，《大正藏》本作「趣」。【七】據《大正藏》本，此處殘缺「來，都無我人，故名無我。二，法無我者，謂蘊」。【八】據《大正藏》本，此後所殘末二行内容爲「名之爲法，此無人故，名無我。此則第二、答後問訖」。

叁　伯二三〇四《大乘百法論疏卷下抄》釋校

說明：伯二三〇四號《大乘百法論疏卷下抄》（原尾題），内容無複本可參照，故依原卷釋録和校注。文中所徵引相關經籍段落、詞句等有異者，參照出注；其中對《大正新修大藏經》注明詳細出處，以方便研究。無引文參照者則不另注。

（前缺）

一 境惠攝，名三惠[一]故，通現及種。瑜伽弟[二]十三聞惠地說，於五明處，名句

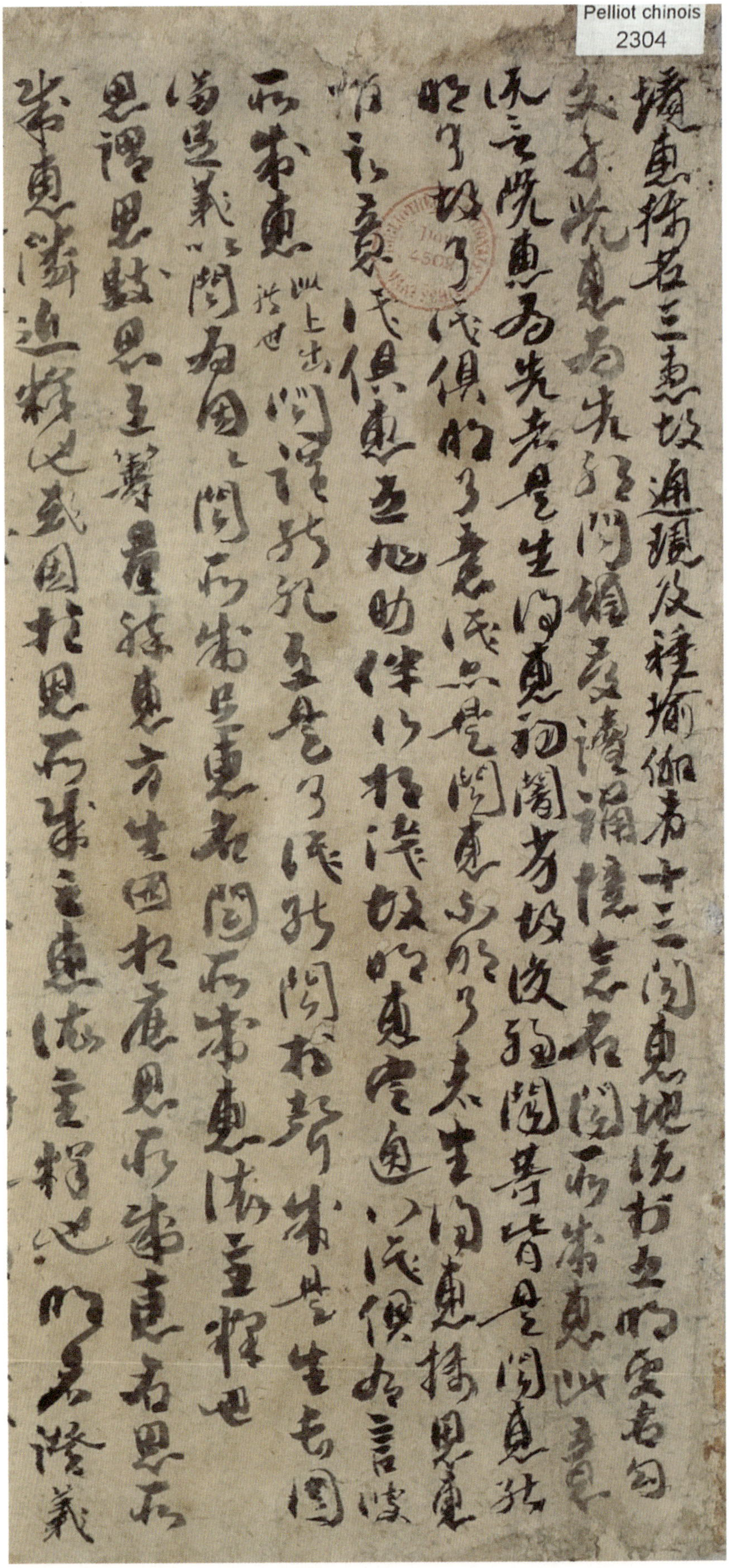

文身，覺惠爲先；聽聞、領受、讀誦、憶念、名聞所成惠[三]，此意説言[四]覺惠爲先者，是生得惠。初闇劣故，後聽聞等，皆是聞惠，能明了故。了[五]識俱明了意識，亦是聞惠。不明了者，生得惠攝。思[六]惠唯取意識俱[七]惠，五非助伴，行相淺故。修惠定通，八識俱有，言彼所成惠。此上出體也。聞謂能聽，五是了識，能聞於聲成，是生長圓滿足義。以聞爲因，因聞所成，足惠名聞所成惠，依主[八]釋也。思謂思數，思運籌量，勝惠方生。因相應思所成惠，名思所成惠，隣近釋也。或因於思所成之惠，依主釋也。脩者證義，

校注

【一】「惠」，《大正藏》本第四五册《大乘法苑義林章》卷第六作「慧」，後同。【二】「弟」，同「第」，後同。【三】「惠」，《大乘法苑義林章》卷第六作「地」，誤，見《大正藏》本第四五册第三五〇頁。【四】「此意説言」，《大乘法苑義林章》卷第六作「彼論意説」，見《大正藏》本第四五册第三五〇頁。【五】「了」，《大乘法苑義林章》卷第六作「故耳」，見《大正藏》本第四五册第三五〇頁。【六】「思」，《大乘法苑義林章》卷第六作「由此聞」，見《大正藏》本第四五册第三五〇頁。【七】《大正藏》本第四五册《大乘法苑義林章》卷第六此處多「五相應慧性，所引伴類亦通五識相應慧性，七識不外緣，八識仏果起。无聞慧故。思慧唯取意識俱慧」等内容。後文亦脱漏較多，或爲後人插補，或因題目所需，不再一一注明。【八】「主」，《大乘法苑義林章》卷第六作「士」，見《大正藏》本第四五册第三五〇頁。

所證境故證真空數因空我慮不審慮遂獲真因故
空所緣自慧立法至種者也　諸所以者依聞正教所生勝
慧名聞所成依思正理所生勝慧名思所成依修善根所生勝
慧名修所成聞〃所教思〃所義修真通雖文義如實義未
深密第三云彌勒白言世尊若聞思慧修所義未知何等
答仏言聞所成慧依止於文但如其說未善意趣未現在前隨
順解脫未能領受成解脫義思所成慧亦依於文不唯如說能
善意趣未現在前轉順解脫未能領受成解脫義修所成
慧亦依於文亦依文亦如說亦不如說能善意趣所知事同
分三摩地所行影像現前極順解脫已能領受成解脫義善
者三種知義差別故彼說三慧皆緣名義稍依假聞以立為先

明證境故。體即定數，因定相應所成惠，隣近釋也。或因於定所成之惠，亦依主釋名也。諸脩行者，依聞至教，所生勝惠，名聞所成；依思正理，所生勝惠，名思所成。依脩菩持所生勝惠，名脩所成。聞唯緣教，思唯緣義，脩惠通緣文義。如實義者，深密弟二云：弥勒白言：世尊！省聞思惠皆緣義者，有何差别？仏言：聞所成惠，依心於文；但如聖説，未善意趣；未現在前，隨順解脱[一]；未能領受，成解脱義。思所成惠，亦依於文；不唯如説，亦善意趣，未現在前。隨順解脱，未能領受解脱之義[二]。若脩所成惠，亦依於文，亦依文，亦如其説，亦不如説。然[三]善意趣，所知事同。分三摩地所，行影像現前。極順解脱，已能領受，成解脱義，是名三種知義差别。彼説三惠皆緣名義：初依經聞，以文爲先，

校注

【一】「脱」，原卷爲代字符。【二】「解脱之義」，《大乘法苑義林章》卷第六作「解脱義」，見《大正藏》本第四五册第三五一頁。【三】「然」，《大乘法苑義林章》卷第六作「能」，見《大正藏》本第四五册第三五一頁。

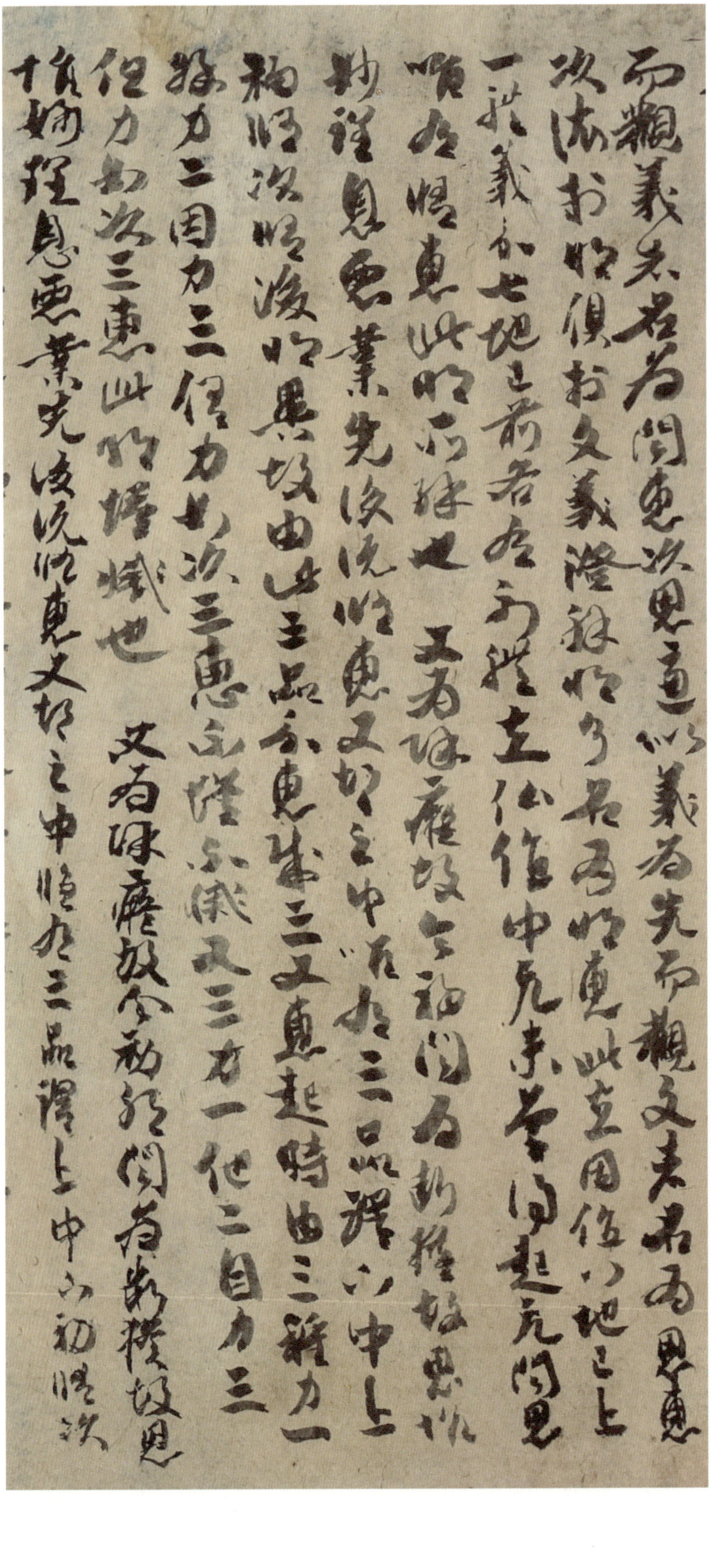

二一　而觀義者，名爲聞惠。[一]次思遍[二]，似[三]義爲先，而觀文者，名爲思惠。

二二　次依於脩，俱於文義，證解明了，名爲脩惠。此在因位：八地已上，

二三　一體義分；七地已前，各有別體，在仏位中，无未曾得。起[四]无聞思，

唯有脩惠，此脩所解也。又爲除癡，故令初聞，爲斷疑故，思惟[五]妙理。息惡業先[六]，後説脩惠。又智之中，唯有三品，謂下、中、上，初脩、次脩、後脩異故。由此三品分惠成三。又惠起時，由三種力：一緣力，二因力，三俱力。如次三惠，不增不減。又三力：一他[七]，二自力，三俱力。如次三惠，此明增減也。又爲除癡故，令初聽聞；爲斷疑故，思惟[八]妙理。息惡業先[九]，後説脩惠。又智之中，脩[一〇]有三品，謂上、中、下，初脩、次

校注

【一】《大乘法苑義林章》卷第六此處多一「依」字，見《大正藏》本第四五册第三五一頁。【二】「遍」，《大乘法苑義林章》卷第六作「慮」，見《大正藏》本第四五册第三五一頁。【三】「似」，《大乘法苑義林章》卷第六作「以」，見《大正藏》本第四五册第三五一頁。【四】「起」，《大乘法苑義林章》卷第六作「都」，見《大正藏》本第四五册第三五一頁。【五】「思惟」，《大乘法苑義林章》卷第六作「次思」，見《大正藏》本第四五册第三五一頁。【六】「先」，《大乘法苑義林章》卷第六作「故」，見《大正藏》本第四五册第三五一頁。【七】《大乘法苑義林章》卷第六此處多一「力」字，見《大正藏》本第四五册第三五一頁。【八】「思惟」，《大乘法苑義林章》卷第六作「次思」，見《大正藏》本第四五册第三五一頁。【九】「先」，《大乘法苑義林章》卷第六作「故」，見《大正藏》本第四五册第三五一頁。【一〇】「脩」，《大乘法苑義林章》卷第六作「略」，見《大正藏》本第四五册第三五一頁。

眼後得異故由此三品亦通第三又通起時由三種力一族力二因力
三修力如次三慧亦增亦減又三力一他力二自力三修力如次三慧此
明增減也　西域法師有三種一者大師僧仙二者諸師五
部一部中如舍利子等三者龍猛師清執執師等親教師爲闍
信者請開諸者今復會者　大師立毘曇聖教者諸師立毘曇信
聖教者龍猛師立毘曇隨聖教者開許制立一切處位亦處位故時
二教諸教披轉故如論說分三　九義先應非立是意分九自
性正對無明如無貪嗔等善根攝故此亡異道理等立分性信
無貪嗔等善根攝故分非自性法會爲嗔等無癡亦爾善根攝故
癡非分性正對無明量云無癡善根癡非分自性分非所
諸三善根中唯一攝故如無貪嗔等論說大悲無嗔等無癡攝非根攝故

倚、後倚異故。由此三品分恚成三。又恚起時，由三種力：一緣力，二因力，三俱力。如次三恚，不增不減。又三力：一他力，二自力，三俱力。如次三恚，此

明增減也。西域法師者，師有三種：一者大師，謂仏。二者紹師，即弟一弟子，如舍利子等。三者襲師，謂軌範師，若親教師，爲〔一〕同法者，能開悟者，令憶念者。大師即是立聖教者，紹師即是傳聖教者，襲師即是隨聖教者。開許制止，一切應作、不應作故，時時教誡、教授〔二〕轉故，如瑜伽八十三。有義无癡非即是恚，別有自性，正對无明，如无貪嗔，善根攝故。此比量道理成立別性，謂无貪嗔，善根攝故。別有自性，治貪及嗔，无癡亦尔，善根攝故。應有別性，正對无明。量云无癡善根，應有別自性，別有。所謂三善根中隨一攝故，如无貪嗔。論說：大悲无嗔癡攝，非根攝故。

校注

【一】「爲」，《瑜伽師地論》卷第八十三作「若」，見《大正藏》本第三〇册第七六〇頁。【二】「教誡教授」，《瑜伽師地論》卷第八十三作「教授教誡」，見《大正藏》本第三〇册第七六〇頁。

之應作五十七云大悲無瞋不攝非根不攝　根謂廿二根攝非
慧若以無瞋以慧爲性大悲如力等應慧攝者海王及雅寶
彼無瞋以慧爲性大悲立用慧善爲體勿彼論作不許大悲慧
根不攝故知無癡非慧爲體如力善言舉似十力善亦四无
所畏三不護善慧善根攝舉立根中慧善亦具攝根故彼
云如來身慧根不攝但具根無畏等　五分無癡無自
性如不害等應非實物但是遠論說十一善中三是假如五論作五十五
說十一善中以実物於三是假於謂不放逸精及不害而彼不說
無癡善根是假如然慧等依此慧爲體者亦復因果顯此自性
如以思不表名遠文謂前說不說引業以后慧爲體者按実
無癡非是是慧然彼無癡因慧爲因立以爲因立以爲果亦復業
作慧善根自性難知故方因果顯以自性如以思不業三之自性

故瑜伽五十七云：大悲无癡所攝，非根所攝。根謂廿二根，故智非惠。若彼无癡，以惠爲性，大悲如力等。癡惠攝者，論主及解：若彼无癡，以惠爲性；大悲立用，惠等爲體。而彼瑜珈，不許大悲惠根所攝；故抑无癡，非惠爲體，如力等。言：舉仏十力等，取四无所畏、三不諫等，惠等根攝。舉五根中惠等，取具智根。故彼云：如來身惠根所攝，及具智根、无畏等。又若无癡，无别自性，如不害等，應非實物。便違論説：十一善中三世俗有立[一]；瑜伽五十五説：十一善中八實物有，三世俗有，謂不放逸、捨及不害；而彼不説无癡善根是世俗有。然集論説：惠[二]爲體者，舉彼因果，顯此自性。如以忍乐表信，食達文謂前師所説引集。論惠爲體者，據實无癡，非即是惠。然彼无癡，用惠爲因，亦以爲因，亦以爲果。彼集論意，善根自性難知。故舉因果，顯彼自性。如以忍乐表信，自性

校注

【一】「立」，疑衍。【二】「惠」，《成唯識論》卷六作「慧」，見《大正藏》本第三一册第三〇頁。

非法自體恐非爲種以種爲七聚道諦倒使無癡惠名因果諦
恐應亦以貪瞋癡三法相爲子種種起惡猶故亦不善
根除貪善三具三義故立不善根一一法相應間雜轉善三
由煩惱種種間雜俱法三起惡業故由具三義立不善根斷使
惡由遍與對治遍唯善惠與三三根治三不善根極離
障斷惡除遍與三種對治遍之善惠與三三根由此無癡
與欲自性　廿二根者謂眼耳鼻舌身根男女根命根
善根者樂苦憂喜捨根信進念定惠根未知當知根已知
根具知根前五色根以本識等所變眼等淨色爲性此等
世前五色根以本識等所變和合四大所造淨色爲性然此五根自有二種
一者扶質以本八識所變五根二者影像本八五數及与本心及心所變
五根隨本識所變而似彼故名影像根今之第六識等五數爲依世男女二根

非性，自體忍乐。爲經以信，爲比量道理；例彼无癡，恚爲因果，理
必應尔。以貪、嗔、癡，六識相應，正煩惱攝，起惡緣故，立不善
根。謂貪等三，具三義故，立不善根：一六識相，應簡慢捨等；二
正煩惱，攝簡緣作諸；三起惡緣故。由具三義，立不善根，断彼
必由通别對治，通唯善恚，别立三根。謂三不善根極難
除断，必須通别二種對治：通即善恚，别立三根。由此无癡，
别有自性。廿二根者，謂眼、耳、鼻、舌、身根，男、女根，命根、
意根者，乐、憂、喜、捨根，信、〔一〕進、念、定、恚根，未知、當知根，已知
根，具知根。前五色根以本識等，所變眼等，净色爲性，此出體
也。前五色根以本識等所變相，分四大所，造净色爲性。然此五根自有二種：
一者本質，以弟八識所變五根；二者影像，弟八五數及与弟六心及心所所變
五根。雖不發識而似彼，故名影像根。今舉本識等五數爲論也。男女二根，

校注

〔一〕《阿毘達摩大毘婆娑論》卷第二十七此處多一「精」字，見《大正藏》本第二七册第八〇三頁。

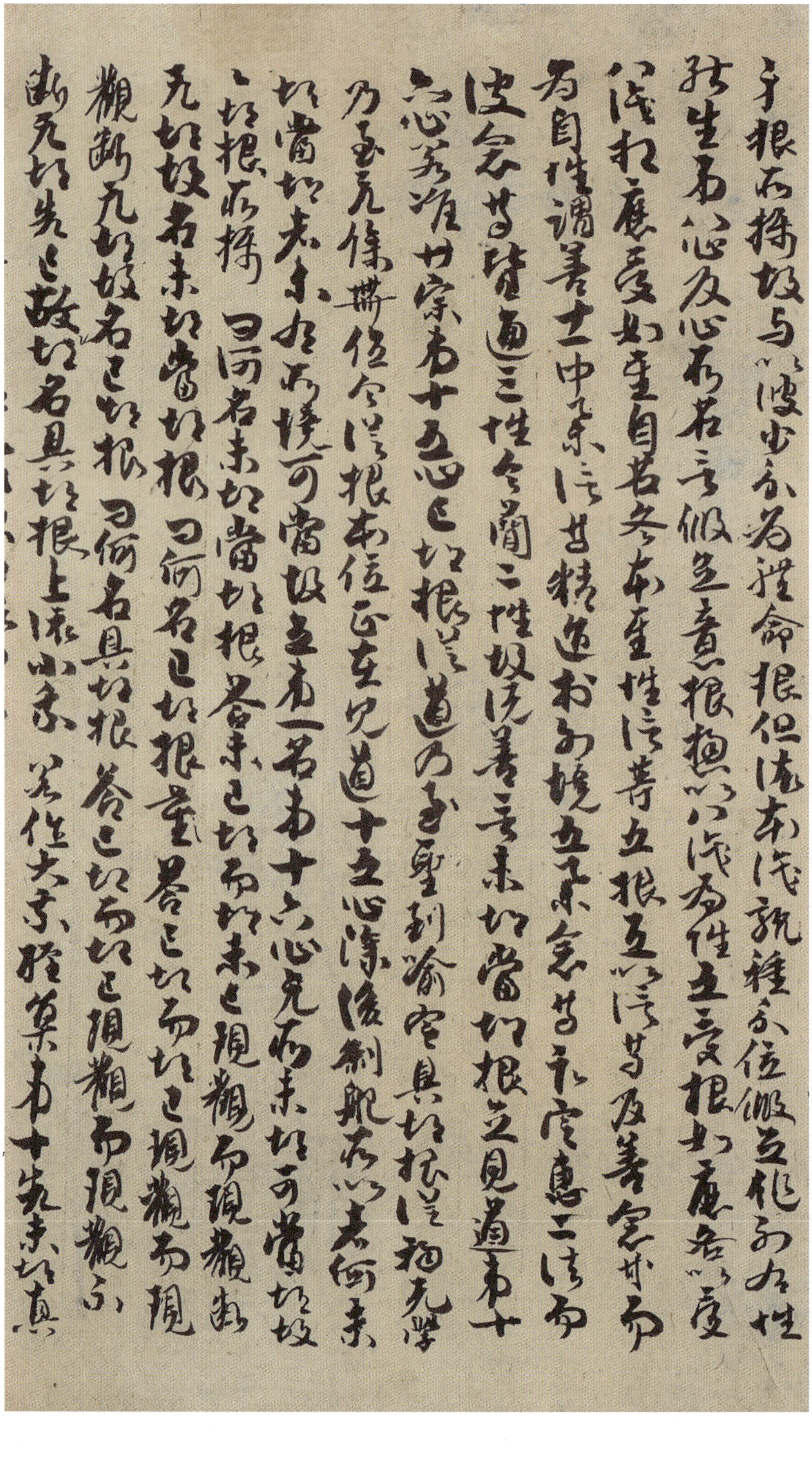

六五 身根所攝，故与以彼少分爲體。命根但依本識，親種分位假立，非别有性。

六六 能生弟八心及心所，名言假立。意根揔以八識爲性，五受根如應，各以受
六七 八識相應受，如其自名，各本其性。信等五根，立以信等，及善念等，而
六八 爲自性。謂善十一中舉信等精進，於别境五舉念等，取定、惠二法而
六九 彼念等，皆通三性。今簡二性，故説善言，未知當知，根立見道。弟十
七〇 六心，若准廿宗弟十五心已，故根從道，乃至聖到[一]。喻定具智根，從初无學
七一 乃至无餘涅槃位；今從根本位，正在見道。十五心除後剎那，所以者何？未
七二 知當知者，未有所境可當。故立弟一名，弟十六心，无所未知，可當知故。
七三 故[二]智根所攝。問：何名未知當知？答：未已知而知，未已現觀而現觀，断
七四 无知，故名未知當智根。問：何名已智根[三]？答：已知而知，已現觀而現
七五 觀，断无知故，名已智根。問：何名具智根？答：已知而知，已現觀而現觀，
不
七六 断无知，先已知，故[四]名具智根。上依小乘。若作大乘，經集弟十先未知真，

校注

【一】「到」，據文義，應爲「道」。【二】「故」，原卷爲重文符。【三】「根」下，原有「量」字，點刪。【四】「知故」原作「故知」，右有倒乙符。

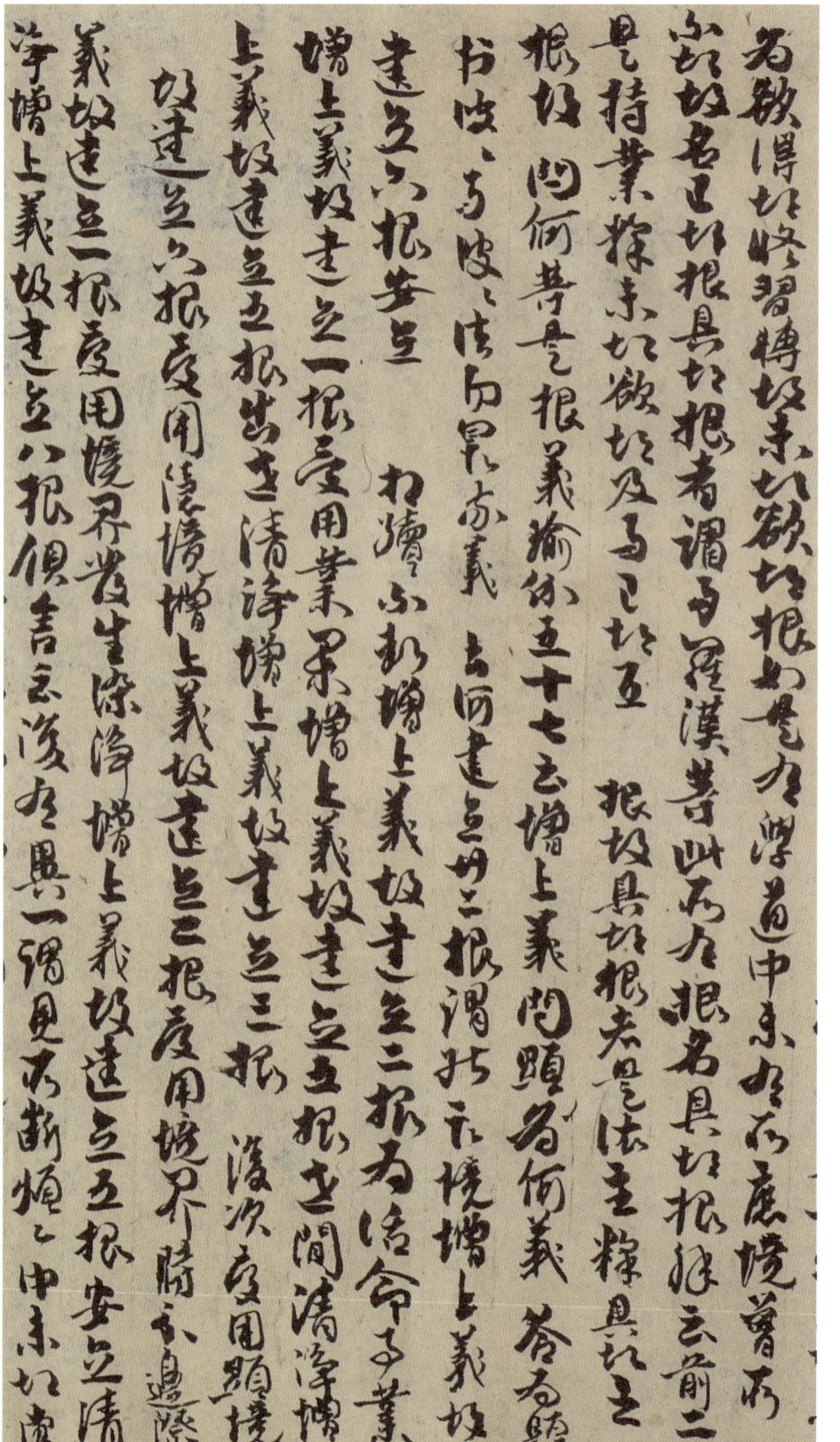

七七

爲欲得智脩習轉，故〔二〕未知欲智根。如是有學道中，未有所應境，曾所

七八　不知，故名已智根。具智根者，謂与羅漢等，此所有根，名具智根。解云：前

二

七九　是持業釋，未知欲知及与已知，即[二]根故。具智根者，是依主釋，具知之

八〇　根故。問：何等是[三]根義？瑜伽五十七云：增上義。問：爲顯[四]何義？答：

爲顯

八一　於彼，彼与彼法，法而最勝義。云何建立廿二根？謂能取境增上義，故

八二　建立六根；安立[五]　　相續不斷增上義，故建立二根；爲活命事業

八三　增上義，故建立一根；受用業果增上義，故建立五根；世間清淨增

八四　上義，故建立五根；出世清淨增上義，故建立三根。復次受用顯境，

八五　故建立六根；受用隱境增上義，故建立二根；受用境界時分邊際

八六　義，故建立一根；受用境界，發生染淨增上義，故建立五根；安立清

八七　淨增上義，故建立八根。俱舍云：復有異一：謂見所斷煩惱中，未知當

校注

【一】據文義，此處應補一「名」字。【二】「即」下，原有一空格，應爲「智」字。【三】據文義，此處應補一「名」字。【四】「爲顯」，原作「顯爲」，右有倒乙符。【五】「安立」下，原空兩格，《成唯識論》本此處多「家族」二字。

以根為增上於除不斷煩惱中亦以根為增上用於還法示住中具故
根為增上用由此能順受雜染以來善故　第三色法中頌曰色者
謂五根五境及無表　彼依淨色名眼等五根　偈言釋云五
根者謂眼乃至五境者是眼等五根境界謂色聲香味觸無表
色唯依此量立色蘊名淨色者謂五根相五種淨色眼謂內受四大所造
色為性　彼者謂前眼等五識依淨色者依五種淨色若眼等根是
眼等識依法此義曰何緣界繫九地頌曰類境識同故雖三界繫一釋曰
類同者謂三受同是眼自性境同者謂三受同用色為境故識同
者謂三受同為眼識依故　曰何緣三根各生二受頌曰然為令端嚴
眼等各生二謂令眼等端嚴故也　曰然於見於對等頌曰　有見謂
色十於色於對法據色界八記緣三種　十八界中色界於見可

八八 知。根有增上：於脩所断煩惱中，已知根有增上。用於現法示住中，具智
八九 根有增上用。由此能領受解脱、喜乐等故。 弟三色法中，頌曰：色者，
九〇 謂[一]五根、五境及无表。彼識依净、色、名、眼等五根。 俱舍釋云：言五
九一 根者，謂眼耳等；五境者，是眼等。五根境界，謂色、聲、香、味、觸。无表
九二 色，唯依此量立色蘊。名净色者，謂五根相，五種净色。眼謂内處，四大所造
九三 色爲性。 彼者謂前眼等五識，依净色者，依五種净色。名眼等根，是
九四 眼等識所依止義。問：何緣界體非廿一？頌曰：類境識同故，雖二界體一。釋
曰：
九五 類同者，謂二處同是眼自性；境同者，謂二處同用色爲境；故識同
九六 者，謂二處同爲眼識依故。 問：何緣三根各生二處？頌曰：然爲令端嚴，
九七 眼等各生二。謂令明了端嚴故也。問：幾有見有對等？頌曰：一有見謂
九八 色，十有色有對，此除色聲八，无記餘三種。 十八界中色界有見，可

校注

【一】「謂」，《俱舍論頌疏論本》（簡稱《俱舍論》）作「唯」，見《大正藏》本第四一册第八一九頁。

九

以示現此彼曾別。由此義説，唯〔一〕，餘无色。如是已説有見无見，唯色蘊

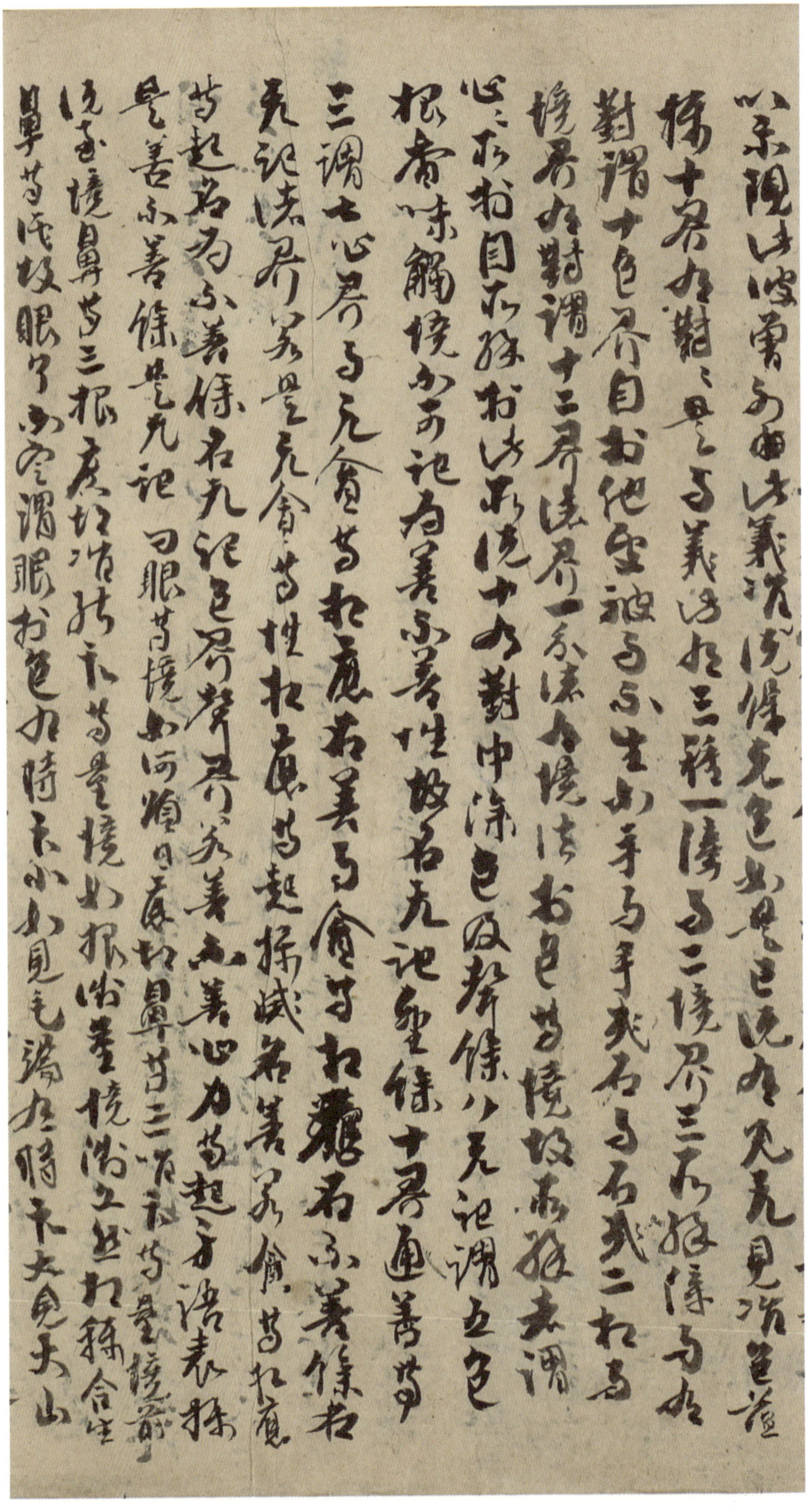

一〇〇 攝。十界有對，對是㝵義。此有三種：一障㝵，二境界，三所緣。障㝵有
一〇一 對，謂十色界。自於他處，被㝵不生，如手㝵手，或石㝵石，或二相㝵。
一〇二 境界有對，謂十二界，法界一分，諸有境法，於色等境。故所緣者，謂
一〇三 心、心所，於自所緣。於此所説十有對中，除色及聲，餘八无記。謂五色
一〇四 根，香味觸境，不可記爲善不善性，故名无記。其餘十界，通善等
一〇五 三，謂七心界。与无貪等相應名善，与貪等相應名爲不善，餘名
一〇六 无記。諸[二]界若是无貪等，性相應等，起攝[三]名善。若貪等，相應
一〇七 等，起名爲不善。餘名无記。色界、聲界若善、不善，心、力等起身，語表
攝，
一〇八 是善不善，餘是无記。問：眼等境如何？頌曰：應知鼻等三，唯取等量境。前
一〇九 説至境，鼻等三根，應知唯能取等量境。如根微量，境微亦然，相稱合生
一一〇 鼻等識故。眼耳不定，謂眼於色，有時取小如見毛端，有時取大見大山，

校注

【一】「説唯」，原作「唯説」，右有倒乙符。【二】「諸」，《俱舍論頌疏記》卷第二作「法」，見《卍新續藏》第五十三册第四〇一頁。【三】「攝」下，原有「滅」字，點刪。

三

有時取等如見蒲桃。如是耳根，聽蛟雲[一]等所發種種小大音聲，隨

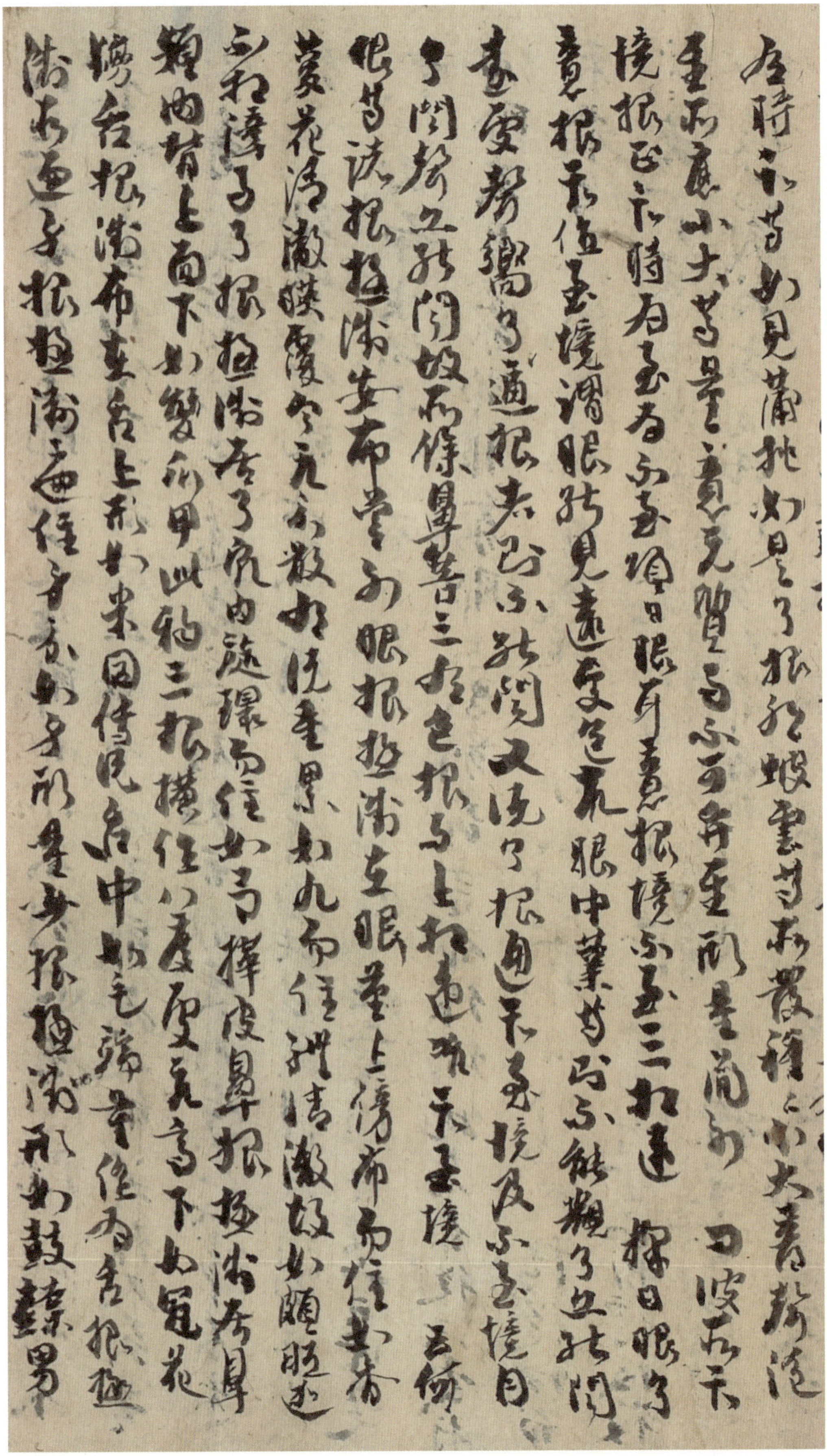

二二 其所應小大等量，意无質㝵，不可弁其形量簡[二]別。問：彼所取

二三 境，根正取時，爲至爲不至？頌曰：眼耳意根境，不至三相違。釋[三]曰。眼

耳

二四 意根取作至境，謂眼能見遠處色，故眼中藥等則不能觀。耳亦能聞

二五 遠處聲響，逼耳[四]根者則不能聞。又說：耳根通取至境及不至境，自

二六 耳聞聲亦能聞故。所餘鼻等三有色根，与上相違，唯取至境。云何

二七 眼等，諸根極微，安布差別？眼根極微，在眼星上傍布而住。如香

二八 荾花，清澈暎覆，令无分散；有說重累如丸而住，體清澈故。如頗胝迦，

二九 不相障㝵。耳根極微，居耳穴內，旋環而住，如卷樺皮。鼻根極微，居鼻

三〇 頞內，背上面下，如雙爪甲。此初三根橫作行度，處无高下，如冠花

三一 鬘。舌根[五]微，布在舌上，形如半月；傳說舌中，如毛端量，非爲舌根，極

三二 微所遍。身根極微，遍住身分，如身形量。女根極微，形如鼓顙；男

校注

【一】「蚑」，「蚊」的異體；「雲」，《俱舍論疏卷第二》作「雷」，見《卍新續藏》第五十三冊第三十一頁。【二】「簡」，《俱舍論》作「差」。【三】「釋」，《俱舍論》作「論」。【四】「逼耳」，原作「耳逼」，右有倒乙符。【五】「根」下，漏一「極」字。

如指轉　問十八界中幾內幾外　頌曰　內十二眼等　色等六爲外　釋曰
六根六識十二名內　外謂所緣色等六境　亦依名內　由彼謂心依持義強既
是內外何等義　能依心故　假說心爲義故　釋云由善調伏義故說內生
又瑜伽第五十六云　復次屢觀衆色　觀而復捨　故名爲眼　數〻於此聲
至能聞故名爲耳　能嗅諸香名鼻　能發言語表彰呼召　名爲舌根
周遍積集名身　愚夫長夜瑩飾藏護　執爲之有　計爲我所　又法
意所法　此依主釋〻　若根謂有情命者等故名爲意　又如可示現方所質
量可增故名爲色　數〻宣謝　德增異〻故名爲聲　離質潛形　隨風
轉名〻爲香　可以舌嘗　屢招疾患　名爲味　數可爲身所證得故名觸遍
能住持唯意境性名法　問於色蘊中幾法由有見有對故住　幾法由
無見有對故住　幾法由無見無對故住　答一由三種謂眼所行緣〻名

如指豁。问：十八界中幾内幾外？頌曰：内十二眼等、色等亦爲外。釋[一]曰：六根、六識，十二名内；外謂所餘，色等六境；我依名内，外謂此餘，義體既无，内外何有？義執依止故，假説心爲義故。經云：由善調伏義，智者得生天。瑜伽弟五云：復次屢觀衆色，觀而復捨，故名爲眼。數數於此聲至能聞，故名爲耳。能齅諸香名鼻，能發言語、表彰呼召名舌，諸根周遍積菓[二]名身。愚生[三]長夜，瑩飾藏護，執爲己有，計爲我所。又諸世間依此假立種種名想，謂有情命者等，故名爲意。又如[四]可示現方所，質量可增，故名爲色。數數宣謝，隨增異論，故名爲聲。離質潛形，屢隨風轉，名之爲香。可以舌甞，屢招疾苦，名味。數可爲身所證得，故名觸。遍能任持，唯意境性，名法。問：於色蘊中，幾法由有見有對故住，幾法由无見有對故住，幾法由无見无對故住？答：一由二種，謂眼所行；餘唯有

校注

【一】「釋」，《俱舍論頌疏論本》作「論」，見《大正藏》本第四十一册第八三〇頁。【二】「菓」，《瑜伽師地論》卷第三作「聚」，見《大正藏》本第三〇册第二九四頁。【三】「生」，《瑜伽師地論》卷第三作「夫」，見《大正藏》本第三〇册第二九四頁。【四】「又如」，《瑜伽師地論》作「數」，見《大正藏》本第三〇册第二九四頁。

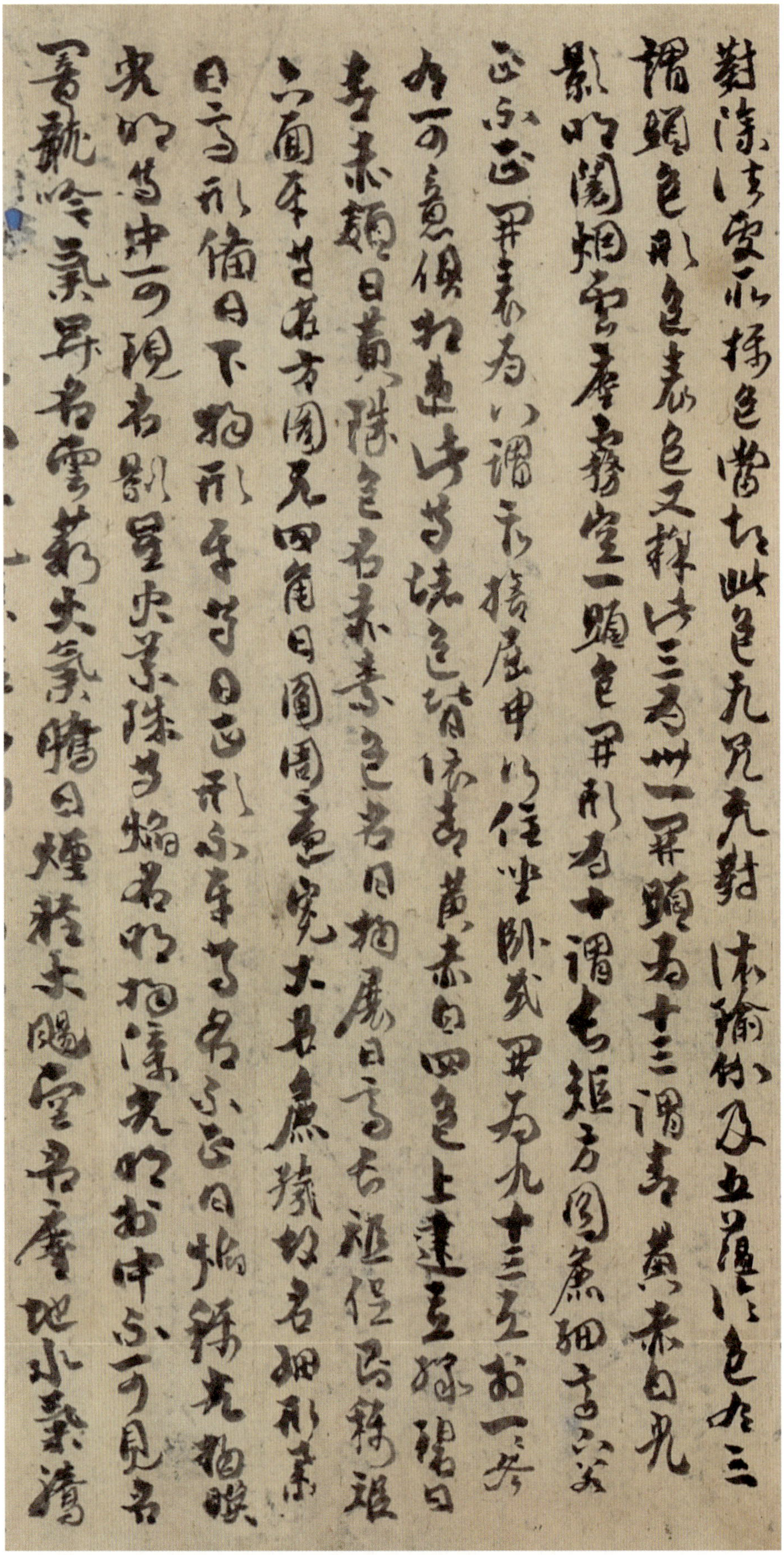

三四 對，除法處所攝色，當知此色无見无對。依瑜伽及五蘊，於色有三：

三五 謂顯色、形色、表色。又稱此三爲卅一：開顯爲十三，謂青、黃、赤、白、

光、

三六 影、明、闇、烟、雲、塵、霧、空，一顯色；開形爲十，謂長、短、方、圓、

麁、細、高、下、若

三七 正、不正；開表爲八，謂取、捨、屈、申、行、住、坐、臥。或開爲九十三，

互於一一，各

三八 有可意俱相違此等。諸色皆依青、黄、赤、白四色上建立，緑[一]碧曰

三九 青、赤類，曰黄珠色名赤，素色名日[二]。物展曰：高、長、短，促則稱矩。

四〇 六面平等[三]名方圓，无四角曰圓。周遍寬大名麁，纖故名細。形舉

四一 曰高，形備曰下。物形平等曰[四]正，形不平等名不正。日焰稱光，物暎

四二 光明，等[五]中可現名影。星火、藥珠等焰名明物，障光明於中，不可見名

四三 闇。龍吟氣昇[六]名雲，薪火氣騰曰煙。輕土颺空名塵，地水氣騰

校注

【一】「緑」，《洪武南藏》義忠本作「深」。【二】「日」，《洪武南藏》義忠本作「白」，是。【三】「等」，《洪武南藏》義忠本作「正」，是。

【四】「曰」，《洪武南藏》義忠本作「名」。【五】「等」，《洪武南藏》義忠本作「於」，是。【六】「昇」，《洪武南藏》義忠本作「暈」，誤。

而顯謂於空一窓孔隙隙物可有迴色塵中有業無者
色皆精業緣或作六緣於上虛空不見青等空一顯色空之顯色互
依主釋　第二聲者因謂因由假藉之義因於猶所執持受地等
四大所發之聲有情等聲是因不執受大種來亦因執受大
種所發之聲風輪等聲是因俱大種聲者謂因執受四大不執
受四大共發之聲名因俱大種聲如手擊鼓吹風等聲　問如俱舍
論不許一造色據從二四大造聲之義亦如何通釋　答曰如手擊鼓
時手四大能觸造鼓聲內四大種但為明緣故說由手四大共造
一聲手等聲發此說故又順正理云手鼓四大和擊造聲鼓聲
大手聲小但聞鼓聲亦聞手聲若手聲大鼓聲小但聞手聲亦聞鼓聲
有情所欲亦名可意聲情不欲亦名不可意聲俱不亦不亦名俱相違聲

爲霧，謂於空處。門窓孔隙，離餘物与，名爲逈色；屈申[一]等業，名爲表色。皆持業釋或作六釋，於上虚空所見青等，空一顯色，空之顯色，及[二]依主釋。　弟二聲者，因謂因由假藉之義。因於頼耶執攝，受地等四大所發之聲，即有情等聲是。因不執受大種者，不因執受大種所發之聲与風輪[三]等聲是。因俱大種聲者，謂因執受四大、不執受四大共發之聲，名因俱大種聲，即擊鼓吹風[四]等聲。　問：如俱舍論，不許一造色，極微；二四大造，聲亦應尔，如何通解？　答曰：如擊鼓時，外四大稱執造鼓聲，内四大轉但爲助緣，故説内外四大共造一聲。手等聲發此，准知。又順正理。云：手鼓四大相擊造聲，鼓聲大、手聲小，但聞鼓聲，不聞手聲；若手聲大、鼓聲小，但聞手聲，不聞鼓聲。

有情所欲乐，名可意聲；情不欲乐，名不可意聲。非乐非不乐，名俱相違聲。

校注

【一】「申」，《洪武南藏》義忠本作「伸」，是。【二】「及」，《洪武南藏》義忠本作「即」，是。【三】「輪」，《洪武南藏》義忠本作「鈴」，是。【四】「風」，《洪武南藏》義忠本作「貝」，是。

立所共許聲者謂立敵共立言教等所發聲共所詮聲者謂法處美
共立教理所發之聲或共不許所謂言教之聲若共不許聲遍計所
執聲者謂諸外道撥心安立言教之聲為揚聲者所以是聖言量所
攝聲者細見聞覺知八種言說謂見言見不見言不見聞言聞不聞言不
聞覺言覺不覺言不覺知言知不知言不知是聖言量所攝聲者
翻前所說謂八言說為理乖違者謂言所攝聲此土釋皆依生釋由前
質聲觸此嶮受便出觸聲觸出生聲諸業釋也　見聞覺知者且
世宗眼見者見於目分依根方能見故立根名聞鼻舌身三根名
覺以三塵是凡說故於中約者偏得覺名唯香味觸三元說
此故如為凡覺故能證者偏得覺名意根名知一自分依意方得知故
種部釋云如是五根通所證境名為所見不取他傳聞名為所聞等達

世所共成聲者，謂世俗間共立言教等所發聲；成所引聲者，謂諸聖者成立教理引發之聲，或成所作智、所引言教之聲，名成所引聲。遍計所執聲者，謂諸外道擬心。安立言教之聲与揚聲大叫等，是聖言。量所攝聲者，細[一]見聞覺，知八種言説，謂見言、見不見言、不見不見聞言、聞不聞言、不聞覺言、覺不覺言、不覺知言、知不知言、不作智聖言。量所攝聲者，翻前所説，謂八言説，与理乖違，名非言所攝聲。此十一種皆依主釋。由本質聲觸幽嶮處，便出響聲。響即是聲，持業釋也。見聞覺相者，且卅宗，眼見名見，然自不識。依根身能見，故耳根名聞，鼻、舌、身三根名覺。以三塵是无記，故於中智者，偏得覺名。俱舍云：香味觸三，无記性故；如死无覺，故能證者偏得覺名。意根名相一自不識，意身得知。故經部釋云：若是五根現所證境，名爲所見；若他傳聞，名爲所聞；若運

校注

【一】「細」，《洪武南藏》義忠本作「約」。

自心心種種隨比度不計名為不覺第意識證名為不知於五塵中六容
起見聞覺知四種意識於本六境緣見故三　又眼不隨見名見言
從傳聞名為不聞自運已心法不尋搆名為不覺自內所發受潤漏
名知　若依此義眼識及根當境為見意識從他傳受為聞意識亦
從見聞自然思搆名之為覺亦有四識及不依根五識同時此等
識法不境想名為知喻如云依四種意識謂見聞覺知不分意思
識依見意識未謂依眼故謂見從色由此因緣謂他宣說是名依
見意識依聞意識未謂從他聞由此因緣為他宣說依覺意識未
謂不見不聞但自思搆推尋觀察由此因緣為他宣說依知意識是
未謂各別於由不受不證不觸由此因緣謂他宣說是名依知意識是
現量等覺知是比量等聞意識是真量教量　第二香志好理殊

一六六 自心，以種種理比度所計[一]，名爲所覺；若意現證，名爲所相。於五境中，一

一容

一六七 起。見、聞、覺、知四種意説，於弟六境除見有三。又眼所現見名見，從

一六八 他傳聞名爲所聞，自運己心諸所思構名爲所覺，自内所受及自所

一六九 名知。若依大乘眼識，用根當説爲見意識，從他傳受爲聞意識，不

一七〇 從見聞自然思構名之爲覺。平等四識及所依根，五識同時，此等

一七一 諸法取境，揔名爲知。瑜伽云：云何依四種意説？謂見、聞、覺、知，所有意

一七二 説。依見意[二]説者，謂依眼故，現見外色；由此因緣謂他宣説，是名依

一七三 見意説。依聞意説者，謂從他聞，由此因緣爲他宣説。依覺意説者，

一七四 謂不見不聞，但自思構，稱量觀察，由此因緣爲他宣説。依知意説

一七五 者，謂各别於由所受、所證、所觸，由此因緣謂[三]他宣説是名。依知意説是

一七六 現量，若覺知是比量，若聞意説是聖教量。弟三香者，好謂殊

校注

【一】「計」，《俱舍論》卷十六作「許」，見《大正藏》本第二九册第八七頁。【二】「意」，《瑜伽師地論》卷第二作「言」，下同，見《大正藏》本第三〇册第二八九頁。【三】「謂」，《瑜伽師地論》卷二作「爲」，是；見《大正藏》本第三〇册第二八九頁。

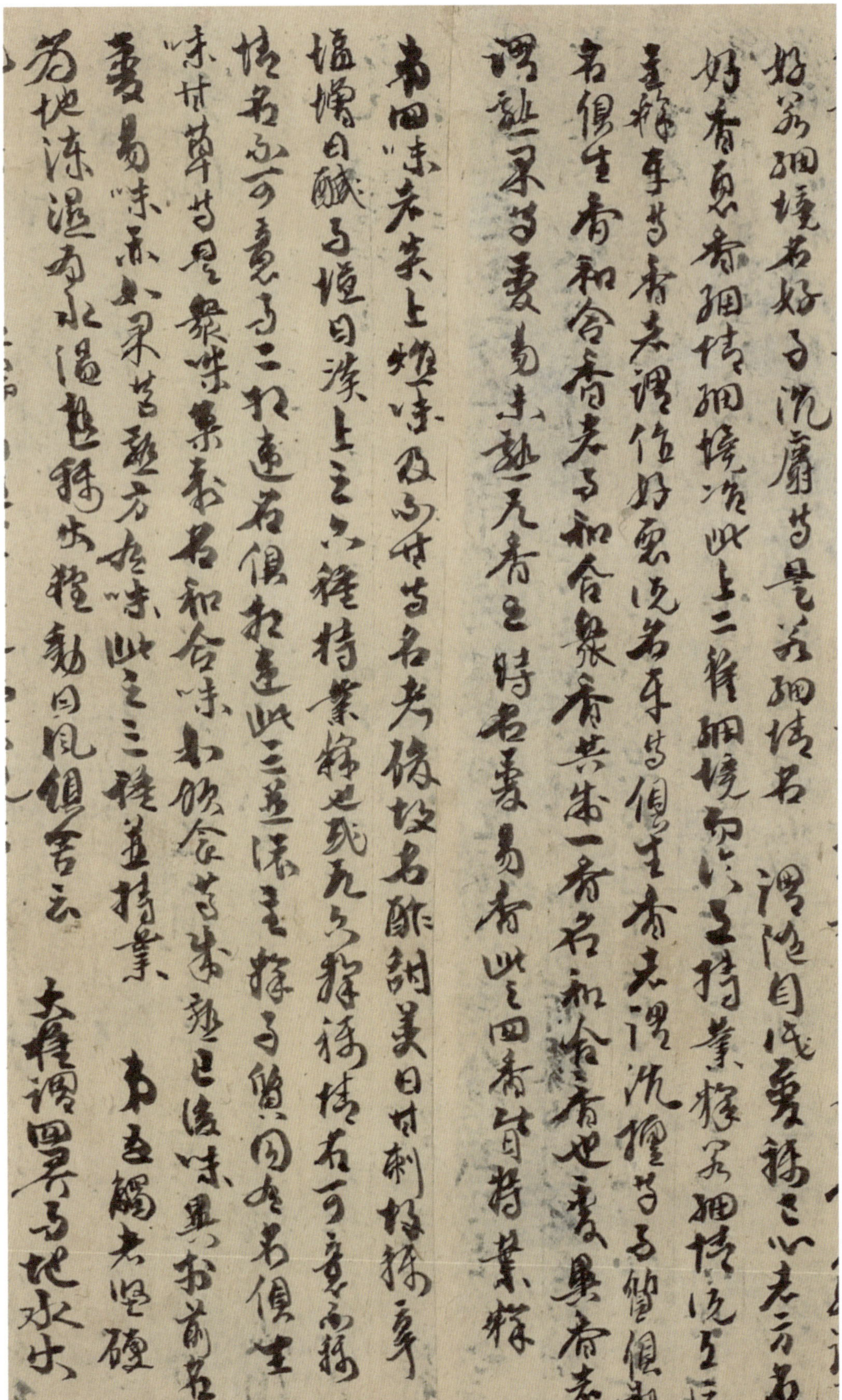

一七七

好。若細[一]境名好，与沉麝等是。若細情名[二]，謂隨自識。變稱己心者，方名好香、惡香，細情、細境准此。上二種細境而論，即持業釋。若細情說，即依主釋平等香者，謂非好惡，説名平等。俱生香者，謂沉檀等，与質俱起名俱生香。和合香者，即和合衆香共成一香，名和合香也。變異香者，謂熟果等變易；未熟无香之時名變易香。此之四香皆持業釋。

第四味者，炎[三]上燋味及不甘等名苦酸，故名酢[四]；甜美曰甘，刺故稱辛；塩增曰鹹，与[五]塩曰淡。上之六種持業釋也。或无六釋，稱情名可意，不稱情名不可意。与二相違[六]，名俱相違，此三並依主釋。与質同有名，俱生味甘草等，是衆味集聚，名和合味。如飲食等，成熟已後味異於前，名變易[七]味，亦如果等熟方有味。此之[八]三種並持業。第五觸者，堅硬爲地，流濕爲水，温熱稱火，輕動曰風。俱舍云：大種謂四界，與地、水、火、

校注

【一】「細」，《洪武南藏》義忠本作「約」。【二】「名」，《洪武南藏》義忠本作「説」。【三】「炎」，《洪武南藏》義忠本作「啖」。【四】「酢」，《洪武南藏》義忠本作「醋」，是。【五】「与」，《洪武南藏》義忠本作「无」，是。【六】「違」，《洪武南藏》義忠本作「返」。【七】「易」，《洪武南藏》義忠本作「異」。【八】「之」，《洪武南藏》義忠本作「上」。

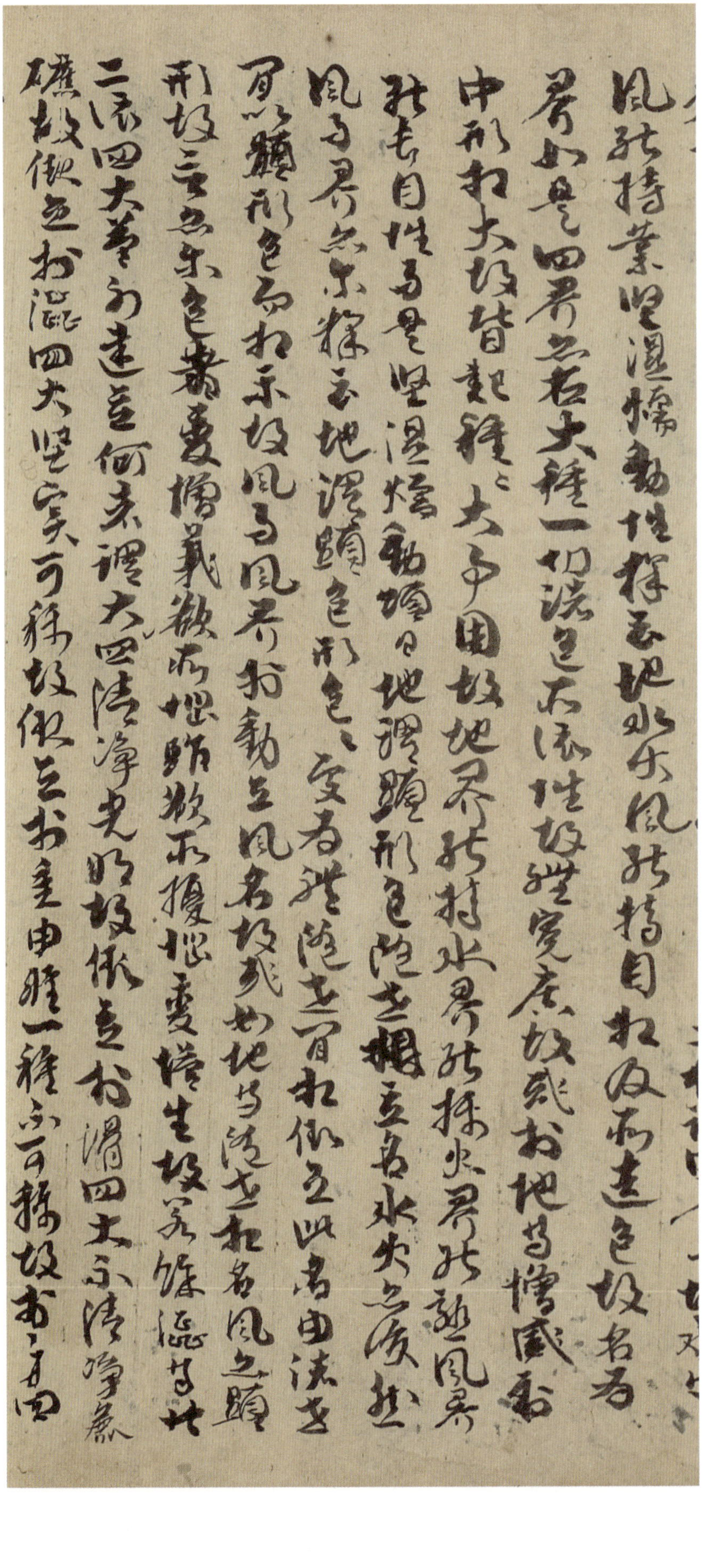

一八八 風；能持業，堅濕煗動性。釋云[二]：地、水、火、風，能持自相及所造色，故名爲

一八九　界。如是四界亦名大種。一切餘色所依性故，體寬廣故。或於地等增減聚
一九〇　中，形相大故；皆起種種大事用故。地界能持，水界能攝，火界能熟，風界
一九一　能長。自性与是，堅濕煖動。頌曰：地謂顯形色，隨世相立名；水火亦復然，
一九二　風与界亦尔。釋云[二]：地謂顯色形色，色處爲體。隨世間相[三]假立此名，由諸
世
一九三　間以顯形色而相示故。風与風界，於動立風名故，或如地等隨世相名。風亦顯
一九四　形，故言亦尔。色者，愛、憎、義。欲所惱雖[四]，欲所擾惱，變壞生故。若餘
澁等，廿
一九五　二依四大差別建立。何者謂四大[五]？清淨光明[六]故，假立於滑；四大不清淨、
麁
一九六　礦故，假立於澁；四大堅實可稱，故假立於重；由輕一種不可稱，故於身四

校注

【一】「釋云」，《俱舍論》卷第一作「論曰」，見《大正藏》本第二九册第三頁。【二】「釋云」，《俱舍論》卷第一作「論曰」，見《大正藏》本第二九册第三頁。【三】「相」，《俱舍論》作「想」，誤。【四】「雖」，《俱舍論》作「壞」，是。【五】「四大」，原作「大四」，右有倒乙符。【六】「明」，《洪武南藏》義忠本作「潤」，是。

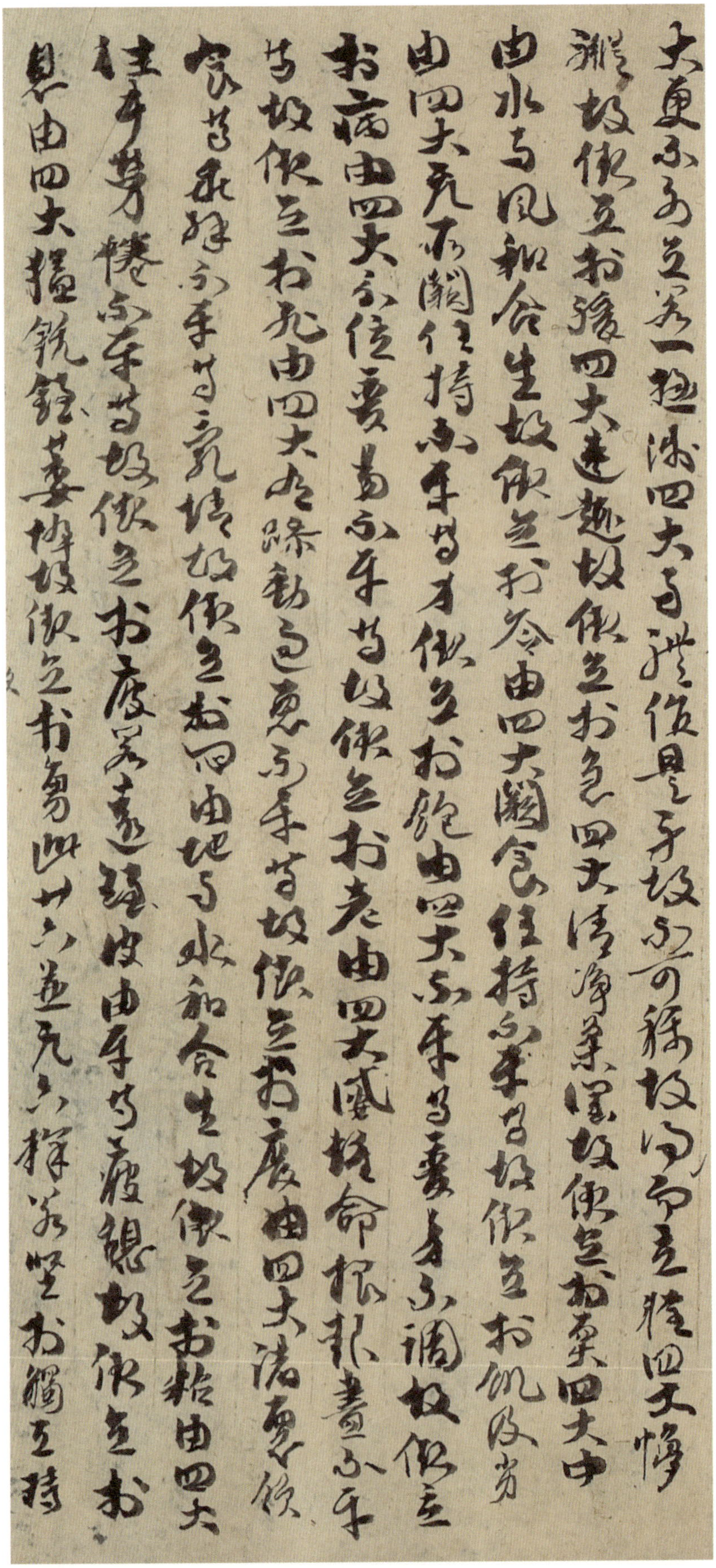

一九七 大，更不別立。若一極微四大与[一]體非是身故，不可稱故，而得[二]立輕；四大

慢

一九八 縱故，假立於緩；四大速趣故，假立於急；四大[三]清净柔潤故，假立於耎。四

大中

一九九 由水与風和合生故，假立於冷。由四大闕[四]食、住持不平等故，假立於飢及

劣；

二〇〇 由四大无所闕任持不平等故，假立於飽；由四大不平等、變身[五]不調故，假立

二〇一 於病；由四大分位變易[六]不平等故，假立於老；由四大滅壞命根、報盡不平

二〇二 等故，假立於死；由四大有躁動、過惡不平等故，假立於廢[七]；由四大諸[八]惡

飲

二〇三 食等乖緣不平等、欝情故，假立於悶；由地与水和合生故，假立於粘；由四大

二〇四 往來勞倦不平等故，假立於疲；若遠離皮[九]，由平等疲憩故，假立於

二〇五 息；由四大猛鋭離萎悴故，假立於勇。此廿[一〇]六並无六釋。若堅[一一]於觸，即持

校注

【一】「与」，《洪武南藏》義忠本作「之」。【二】「而得」，原作「得而」，右有倒乙符。【三】「大」，《洪武南藏》義忠本作「六」，誤。【四】「闕」，《洪武南藏》義忠本作「闘」。【五】「身」，《洪武南藏》義忠本作「異」。【六】「易」，《洪武南藏》義忠本作「異」。【七】「廢」，《洪武南藏》義忠本作「養」。【八】「諸」，《洪武南藏》義忠本作「謂」，誤。【九】「皮」，《洪武南藏》義忠本作「彼」。【一〇】「廿」，《洪武南藏》義忠本作「二十」。【一一】「堅」，《洪武南藏》義忠本作「望」，誤。

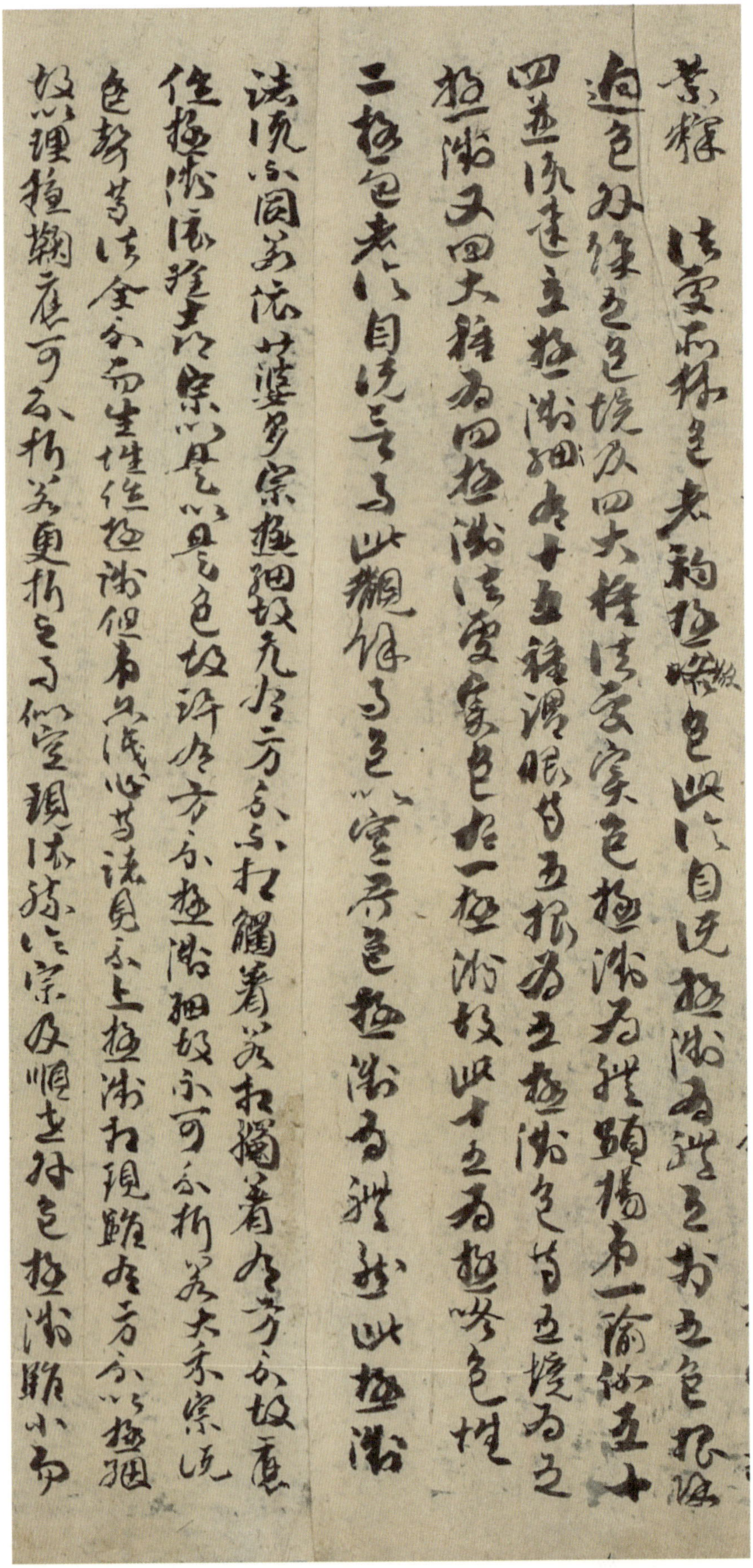

二〇六 業釋。法處所攝色者，初極欲[一]色。此論自説極微爲體，即制[二]五色根。除

二〇七 過色外[三]，餘五色境及四大種。法處實色，極微爲體[四]。顯揚弟一[五]、瑜伽五

十

二〇八　四並說：建立極微[六]有十五種，謂眼等五根，爲五極微；色等五境，爲五

二〇九　極微。又四大種爲四極微，法處實色有一極微，故此十五爲極略色性。

二一〇　二極過者，論自說言：与此觀餘色，以空界色極微爲體。然此極微

二一一　諸流不同：若依薩婆多宗極細故，无有方分，不相觸著；若相觸著有方分故，

應

二一二　作極微。依經命宗以是，以是色故，許有方分；極微細故，不可分析。若大乘

宗說

二一三　色、聲等法，全分而生，性作極微。但弟六識心等，諸見分上極微相。現雖有

方分，以極細

二一四　故，以理種鞠，應可分析。若更折之，与似空現。依緣論宗及順世外色，極微

顯小而

校注

【一】「欲」，原作「略」，右側改爲「欲」。【二】「制」，《大乘法苑義林章》卷第五無，見《大正藏》本第四五册第三四一頁。【三】「外」，《大乘法苑義林章》卷第五作「等」，見《大正藏》本第四五册第三四一頁。【四】「體」，《大乘法苑義林章》卷第五作「性」，見《大正藏》本第四五册第三四一頁。【五】「一」，《大乘法苑義林章》卷第五作「六」，見《大正藏》本第四五册第三四一頁。【六】「微」下，原有「細」字，點刪。

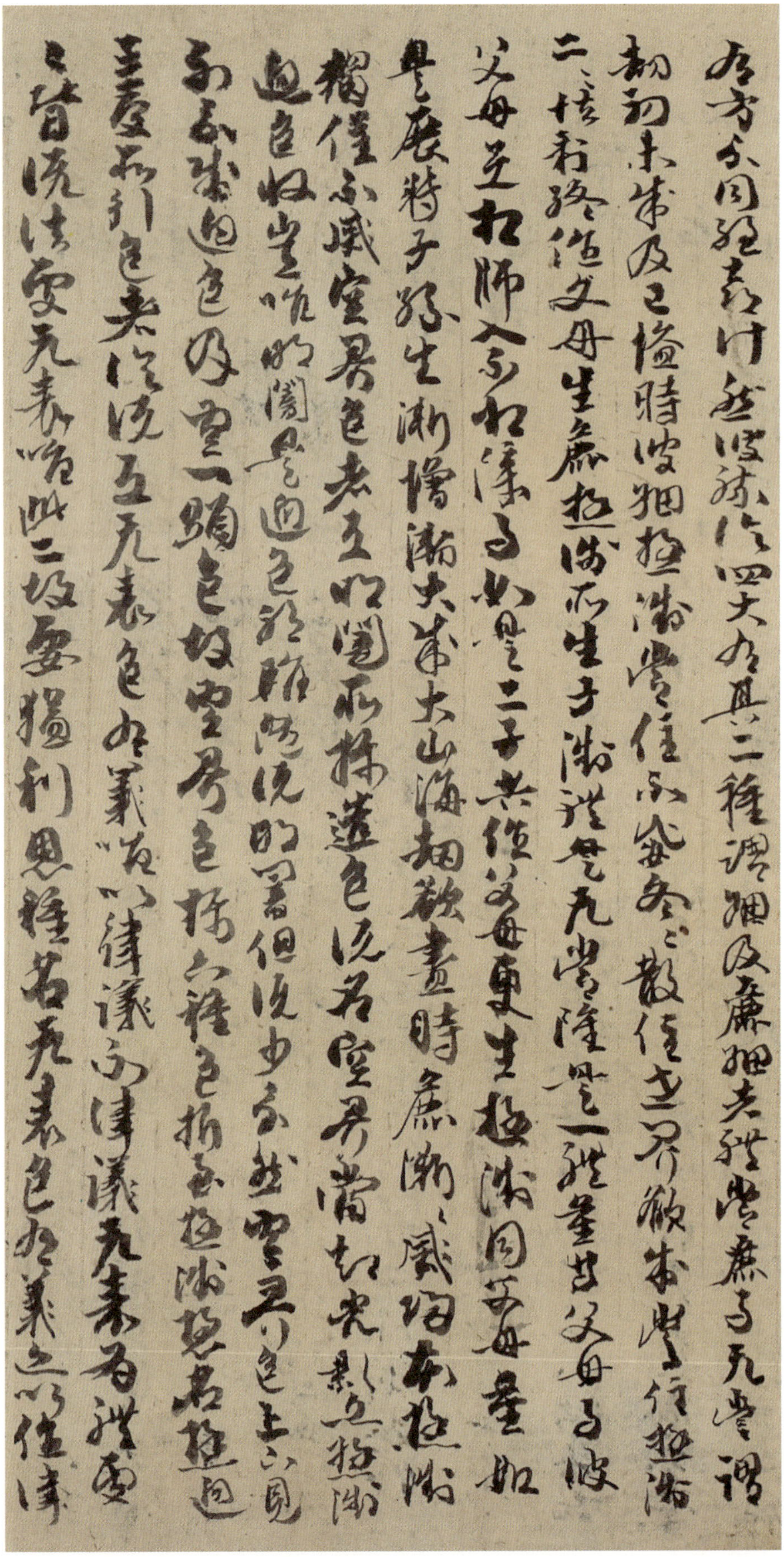

二五

有方分，同經命計。然彼緣論：四大有其二種，謂細及麁。細者體常，麁即无常。謂

二六　劫初未成，及已備時。彼細極微，常住不滅；各各散住，世界欲成。常住極微，

二七　二二性利。終作父母，生麁極微；所生子微，體是无常。雖是一體，量等父母。㝵彼

二八　父母，在相師入，不相障㝵。如是二子共作父母，更生極微，同父母量。如

二九　是展轉子緣生，漸增漸大，成大山海。劫欲盡時，麁漸漸威，歸本極微，

三〇　獨住不威。空界色者，即明闇所攝，造色說名。空界當知光影，亦極微

三一　逈色收，豈唯明闇，是逈色耶。唯隨說明闇，但說少[一]分。然空界色，上下見

三二　別分成逈色，及空一顯色。故空界色攝六種色，析至極微，揔名極逈。

三三　三受所引色者，論說即[二]无表色。有義唯以律議[三]、不律議、无表爲體，處

三四　處皆說法處，无表唯此二故。要猛利思種，名无表色[四]。有義亦以非律

校注

【一】「少」，《洪武南藏》義忠本作「小」；《大乘法苑義林章》卷第五同，見《大正藏》本第四五册第三四一頁。【二】「即」，《洪武南藏》義忠本作「謂」；《大乘法苑義林章》卷第五同，見《大正藏》本第四五册第三四一頁。【三】「議」，《洪武南藏》義忠本作「儀」，後同。
【四】「色」，《洪武南藏》義忠本作「故」。

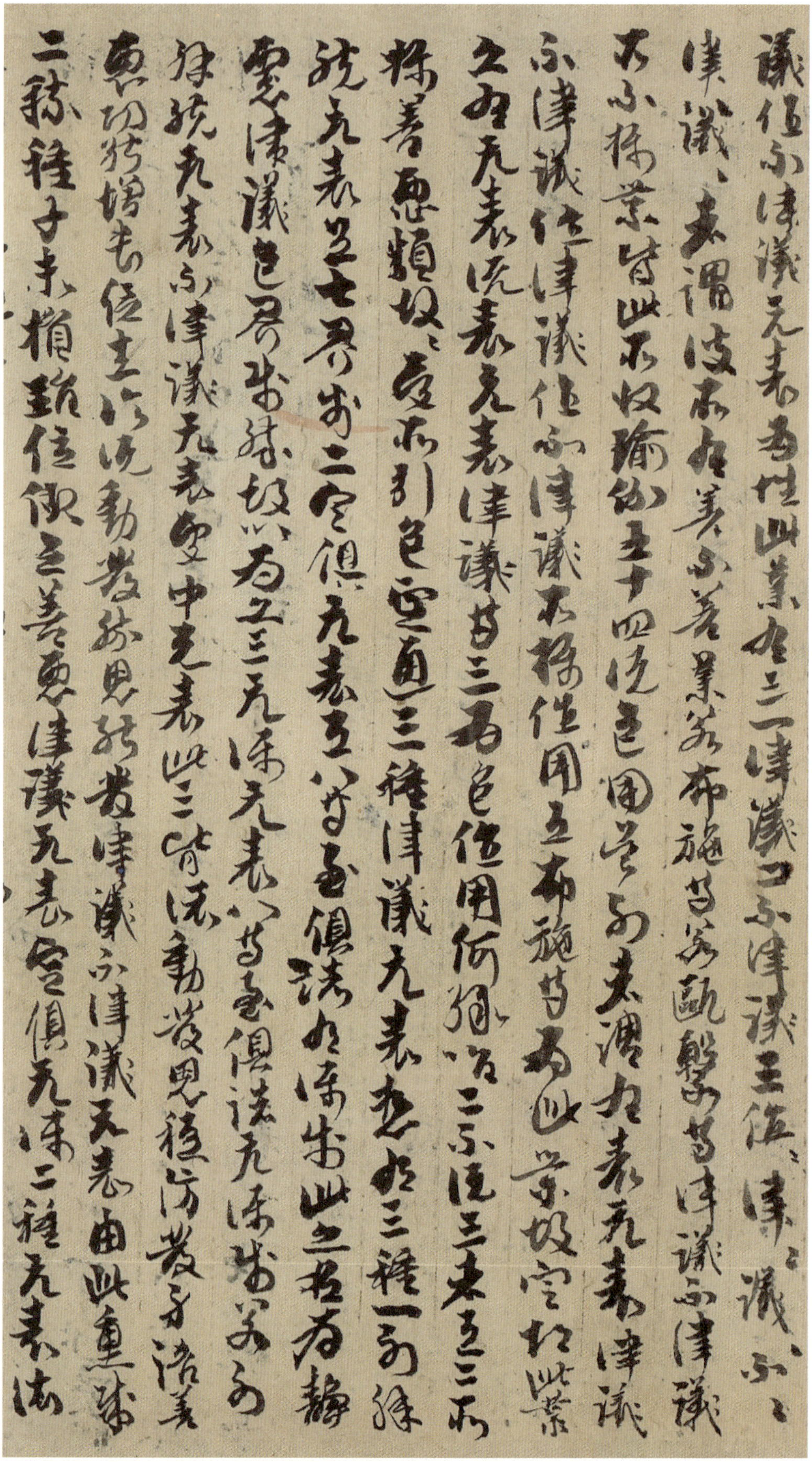

三五

議、非不律議、无表爲性[二]。此業有三：一律議，二不律議，三非律議非不律

議。非律議不
二二六 律議者，謂彼所有，善不善業。若布施等，若毆擊等，律議、不律議，
二二七 所不攝業，皆此所收。瑜伽五十四說：色用差别者，謂有表、无表；律議、
二二八 不律議、非律議、非不律議，所攝作用，即[二]布施等，爲此業故，定知此業
二二九 亦有无表。說表、无表、律議等三爲色，作用何緣？唯二不說三者，即二所
二三〇 攝善悪類故。故受所引色、定、通三種律議。无表揔有三種：一别解
二三一 脱无表，即七界[三]戒；二定俱无表，即八等至俱諸有漏戒，此亦名爲静
二三二 慮律議。色界戒勝，故以爲名三无漏无表，八等至俱諸无漏戒。若别
二三三 解脱无表，不律議无表，處中无表，此三皆依動發思種，防發身語，善
二三四 悪功能，增長位立。論說：動發勝思，能發律議、不律議、无表，由此熏成
二三五 二勝種子，未損雖[四]位，假立善悪，律議无表，定俱无漏。二種无表依

校注

【一】「性」，《洪武南藏》義忠本作「体」。【二】「即」，《洪武南藏》義忠本作「説」；《大乘法苑義林章》卷第五同，見《大正藏》本第四五册第三四一頁。【三】「界」，《洪武南藏》義忠本作「衆」；《大乘法苑義林章》卷第五同，見《大正藏》本第四五册第三四一頁。

【四】「雖」，《洪武南藏》義忠本、《大乘法苑義林章》均作「壞」，見《大正藏》本第四五册第三四三頁。

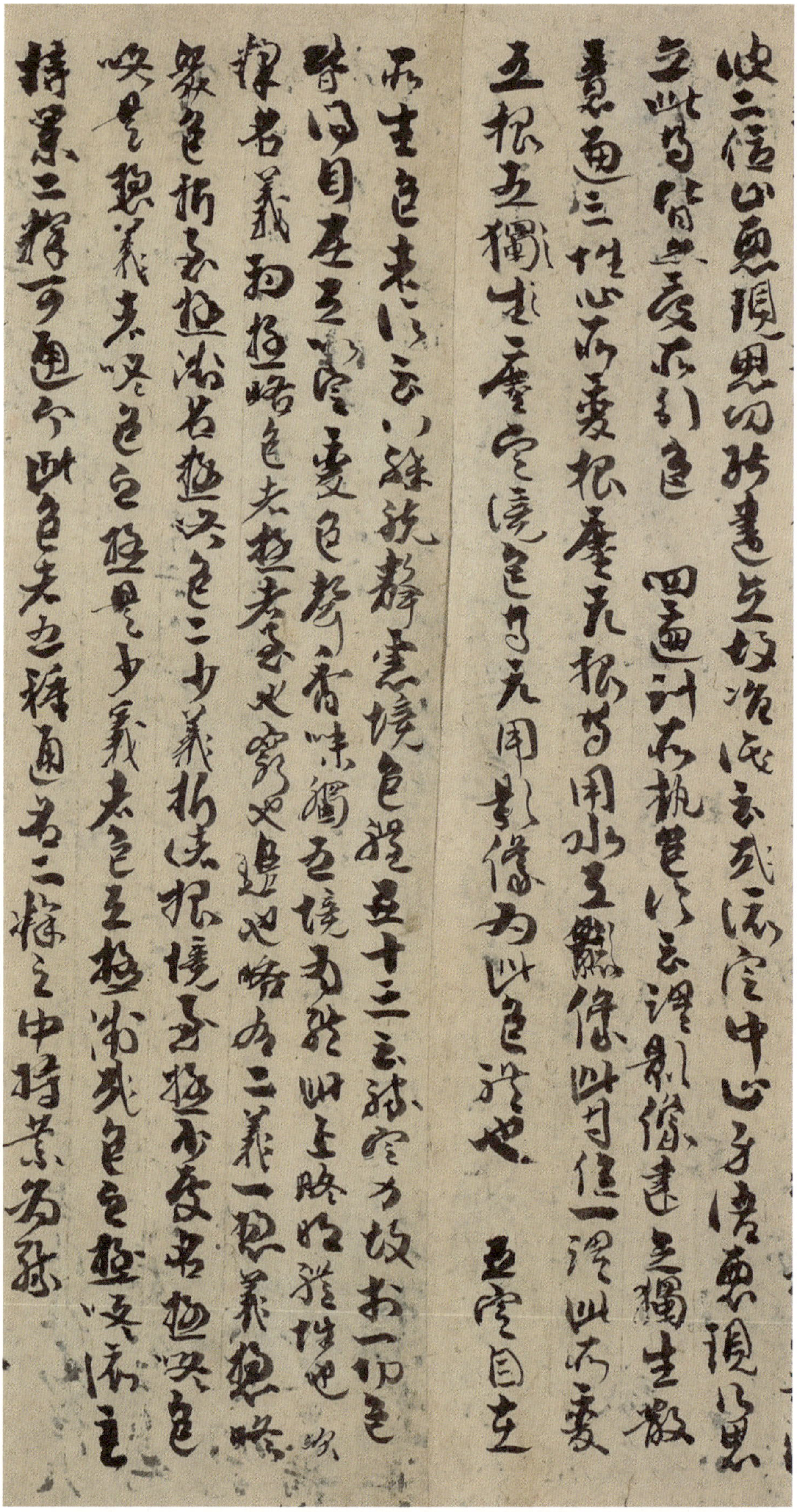

三六 彼二位，止惡現思，功能建立。故唯識云[一]：或依定中，止身語惡，現行思

三七 立。此等皆名受所引色[二]，四遍計所執色。論云：謂影像建立[三]，獨生散

二三八 意，遍三性心，所變根塵、无根等用；水月、鏡像，此等非一。謂此[四]所變

二三九 五根、五塵[五]、定境色等无用影像，爲此色體也。　五定自在

二四〇 所生色者。論云：八解脱静慮境色體。五十三云[六]：勝定力故，於一切色

二四一 皆得自在，即以定變。色、聲、香、味、觸五境爲體，此上脩明體性也。次

二四二 釋名義。初極略色者，極者至也、窮也、邊也。略有二義：一揔義揔略：

二四三 衆色析至極微，名極略色；二少義：析諸根境至極少處，名極略色。

二四四 略是揔義者，略色即[七]極是少義者；色即極微，或色即極略。依主

二四五 持業，二釋可通[八]。今此色者，五種通名。二釋之中，持業爲勝。

校注

【一】「云」，《洪武南藏》義忠本作「説」；《大乘法苑義林章》卷第五同。【二】「色」，《洪武南藏》義忠本作「體」；《大乘法苑義林章》卷第五同，見《大正藏》本第四五册第三四一頁。【三】「建立」，《洪武南藏》義忠本作「色」；《大乘法苑義林章》卷第五同，見《大正藏》本第四五册第三四一頁。【四】「謂此」，《洪武南藏》義忠本作「因計」；《大乘法苑義林章》卷第五同，見《大正藏》本第四五册第三四一頁。【五】「五塵」，原作「五獨生塵」，「獨生」二字被點删。【六】「云」，《洪武南藏》義忠本及《大乘法苑義林章》卷第五均作「説」，見《大正藏》本第四五册第三四一頁。【七】「即」，《洪武南藏》義忠本及《大乘法苑義林章》卷第五均作「之」，見《大正藏》本第四五册第三四一頁，後多同。【八】「可通」，《洪武南藏》義忠本作「俱得」。

極迥色者迥色之至色空迥色離礙方顯立以迥之極迥之色極迥之色二釋依德色明迥者持黃赤等為緣明暗等但緣極迥色離此迥色為空一顯色上亦顯殊形俱空界色亦名極空名極迥色者是唯一意空是色性　受所引色者受謂領受因教因師而領等義引謂引發受之所引名受所引所引之色名受所引色謂定道戒亦從師教發方便請得從師教而律儀戒自誓發或從他受因此發得名受所引又所釋論等無表空由受發釋亦隨心轉得戒等亦定從他定道所從立名受所引色遍計所起色者三性意識能遍計境從此生名從所起立色名所起色遍計之所起色名遍計所起色之迥為釋定自在所生色者定通無擁名為自在果從彼起名定所生立色所生色自在之所生色名自在所生色二釋如前　極略極迥皆是假依於實成立謂依思

二四六　極迥色者，迥色即是色處迥色，離导方顯；立以迥名，極迥即色。極迥
二四七　之色，二釋隨應：色既通名，持業爲勝。雖明闇等，但攝極迥色體。此
二四八　迥色与空一顯色上下類殊，形俱空界，色不名極。空名極迥者，恐濫虚
二四九　空是色性。受所引色者，受謂領受，因教因師而領受義。引謂引發[一]，
二五〇　受之所引；名受所引，所引即色。名受所引，色雖定道戒得。不從師教，能[二]
方
二五一　便時亦從師教，不律儀戒。或自邀[三]期，或從他受。因此揔説名受所引，又別
二五二　解脱戒无表。定由受起，轉不隨心；雖得彼戒，不定從他；定道相從，亦名
二五三　受所引色。遍計所起者，三性意識能遍計境，從此生名彼所起。所起即
二五四　色，名所起色。遍計之所起色，名遍計所起色，亦通兩釋。定自在所生色
二五五　者，定通无擁，名爲自在。果從彼起，名彼所生。所生即色，所生色自在之所
二五六　生，色名自在；所生色二釋如前。极略、极迥皆是假有。唯識云：謂[四]依思

校注

【一】「引發」，《洪武南藏》本及《大乘法苑義林章》卷第五作「發起」。【二】「能」，《洪武南藏》本作「然」。【三】「邀」，《洪武南藏》本作「要」。【四】「謂」，《洪武南藏》本作「然」。

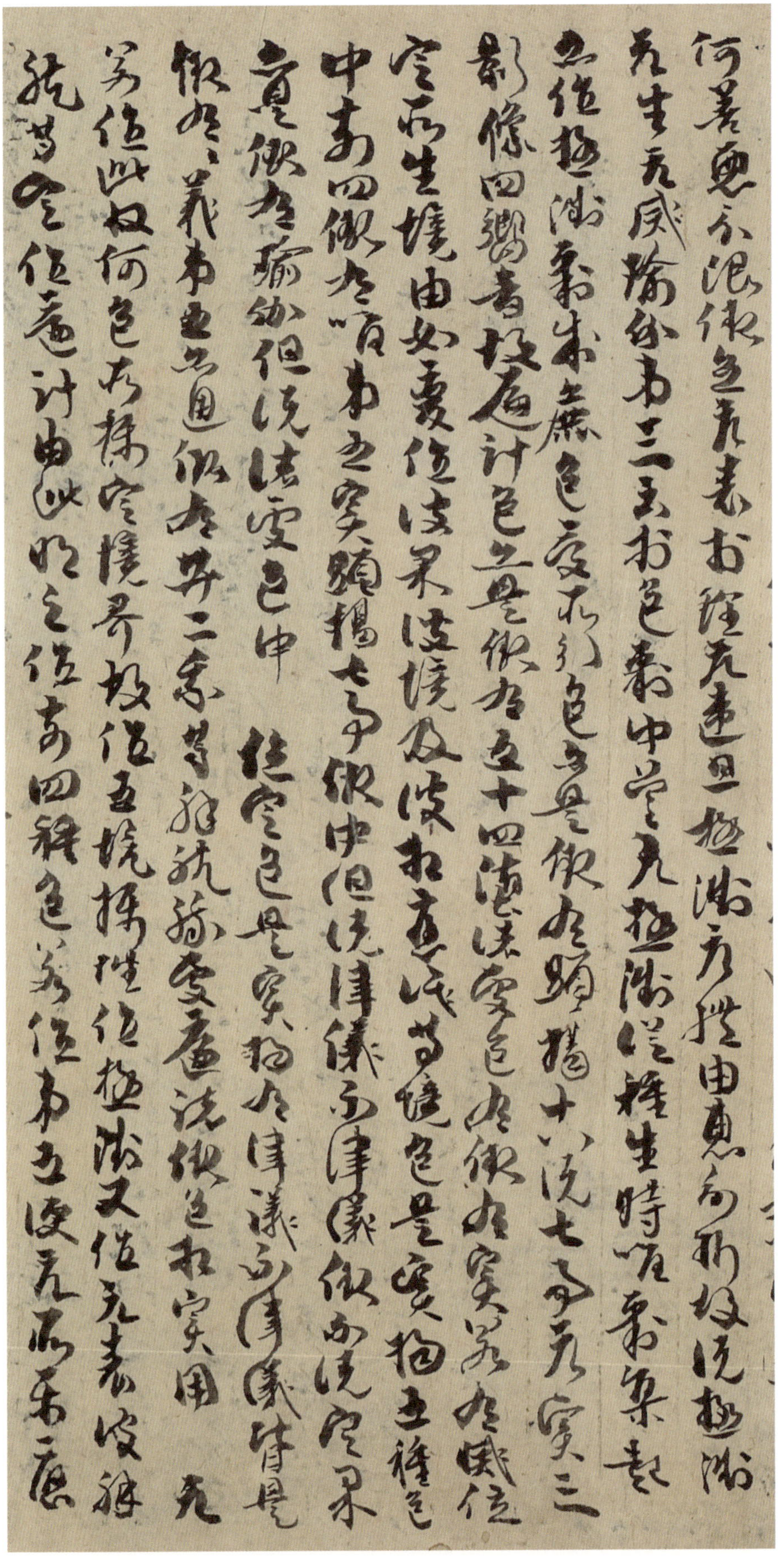

二五七 何[二]善惡，分限假立无表，於理无違。且極微无體，由惠分析。故説極微

二五八 无生无威。瑜伽弟三云：於色聚中曾无極微，從種生時唯聚集起；

二五九　亦非極微聚成麁色，受所引色亦是假有。顯揚十八說：七事无實：三
二六〇　影像、四響音，故遍計色亦是假有。五十四[二]：墮法處色，有假有實。若有威
德，
二六一　定所生境。由如變作彼果、彼境，及彼相、應識等境。色是實物，五種色
二六二　中，前四假有，唯弟五實。顯揚[三]七事假中，但說律議、不律議假，不說定果
二六三　亦是假有。瑜伽但說：法處色中，[四]德定色是實物有，律議[五]不律議皆是
二六四　假有。有義弟五亦通假有。菩薩二乘等，解脫勝處遍，諸假色相實用[六]无。
二六五　若非此收，何色所攝？定境界故，非五境攝。性非極微，又非无表，彼解
二六六　脫等，定非遍計。由此明之[七]非前四種色；若非弟五，便无所屬。應

校注

【一】「何」，《洪武南藏》本作「願」。【二】據《洪武南藏》本及《大乘法苑義林章》卷第五，原卷此處當漏一「說」字，見《大正藏》本第四五册第三四二頁。【三】據《洪武南藏》本及《大乘法苑義林章》卷第五，原卷此處當漏「論說」二字，見《大正藏》本第四五册第三四二頁。【四】原卷此處空格，據《洪武南藏》本及《大乘法苑義林章》卷第五，當漏抄「威」字，見《大正藏》本第四五册第三四二頁。【五】「議」，應爲「儀」。【六】原卷此處空格，據《洪武南藏》本及《大乘法苑義林章》卷第五，當漏抄「都」字，見《大正藏》本第四五册第三四二頁。【七】「明之」，《洪武南藏》本及《大乘法苑義林章》卷第五作「復」，見《大正藏》本第四五册第三四二頁。

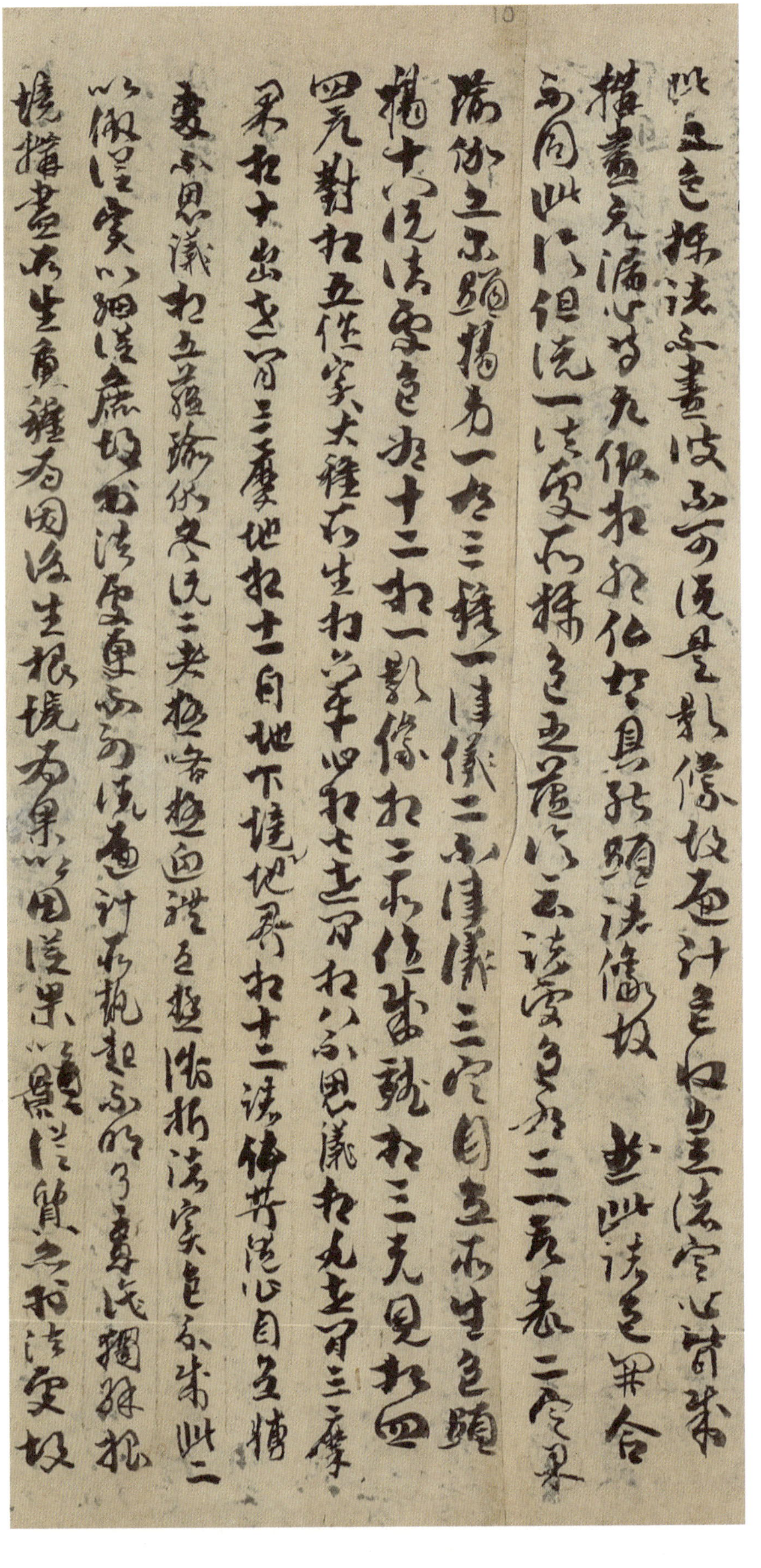

二六七 此五色，攝諸不盡，彼不可説是影像故。遍計色收，豈諸定心，皆成

二六八 搆畫。无漏心等，无假相耶，仏智具能，顯諸像故。然此諸色，開合

二六九 不同。此論但説：一法處所，攝色五蘊。論云：諸處色有二：一无表，二定

果。瑜伽亦尔。顯揚弟一有三種：一律儀，二不律議，三定自立所生色。顯揚十八説：法處色有十二相：一影像相，二所作成就相，三无見相，四四[一]无對相，五非實大種所生相，六屬心相，七世間相，八不思議相，九世間三摩果相，十出世間三摩地相，十一自地下地境[二]界相，十二諸仏菩薩隨心自在轉變不可思議相。五藴、瑜伽各説二者，極略、極逈體即極微。析諸實色分成此二，以假從實，以細從麁，故於法處更不別説。遍計所執，起不明了；意識獨緣，根境搆畫；所生熏種爲因，後生根境爲果[三]；以因從果，以影從質，亦於法處，故[四]

校注

【一】此「四」字爲衍字。【二】「地境」，原作「境地」，右側有倒乙符。【三】「爲果」，《洪武南藏》本及《大乘法苑義林章》卷第五均無，見《大正藏》本第四五册第三四〇頁。【四】「故」，《洪武南藏》本作「更」。

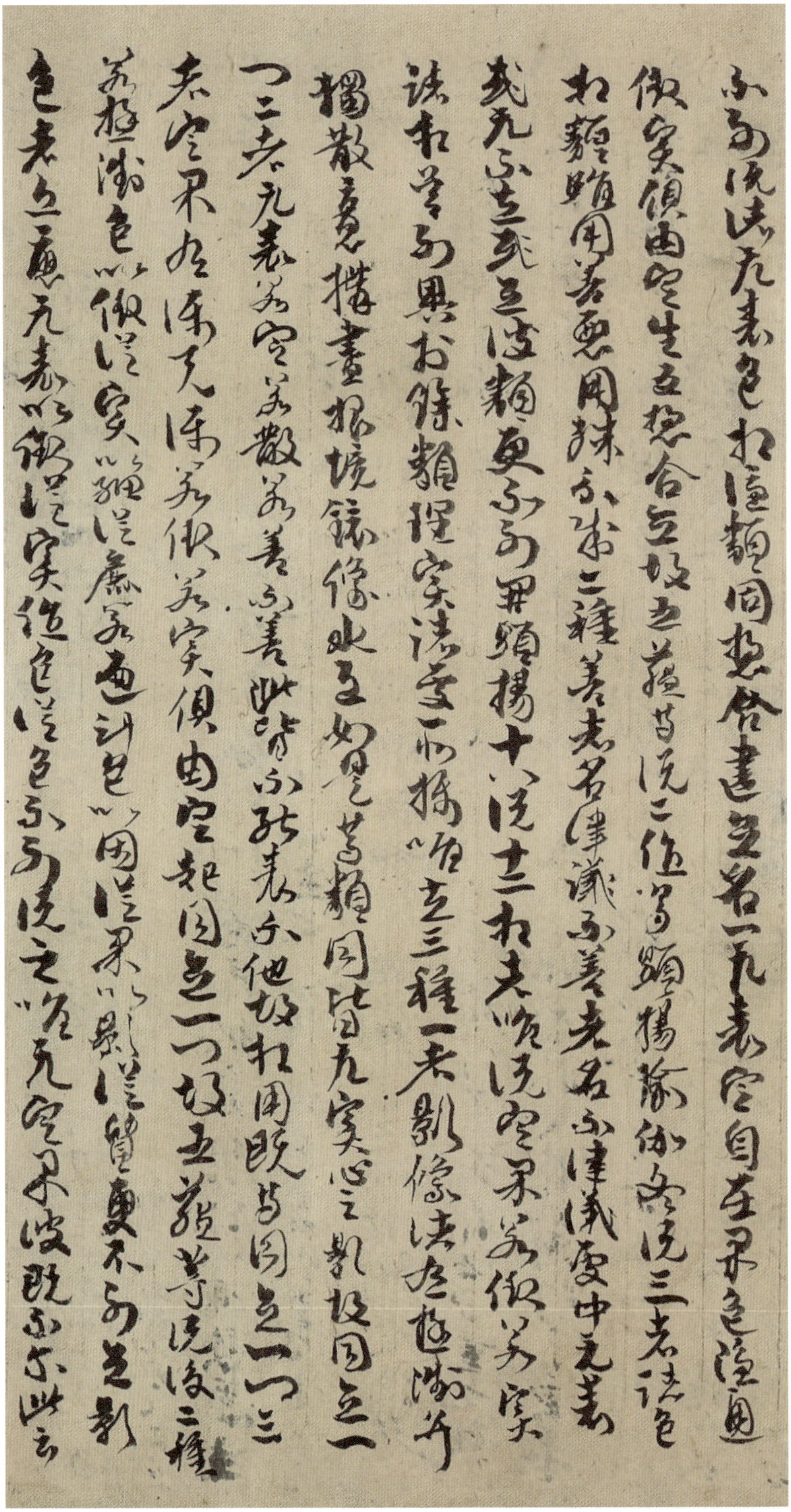

二七七 不別說。諸无表色，相隱類同；揔合建立，名一无表。定自在果色〔一〕，雖通

二七八 假實，俱由定生，亦揔合立。故五蘊等說二作多，顯揚、瑜伽各說三者，諸色

二七九 相類。雖同善惡，用殊分成。二種善者名律議[二]，不善者名不律儀。處中无
表，
二八〇 或无不立，或即彼類，更不別開。顯揚十八說：十二相者，唯說定果。若假若
實，
二八一 諸相差別異於餘類，理實[三]諸[四]處所攝。唯立三種：一者影像，諸有極微并
二八二 獨散意，搆畫根、境、鏡像、水月。如是等類同，皆无實心之影，故同立一
二八三 門。二者无表，若定若散，若善不善，此皆不能表示他故。相用既等，同立一
門。三
二八四 者定果，有漏无漏，若假若實，俱由定起，同立一門。故五蘊等說後二種：
二八五 若極微色以假從實，以細從麁；若遍計色以因從果，以影從質。更不別立影
二八六 色者，亦應无表，以假從實，非色從色，不別說之。唯无[五]定果，彼既不尔，
此云

校注

【一】「色」，《洪武南藏》義忠本及《大乘法苑義林章》卷第五均無，見《大正藏》本第四五册第三四〇頁。【二】「議」，應爲「儀」。【三】「實」，《洪武南藏》義忠本作「應」。【四】「諸」，《洪武南藏》義忠本作「法」。【五】「无」，《洪武南藏》義忠本作「說」。

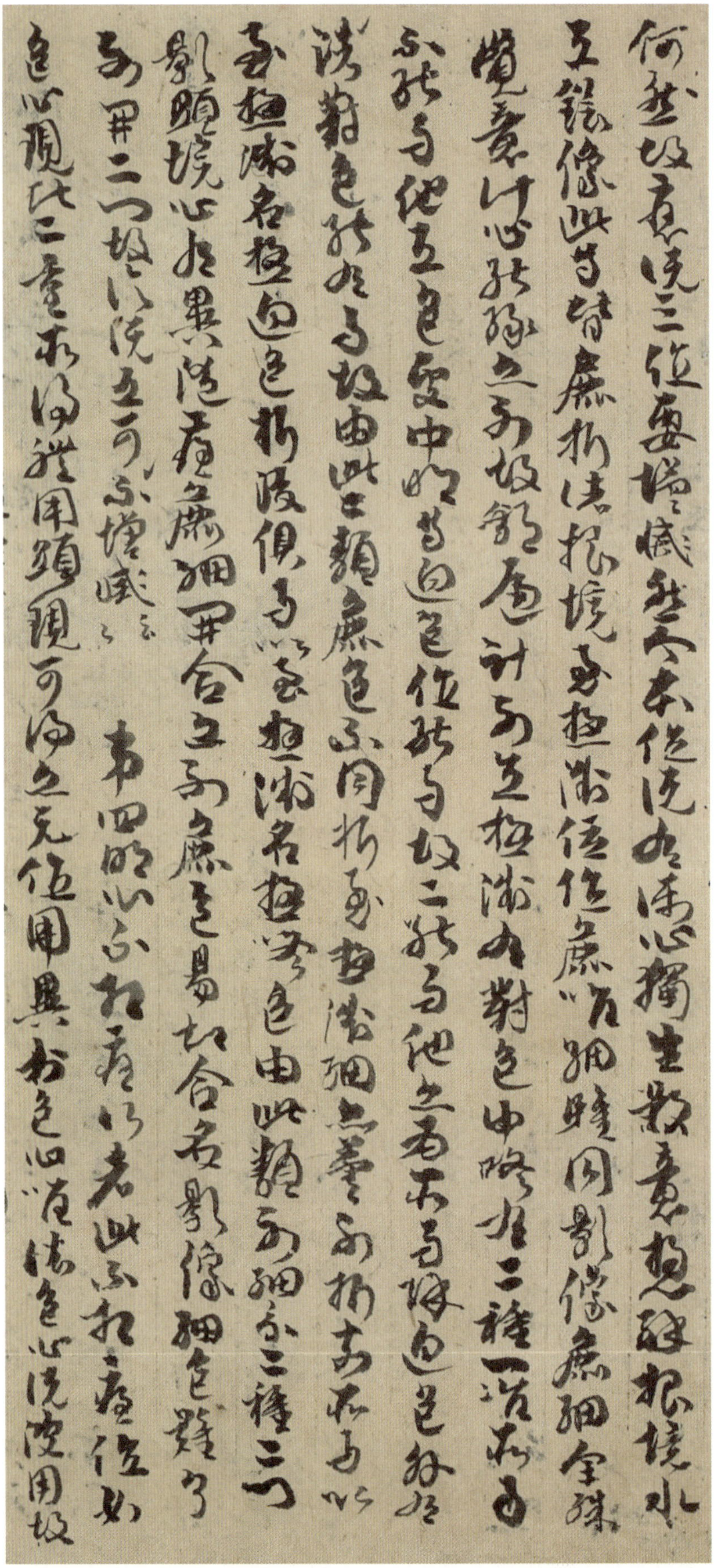

二八七 何然？故應説三，非要[一]增減。然今本位説有漏心，獨生散意，摠緣根境。水

二八八 月鏡像，此等皆麁。析諸根境，至極微位。非麁唯細，雖同影像；麁細全殊，

二八九 覺意計心。能緣亦別，故離遍計，別立極微。有對色中，略有二種：一唯所导

二九〇 不能导他，即色處中明等逈色，非能导故。二能导他，亦爲所导，除逈色外，

諸

二九一 有[二]對色，能有导故。由此二類，麁色不同，析至極微，細亦差別。析前所

导，以

二九二 至極微名極逈色；析後俱导，以至極微名極略色。由此類別細分二種，二門

二九三 影顯，境心有異。隨應麁細，開合亦別[三]。麁色易知，合名影像；細色難

了[四]，

二九四 別開二門。故論説五，不可[五]增減云云。弟四明心不相應行者，此不相應，

位如

二九五 色、心。現比二量，所得體用。顯現可得，亦无作用。異於色、心，唯依色、

心，説彼用故，

校注

【一】「要」，《洪武南藏》義忠本作「可」。【二】「諸有」，原作「有諸」，右有倒乙符。【三】「別」，《洪武南藏》義忠本作「殊」。【四】「了」，《洪武南藏》義忠本作「解」。【五】「不可」，原作「可不」，右有倒乙符。

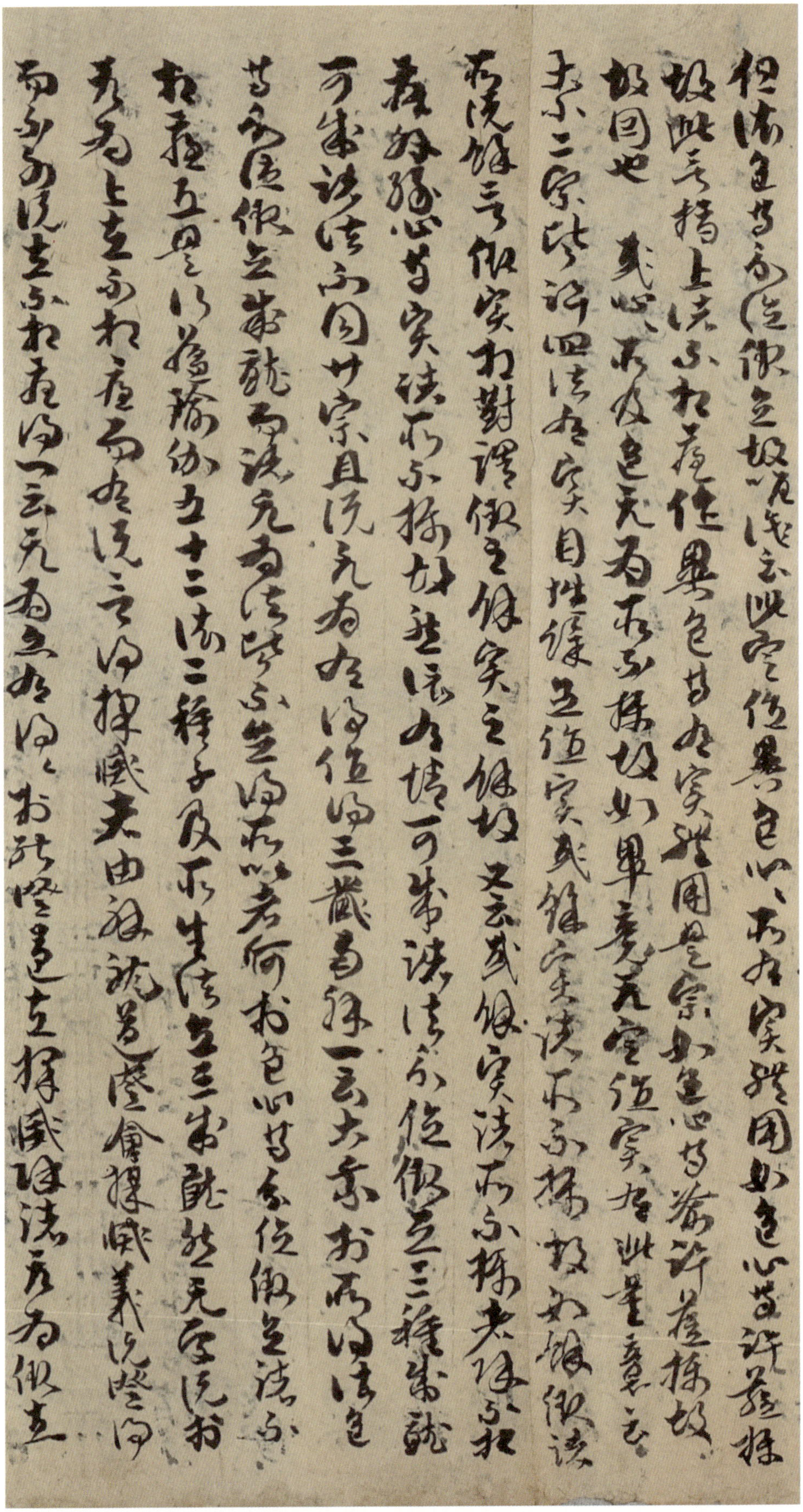

二九六

但依色等分位假立。故唯識云：此定位異色、心、心所，有實體用。如色、心等，許蘊攝

二九七 故。此言持上，諸不相應；作異色等，有實體用。是宗如色、心等，渝許蘊攝
故，
二九八 故同也。或心、心所及色、无爲所不攝故。如畢竟无，定非實有。此量意云
二九九 大小二宗皆許四法，有實自性，餘即非實，或餘實諸[一]所不攝故。如餘假説，
三〇〇 所説餘言假實相對，謂假之餘、實之餘故。又云或餘實諸所不攝者，餘不相
三〇一 義。外緣心等，實諸所不攝故。然依有情，可成諸法；分位假立三種成就，
三〇二 可成諸法，不同廿宗。且説无爲，有得作得。三藏兩解一云大乘於所得法色
三〇三 等，分位假立成就而説无爲法，皆不立得，所以者何？於色、心等分位假立，
諸不
三〇四 相應，即是行蘊。瑜伽五十二：依二種子及所生法，立三成就。然无處説，於
三〇五 无爲上，在不相應。而有説言：得擇滅者，由解脱道證會擇滅。義説證得，
三〇六 而不別説。在不相應，得一云无爲，亦有得；得於能證，道在擇滅，餘諸无
爲。假立

校注

【一】「諸」，《成唯識論》作「法」，見《大正藏》本第三册第一八頁。

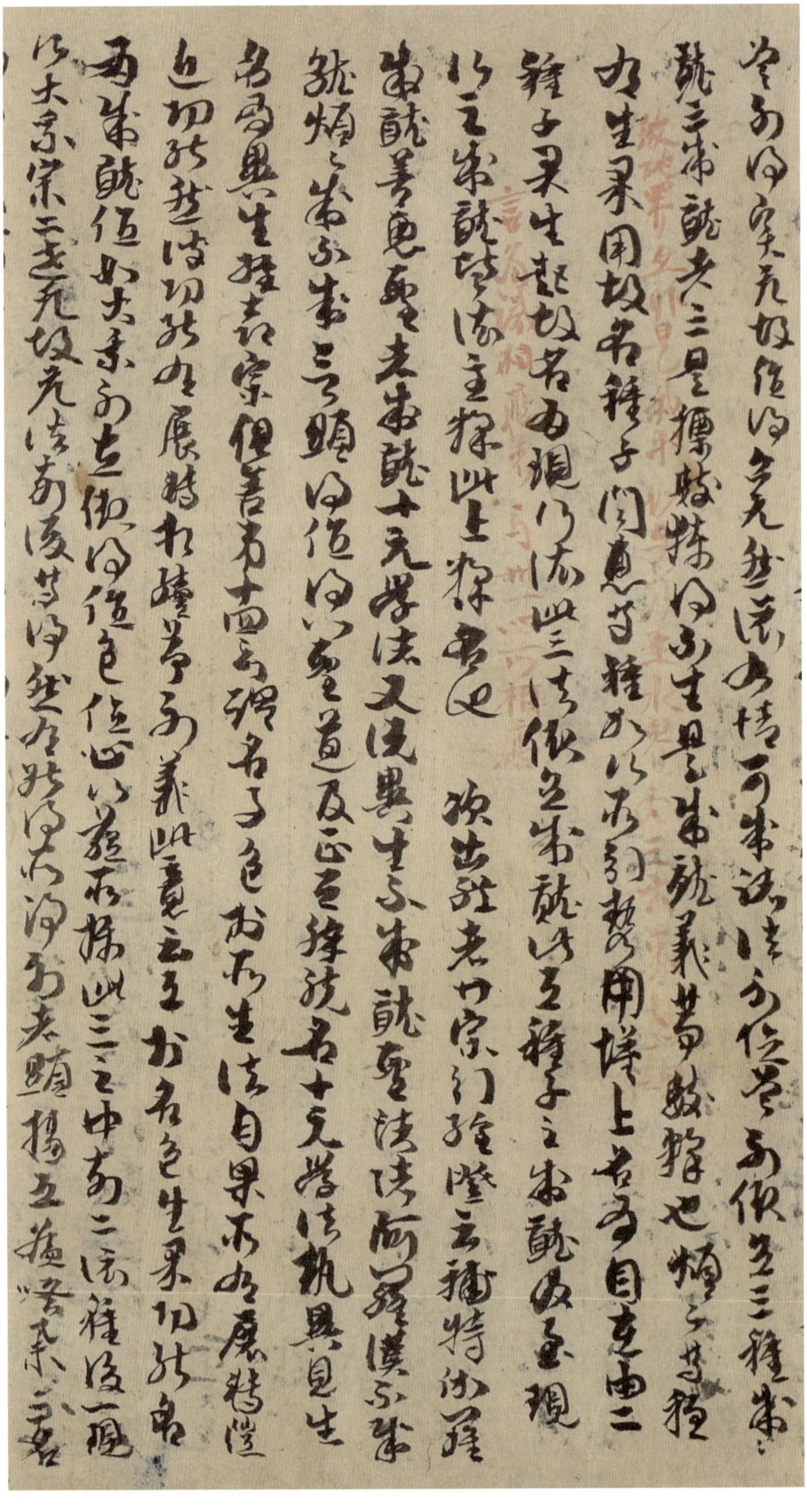

三〇七 差別，得實无故，作得亦无。然依有情可成諸法，分位差別，假立三種成

三〇八 就。三成就者，三是標數，獲得不生，是成就義，等數釋也。煩惱等種

三〇九 有生果用，故名種子。聞惠等種，所以所引，勢用增上，名爲自在。由二

三一〇 種子果生起故，名爲現行。依此三法假立成就，此即種子之成就。及至現

三一一 行之成就，皆依主釋此，上釋名也。次出體者，廿宗行經證云：補特伽羅

三一二 成就善惡，聖者成就十无學法。又說：異生不成就聖法，諸阿羅漢不成

三一三 就煩惱。成不成言，顯得非得。八聖道及正即解脫，名十无學法，執異見生，

三一四 名爲異生。經命宗俱舍弟十四云：謂名与色，於[一]所生法[二]自果。所有展轉，

隥

三一五 近功能。然彼功能有展轉相續差別義。此意云：即於名色生果，功能名

三一六 爲成就。非如大乘，別在假得；非色非心，以蘊所攝。此三之中，前二依種，

後一現

三一七 行。大乘宗二世，无故无法，前後等得。然有能得所得到者，顯揚、五蘊，略

舉三名，

校注

【一】「於」，《俱舍論》卷第四無，見《大正藏》本第二九册第二二頁。【二】「法」，《俱舍論》卷第四無，見《大正藏》本第二九册第二二頁。

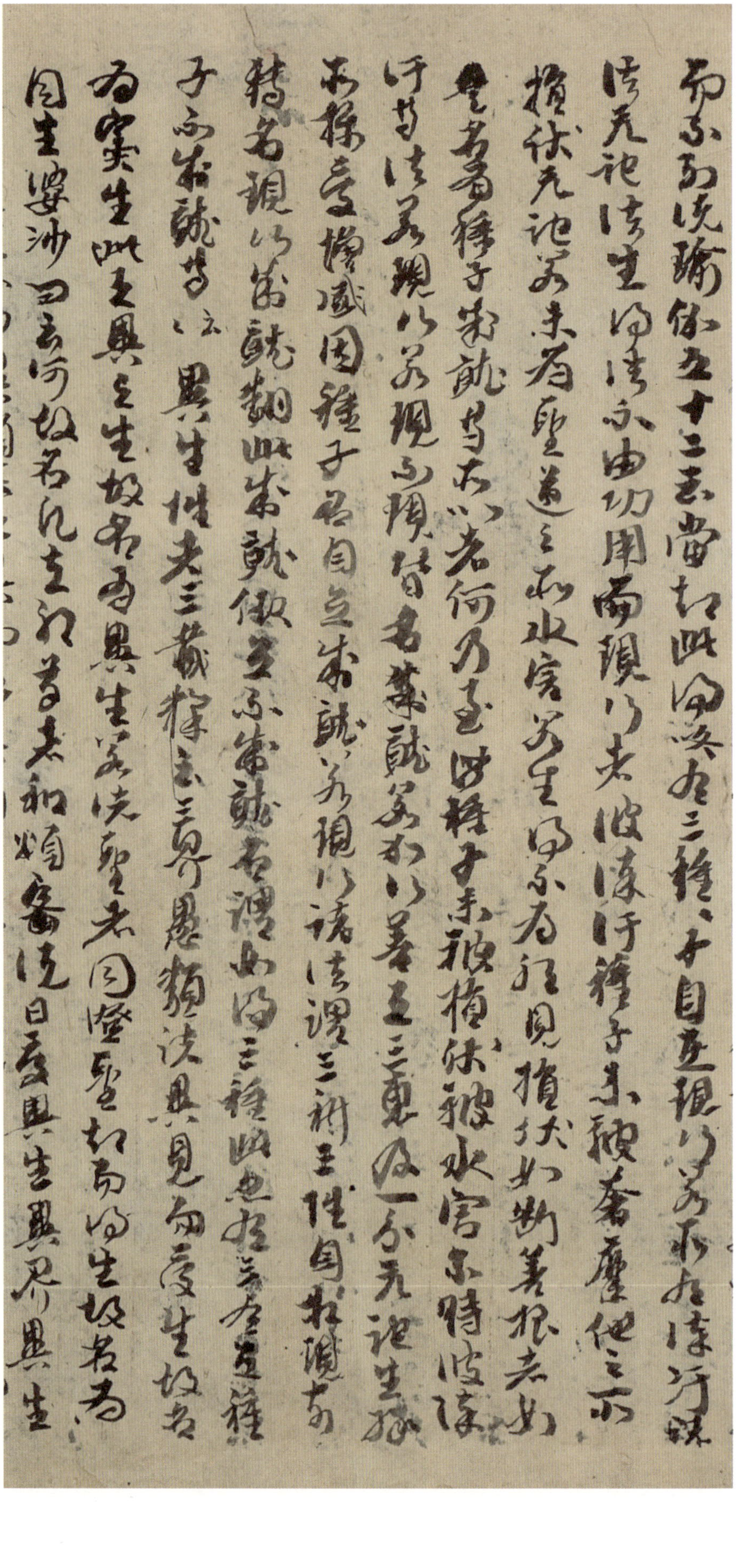

三八

而不別說。瑜伽五十二云：當知此得，略有三種：種子、自在、現行。若所有

染污諸

二九 法、无記法，生得法，不由功用而現行者，彼染污[一]種子未被奢摩他之所
三〇 損伏无記。若未爲聖道之所水害，若生得[二]不爲邪見損伏。如斷善根者，如
三一 是名爲種子成就等[三]。所以者何？乃至此種子未被損伏、被水害。尒時彼染
三二 污等法，若現行，若現不現，皆名成就。若加行善，即三惠及一分无記，生緣
三三 所攝。受增盛因種子，名自立、成就。若現行諸法，謂三科、三性[四]，自相現
前，
三四 轉名現行成就。翻此成就，假立不成就名，謂如得三種此也。有三有，即種
三五 子不成就等云云[五]。異生性者，三藏釋云：三界愚[六]類，諸異見而受生，故名
三六 爲異生。此即異即生，故名爲異生。若諸聖者同證聖，故而得生，故名爲
三七 同生。婆沙[七]問云：何故名凡夫耶？尊者和煩[八]蜜說曰：受異生、異界、異生

校注

【一】「染污」，《瑜伽師地論》卷五二作「諸」，見《大正藏》本第三〇册第五八七頁。【二】「生得」，《瑜伽師地論》卷五二無。【三】「等」，《瑜伽師地論》卷五二無。【四】「謂三科三性」，《瑜伽師地論》卷五二無。【五】「云云」，原兩字左右並排。【六】「愚」，《成唯識論》疏義演卷第二本作「異」，見《卍新續藏》第四九册第五二四頁。【七】「沙」，應爲「娑」，後同。【八】「煩」，《阿毘曇毘婆沙論》卷第二四作「須」，見《大正藏》本第二八册第一七九頁。

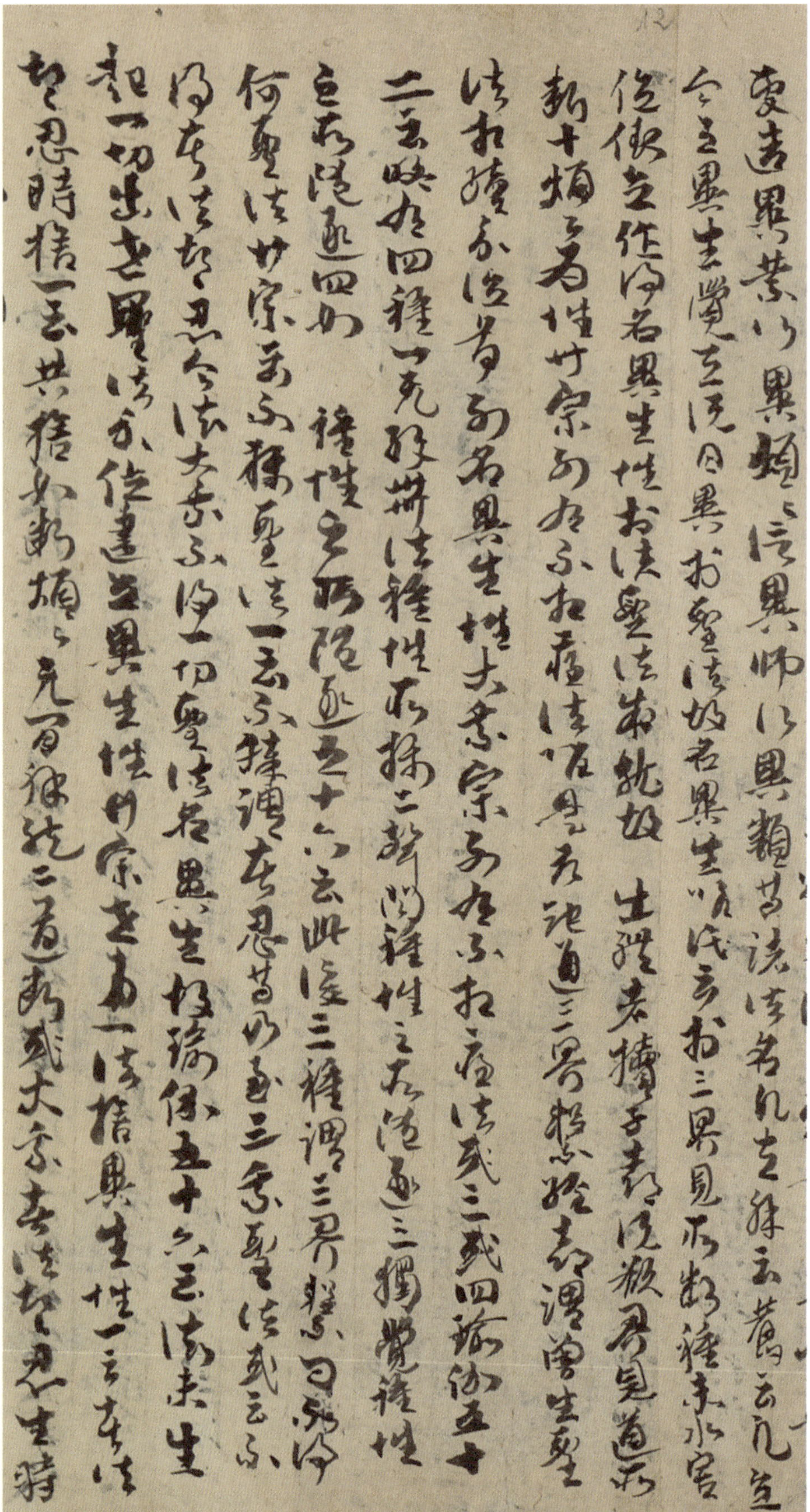

三八 處，造異業、行異煩惱、信異師、行異類等諸法，名凡夫。解云：舊云凡夫，

三九 今即異生。覺夫說曰：異於聖法，故名異生。唯識云：於三界見所斷種，未水

害

三〇 位假立，作得名異生性，於諸聖法成就故。　出體者，犢子命說：欲界見道，

所

三一 断十煩惱，爲性廿宗；别有不相應法，唯[一]是无記，通三界繫。經命謂曾生聖

三二 法相續，分位差别，名異生性。大乘宗别有不相應法，或三或四。瑜伽五十

三三 二云：略有四種：一无般涅槃法種性所攝，二聲聞種性之所隨逐，三獨覺種性

三四 之所隨逐，四如[二]種性之所隨逐。五十六云：此復三種，謂三界繫。問：不

得

三五 何聖法？廿宗云：不攝聖法，一云不穢，謂者忍等，乃至三乘聖法。或云不

三六 得者法聲忍。今依大乘，不得一切聖法，名異生故。瑜伽五十六云：依未生

三七 起一切出世聖法，分位建立異生性。廿宗世弟一法捨異生性，一云苦法

三八 智忍時捨，一云共捨，如断煩惱，无間解脱。二道断，或大乘苦法智忍，生時

校注

【一】「唯」，《成唯識論》疏義演卷第二本無，見《卍新續藏》第四九册第五二四頁。【二】據《瑜伽師地論》卷第五二，此處所空應爲「來」字，見《大正藏》本第三〇册第五八七頁。

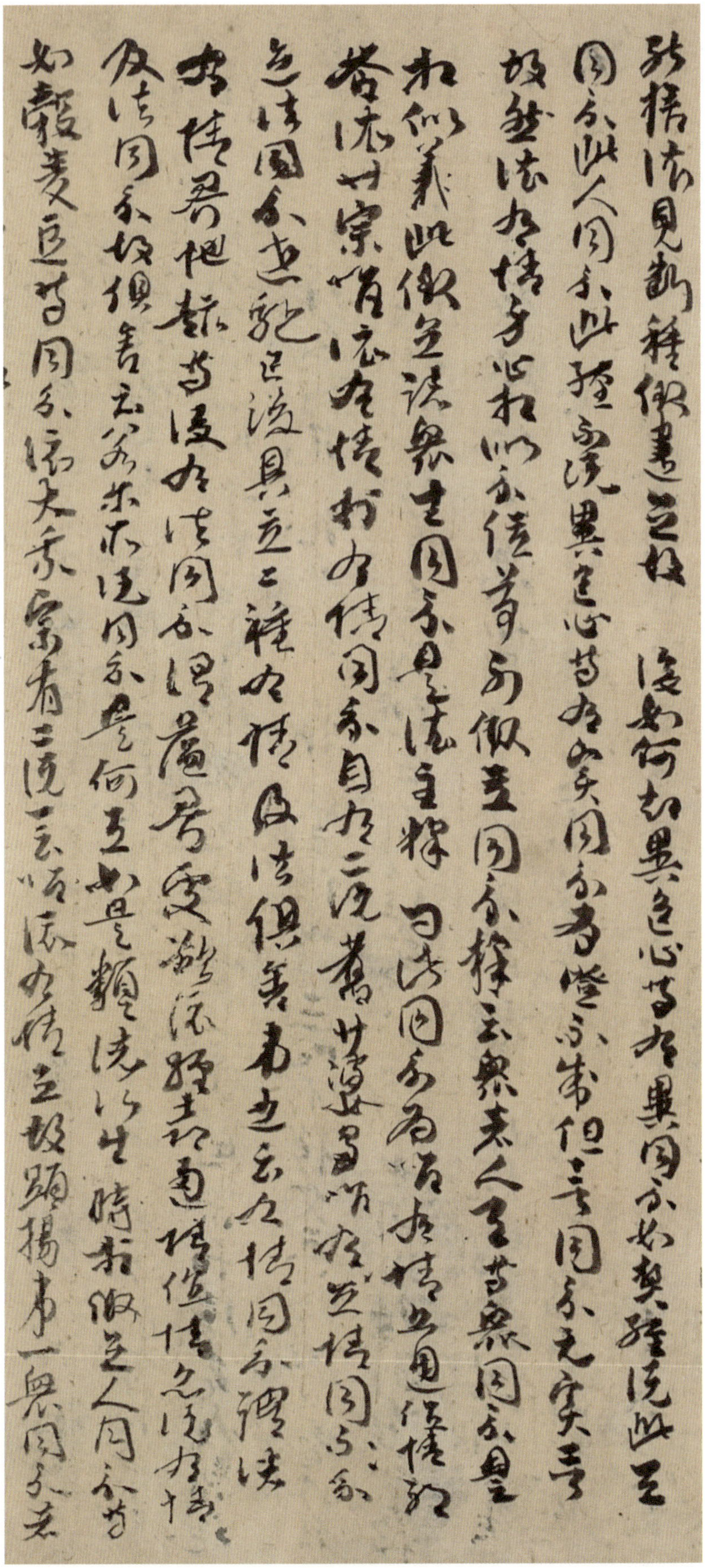

三三九 能捨，依見断種，假建立故。 復如何知異色、心等，有異[一]同分。如契經

說：此天

三四〇 同分，此人同分。此經不說異色、心等，有實同分，爲證不成。但言同分，无

實言

三四一 故。然依有情，身心相似，分位差別，假立同分。釋云：衆者人天。等衆同
分，是
三四二 相似義。此假立諸衆生同分，是依主釋。問：此同分爲即有情，亦通非情耶？
三四三 答：依廿宗，唯依有情。於有情同分，自有二說：舊薩婆多唯立有[二]情同分，
不[三]
三四四 立法同分。世親已後，具立二種有情及法。俱舍弟五云：有情同分，謂諸
三四五 有情，界地趣等。復有法同分，謂蘊界處欲。欲依經命，通情非情，亦說有
情，
三四六 及法同分故。俱舍云：若尔所說，同分是何？即如是類，諸行生時，於假立人
同分等，
三四七 如穀、麥、豆等同分。依大乘宗有二說：一云唯依有情立故。顯揚：弟一衆同
分者，

校注

【一】「異」，《成唯識論》卷第一作「實」，見《大正藏》本第三一册第五頁。【二】「立有」，原作「有立」，右有倒乙符。【三】「分不」，原作「不分」，右有倒乙符。

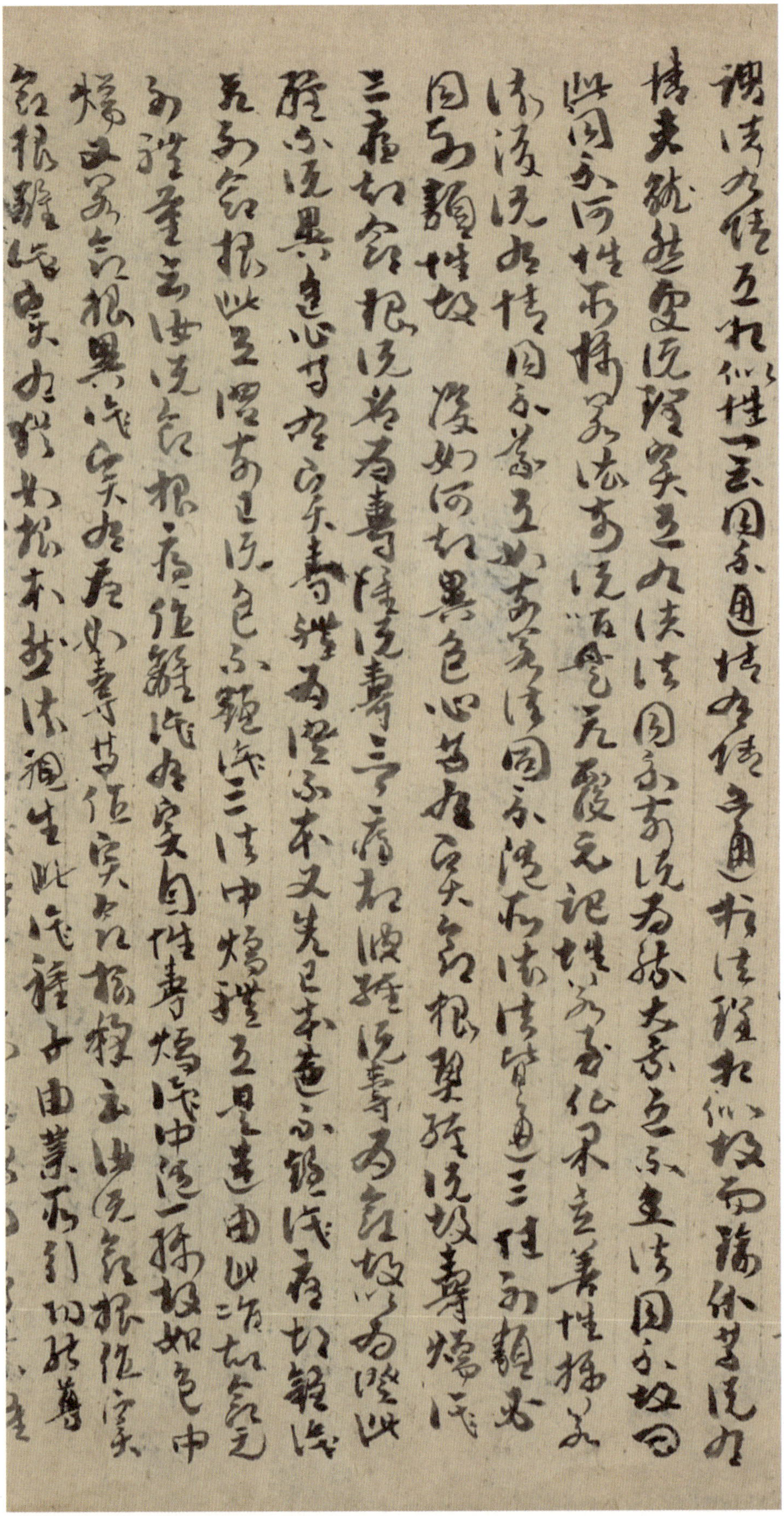

三四八

謂諸有情即相似性。一云同不通情、有情，言通於法理相似故。而瑜伽等說：有

三四九 情者就然處説理，實即有諸法同分。前説爲緣大乘，即不亦法同分故。問

三五〇 此同分何性所攝？若依前説，唯是无覆、无記性；若至仏果，立善性攝。若

三五一 依後説，有情同分，義即如前。若法同分，隨所依法，皆通三性。別類必

三五二 同，別類性故。復如何知異色、心等有實命根？契經説故：壽燸[一]識

三五三 三，應知命根説名爲壽。惟説壽言病，故彼經説壽爲命，故以爲證。此

三五四 經不説異色、心等，有實壽體，爲證不本[二]。又先已本色，不離識，應故[三]離

識，

三五五 无別命根，此即謂前已説色不離識。三法中燸體即是造，由此唯故，命无

三五六 別體。量云：汝説命根，應作離識。有實自性，壽燸識中隨一攝，故如色中

三五七 燸。又若命根異識，實有應如壽等，非實命根。釋云：汝説命根非實

三五八 命根，離識實有，猶如根本。然依親生，此識種子由業所引，功能尊[四]

校注

【一】「燸」，《成唯識論》卷第一作「煖」，見《大正藏》本第三一册第一九頁。【二】「本」，《成唯識論》卷第一作「成」，下同，見《大正藏》本第三一册第一九頁。【三】「故」，《成唯識論》卷第一作「此」，見《大正藏》本第三一册第一九頁。【四】「尊」，應爲「差」的笔误。

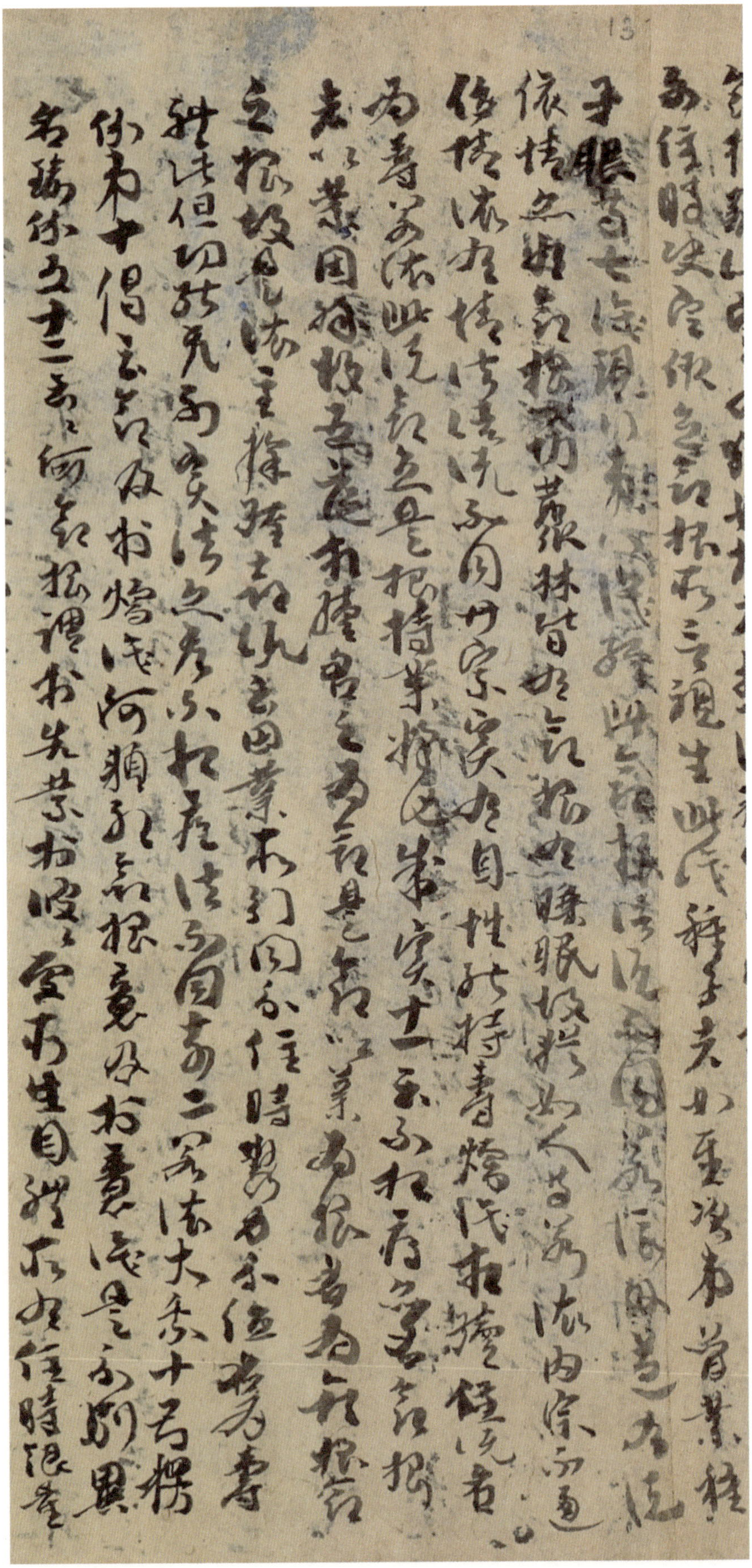

三五九 別，住時決定假立命根。所言親生此識種子者，如聖次弟首業種

三六〇 子眼等，七識現行，弟八識經此命根，法説不同。若依外道，有説

三六一 依情，亦有命根。一切藂林皆有命根，有睡眠故。猶如人等，若依内宗，不通

三六二 非情；依有情法[一]，諸説不同。廿宗：實有自性，能持壽[二]燸，識相續住，説
名
三六三 爲壽。若依此[三]説，命即是根，持業釋也。成實十一云：不相應亦名命根
三六四 者，以業因緣故。五陰相續，名之爲[四]命，是命以業爲根，名爲[五]命根；命
三六五 之根故，是依主釋。經命説云：因業所引，同分住時，勢力不位，名爲壽
三六六 體。此但功能无別實法，亦無不相應法，不同前二。若依大乘十卷楞
三六七 伽弟十偈云：命及於燸[六]識，阿賴[七]耶命根；意及於意識，是分別異
三六八 名。瑜伽五十二云：云何命根？謂於先業於[八]彼，彼處所生自體，所有住時限
量

校注

【一】「法」，《成唯識論》疏義演卷第二本作「立」，見《卍新續藏》第四九册第五二六頁。【二】「壽」，《成唯識論》疏義演卷第二本無，見《卍新續藏》第四九册第五二六頁。【三】「此」，《成唯識論》疏義演卷第二本無，見《卍新續藏》第四九册第五二六頁。【四】「之爲」，《成識論》卷第七無，見《大正藏》第三一册第二八九頁。【五】「名爲」，《成識論》卷第七作「故説」，見《大正藏》第三一册第二八九頁。【六】「燸」，《入楞伽經》卷第十作「煖」，見《大正藏》本第一六册第五七六頁。【七】「賴」，《入楞伽經》卷第十作「梨」，見《大正藏》本第一六册第五七六頁。【八】「於」，《瑜伽師地論》卷第五二作「由」，見《大正藏》本第三〇册第五八七頁。

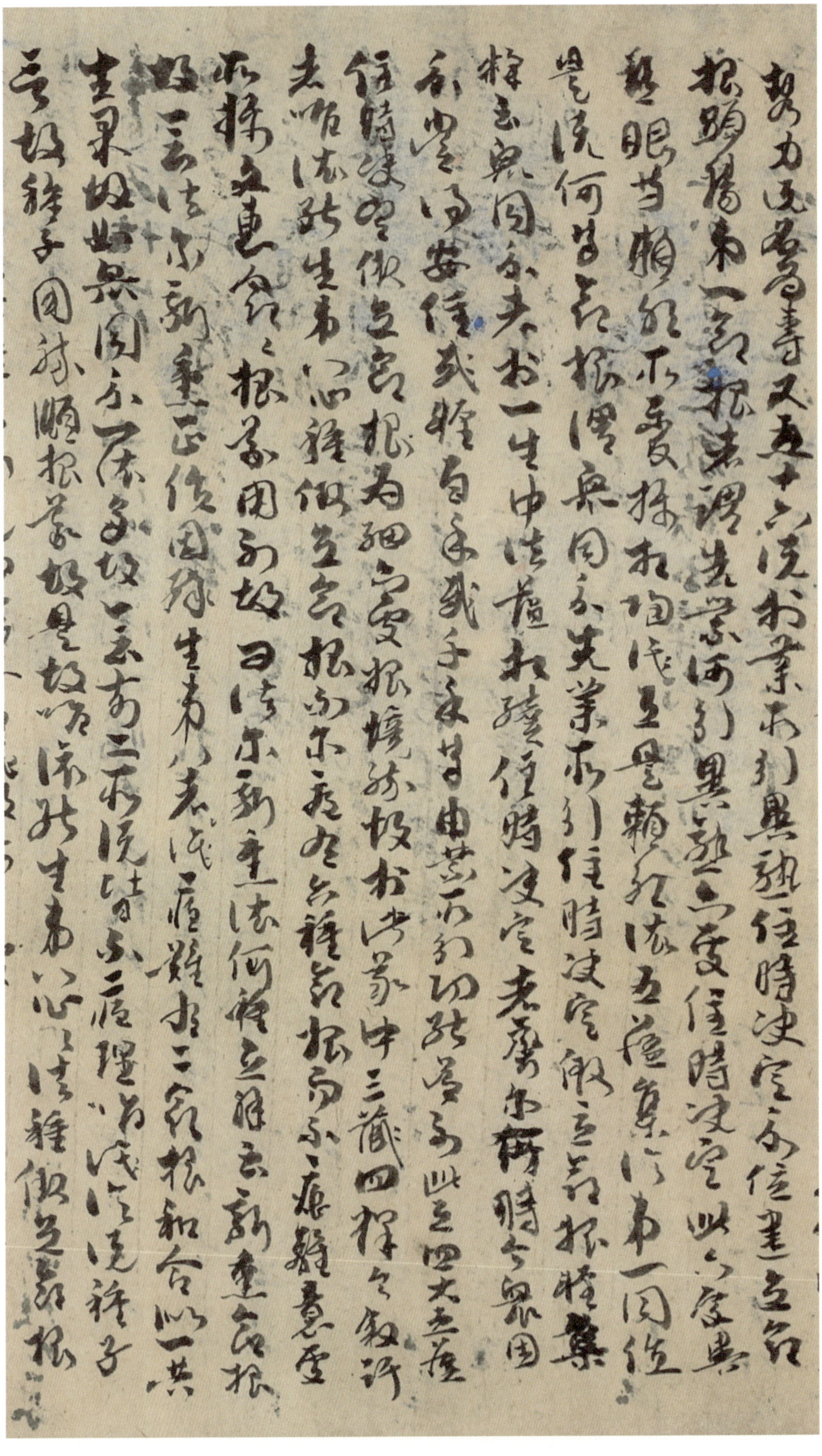

三六九 勢力[一]，説名爲壽。又五十六説：於[二]業所引，異熟住時，決定分位建立命

三七〇 根。顯揚弟一：命根者，謂先業何引，異熟六處，住時決定。此六處異

三七一 即眼等，賴耶所變。攝相歸識，即是賴耶。依五蘊集論：弟一同位

三七二 是說何等命根？謂衆同分，先業所引，住時決定，假言命根。經集

三七三 釋云：衆同分者，於一生中諸蘊相續；住時決定者，齊尔所時，令衆同

三七四 分，常得安住。或經百年，或千年等，由業所引，功能差別。此之四大五蘊，

三七五 住時決定，假立命根。爲細六處，根境緣故，於此義中。三藏四釋今敘許

三七六 者，唯依能生弟八心種，假立命根。不尔應有六種命根，而不應離意處

三七七 所攝，文惠命命根，我用別故。問：法尔新熏，依何種立？解云：新熏命根，

三七八 故一云法尔；新熏正非因緣生，弟八者識應難有。二命根和合似一，共

三七九 生果故。如衆同分，一依多故。一云：前二所說，皆不二順理。唯識論說：種

子

三八〇 言故，種子同緣，順根義故。是故唯依能生弟八心，心法種假立命根。

校注

【一】「力」，《瑜伽師地論》卷第五二作「分」，見《大正藏》本第三〇册第五八七頁。【二】「於」，《瑜伽師地論》卷第五二作「由」，見《大正藏》本第三〇册第五八七頁。

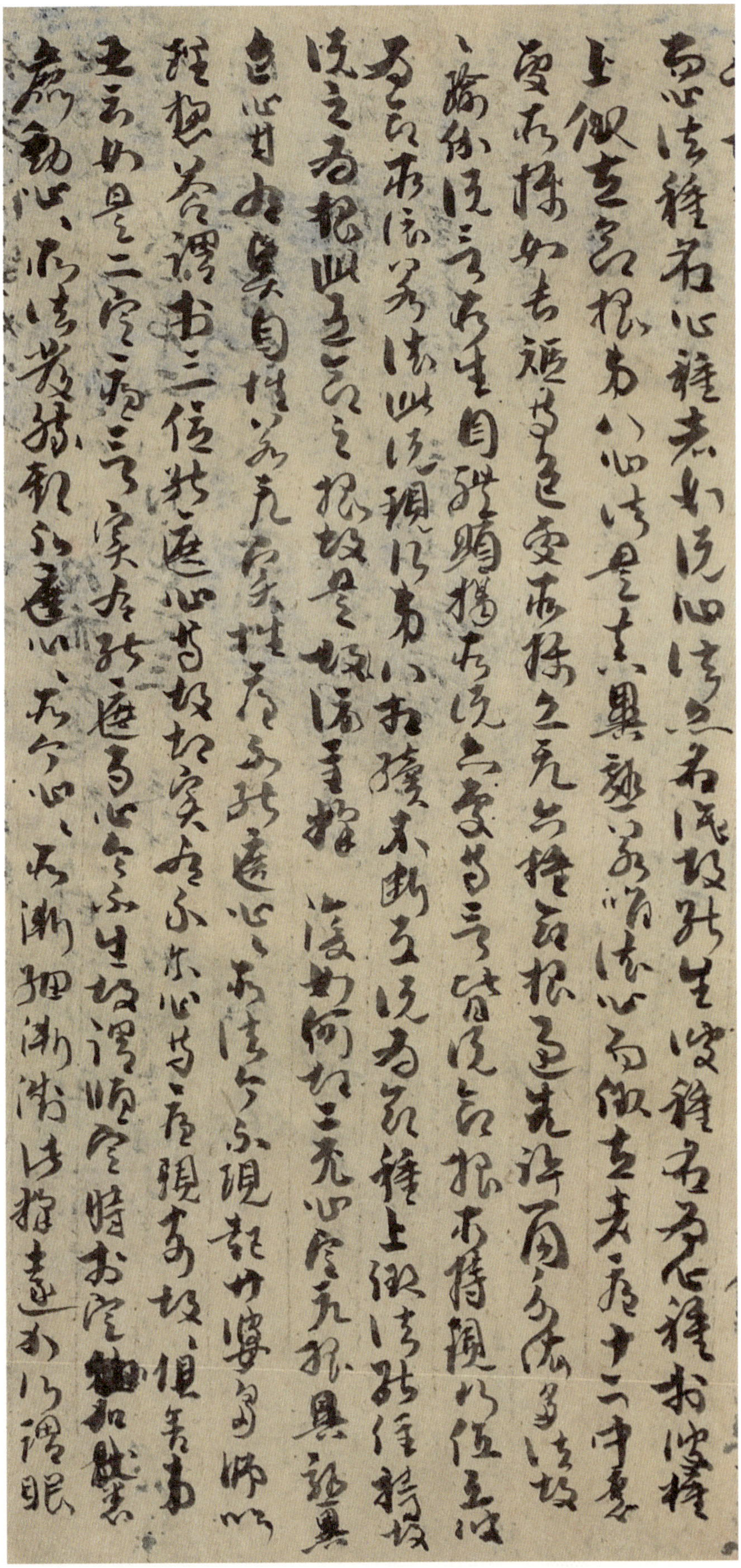

三八一 而心法種名心種者，如説心法，亦名識故。能生彼種，名爲心種。於彼種

三八二 上，假立命根。弟八心法，是真異熟。若唯依心而假立者，應十二中意

三八三　處所攝，如長短等色處所攝。亦无六種命根，過先許一同分，依多法故。

三八四　故[一]瑜伽說言所生自體，顯揚所說六處等言，皆說命根。所持現行作之，彼

三八五　爲命所依。若依此說，現行弟八，相續不断，即說爲命。種上假法，能住持故。

三八六　說之爲根，此即命之根故，是故依其釋。復如何知？二无心定，无根[二]異熟，異

三八七　色、心等有實自性。若无實性，應不能遮。心、心所法，令不現起。薩婆多師以

三八八　理揔答謂於三位，能遮心等。故知實有不尔心等，應現前故。故俱舍弟

三八九　五云：如是二定應言實有，能遮㝵心，令不生故。謂順定時於定加[三]，猒悉

三九〇　麁動，心、心所法。發勝期願，遮心、心所；今[四]心、心所，漸細漸微。此釋遠加行，謂眼

校注

【一】「故」，原卷爲重文符。【二】「根」，《成唯識論》卷第一作「想」，見《大正藏》本第三一册第五頁。【三】此處塗改，《成唯識論》卷第一此處多一「行」字，見《大正藏》本第三一册第五頁。【四】「今」，《成唯識論》卷第一作「令」，見《大正藏》本第三一册第五頁。

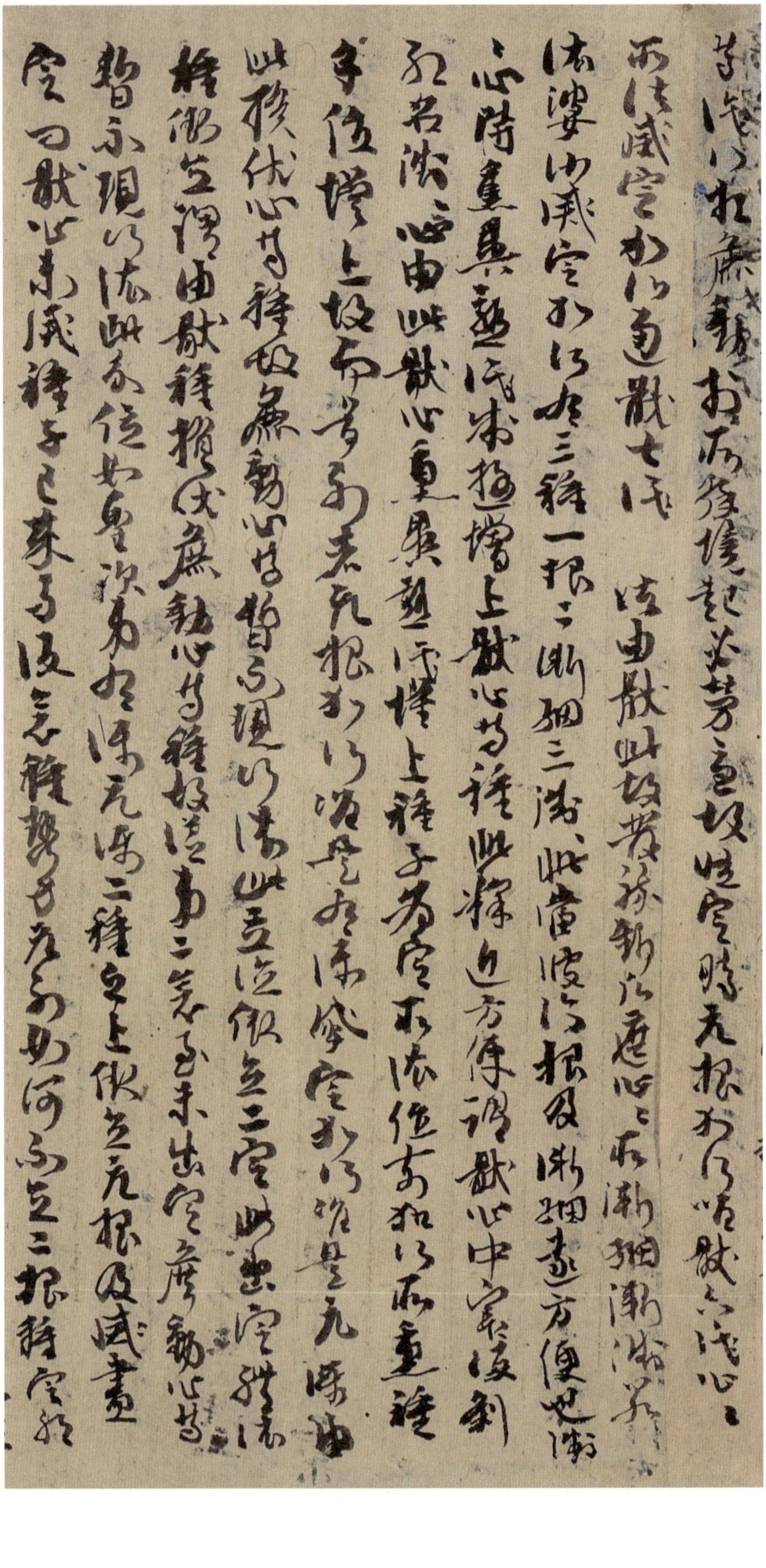

三九一

等識，八相麁動，於所缘境，起必勞慮。故脩定時，无根於行，唯䏲六識。

心、心

三九二 所法，滅定加行　通猒七識。　往由猒此故，發勝斯願，遮心、心所，漸細漸
微。若
三九三 依婆沙滅定，所行有三種：一根，二漸細，三微。此當彼論，根及漸細，遂方
便也。微
三九四 微心時，熏異熟識，成極增上，猒心等種。此釋近方便，謂猒心中最後刹
三九五 那，名微微心。由此猒心，熏異熟識；增上種子，爲定所依。作前加行，所熏
種
三九六 子，位增上故。而差别者，无根加行，唯是有攝，烕定加行。唯是无漏，由
三九七 此損伏，心等種故。麁動心等暫不現行，依此立[一]位，假立二定。此出定體，
依
三九八 種假立。謂由猒種損伏，麁動心等種故。從弟二念至未出定，麁動心等
三九九 暫不現行。依此分位，如聖次弟。有攝无攝，二種之上。假立无根，及烕盡
四〇〇 定。問：猒心未烕，種子已來，与設念種，勢力无别。如何不立二根種定耶？

校注

【一】「立」，《成唯識論》卷第一作「分」，見《大正藏》本第三一册第五頁。

四〇一 解云：真諦三藏，但説種子爲威定體，由此不離前所詰難。今説二定，依種

四〇二 假立。故雖有[一]種，緣未具故。不立二定，要傳[二]心威，後方立定。如律儀

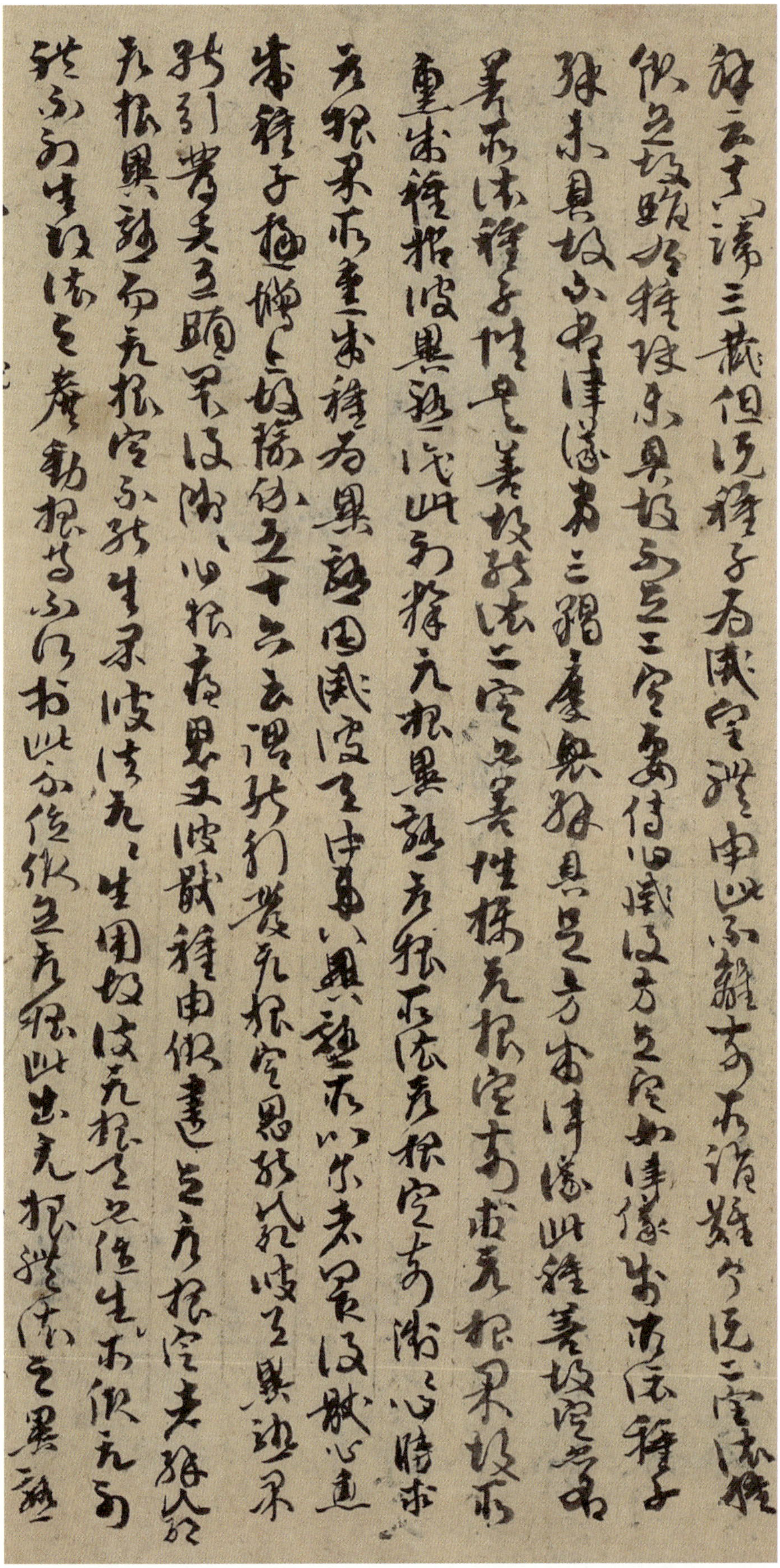

成，所依種子，

四〇三 緣未具故，不名律儀。弟二羯摩，衆緣具足，方成律儀。此種善故，定亦名

四〇四 善，所依種子性是善故。能依二定，亦善性攝。无根定前，求无根果，故所

四〇五 熏成種，招彼異熟。識此别釋无根異熟，无根所依无想定前。微微心時求

四〇六 无根果，所熏成種爲異熟因。感彼天中，弟八異熟，所以尔者最後猒心。熏

四〇七 成種子，極增上故。瑜伽五十六云：謂能引發无想定思，能感彼即[三]異熟果，

四〇八 能引發者即顯最後。微微心根，應思又彼猒種。由假建立无想定者，餘感

四〇九 无想異熟，而无想定，不能生果。彼法无无生用故，彼无想即亦非所生[四]。假

无别

四一〇 體，不别生故。依之麁動，想等不行，於此分位假立无想。此出无根體，依之

異熟。

校注

【一】「有」，《成唯識論了義燈》卷第二作「成」，見《大正藏》本第四三册第七〇七頁。【二】「傳」，《成唯識論了義燈》卷第二作「待」，見《大正藏》本第四三册第七〇七頁。【三】「即」，《瑜伽師地論》卷第五六無，見《大正藏》本第三〇册第六〇七頁。【四】「所生」，原作「生所」，右有倒乙符。

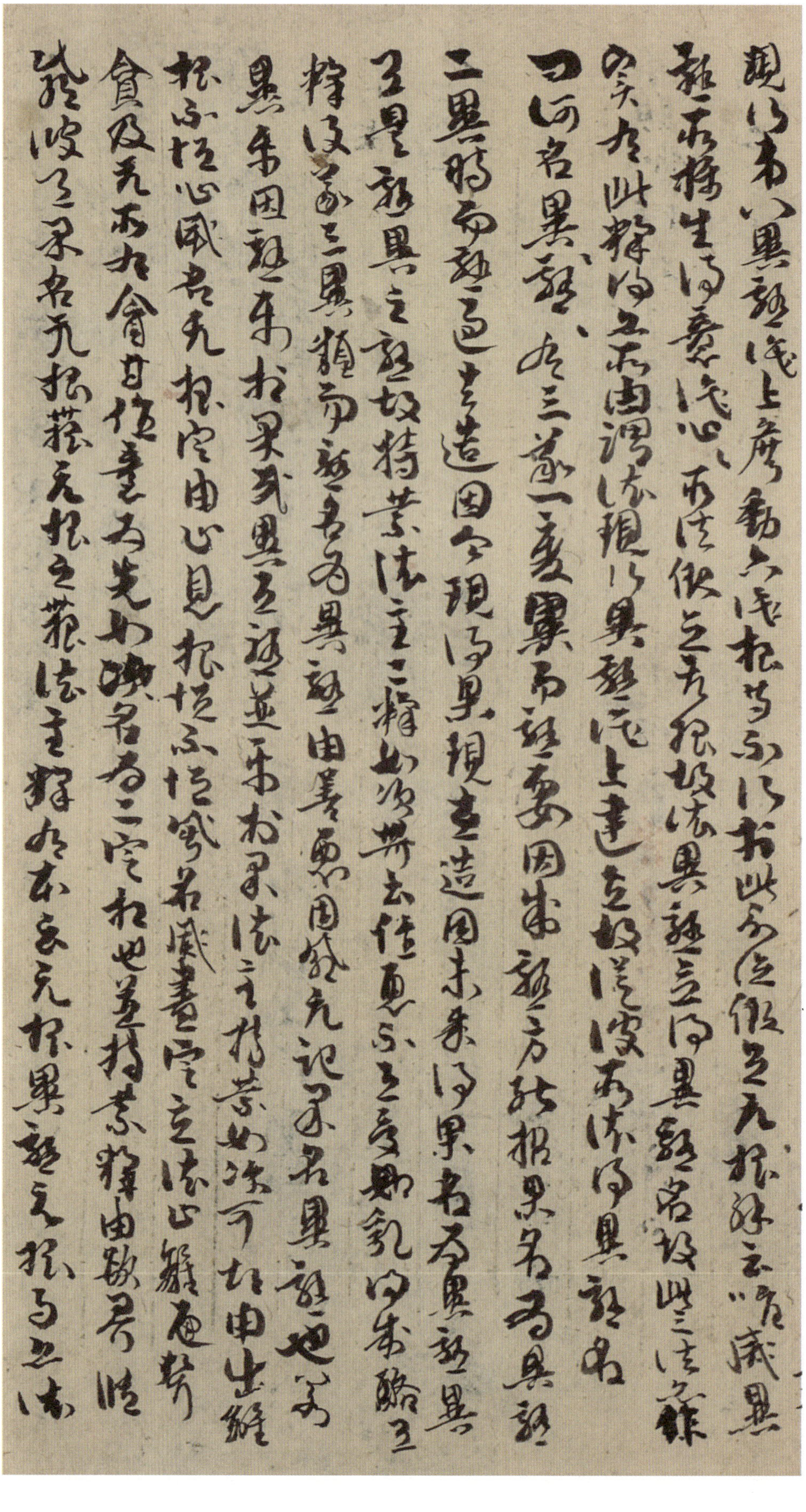

四二

現行弟八異熟識上麁動六識，根等不行，於此分位假立无想。解云：唯戚異

四一二 熟所攝，生得意識。心、心所法，假立无想。故依異熟，立得異熟名。故此三
法，亦非
四一三 實有。此釋得亦所由，謂依現行異熟識上建立，故從彼所依得異熟名。
四一四 問：何名異熟？異熟有三義。一變異而熟：要因成熟，方能招果，名爲異熟。
四一五 二異時而熟：過去造因，今現得果；現在造因，未來得果，名爲異熟。異
四一六 即是熟，異之熟故。持業依主，二釋如次。涅槃云：作悪不即受，如乳得成
略，即
四一七 釋後義。三異類而熟：名爲異熟，由善悪因，感无記果，名異熟也。若
四一八 異屬因，熟屬於果；或異即熟，並屬於果。依主[一]持業，如次可知由出離
四一九 根，不恒心威；名无想定，由止息根；恒不恒威，名威盡定立。依止離色勢，
四二〇 貪及无所有貪等；作意爲先，如次名爲二定相也。並持業釋，由欲界脩
四二一 感彼天果，名无想報[二]。无想之報[三]依主釋。有本云：无想異熟，无根㝵亦依

校注

【一】「主」，《洪武南藏》義忠本作「士」，後同。【二】「報」，依《洪武南藏》義忠本釋出。【三】「報」，依《洪武南藏》義忠本釋出。

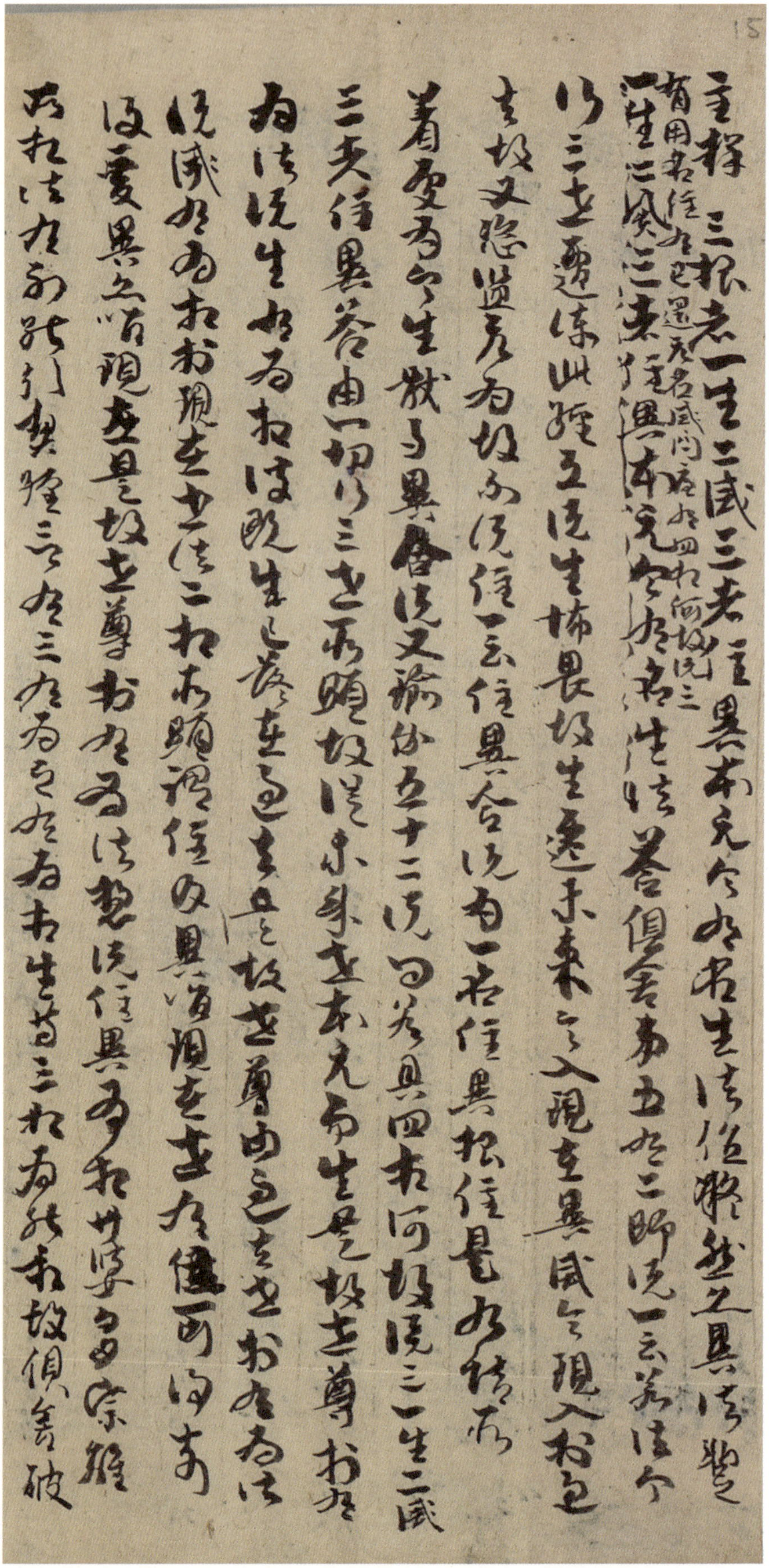

四三 主釋。三根者，一生、二㦽、三者住異。本无今有名，生法非凝然。亦〔二〕異法

暫

四二三 有[二]，用名住有，已遇无名滅。問：應有四相，何故說三？答：倶舍弟五有二

師說：一云若法令

（删除部分：一生二滅三者住異本无今有名生法）

四二四 行三世，遷流此經，即說生怖畏故；生遷未來，令入現在；異滅令現，入於過

四二五 去；故又恐監无爲，故不說住。一云住異合說，爲一名住，異根住是；有情所

四二六 著處，爲令生猒，与異合說。又，瑜伽五十二說，問：若具四相，何故說三？

一生、二滅、

四二七 三者住異？答：由一切行三世所顯故。從未來世本无而生，是故世尊於有

四二八 爲法說生有爲相。彼既生已落在[三]過去，是故世尊由過去世於有爲法，

四二九 說滅有爲相。於現在世法二相所顯，謂住及異；唯現在世有住可得，前

四三〇 後變異，亦唯現在；是故世尊於有爲法，揔說住異爲相。薩婆多宗雖

四三一 所相法，有別能引。契經言有三：有爲即有爲相生等，三相爲能和故。倶舍破

校注

【一】「亦」，《注大乘入楞伽經》卷二作「名」，見《大正藏》本第三九册第四四二頁。【二】「暫有」，《注大乘入楞伽經》卷二作「有暫」，見《大正藏》本第三九册第四四二頁。【三】「在」，《瑜伽師地論》卷第五十二作「謝」，見《大正藏》本第三〇册第五八五頁。

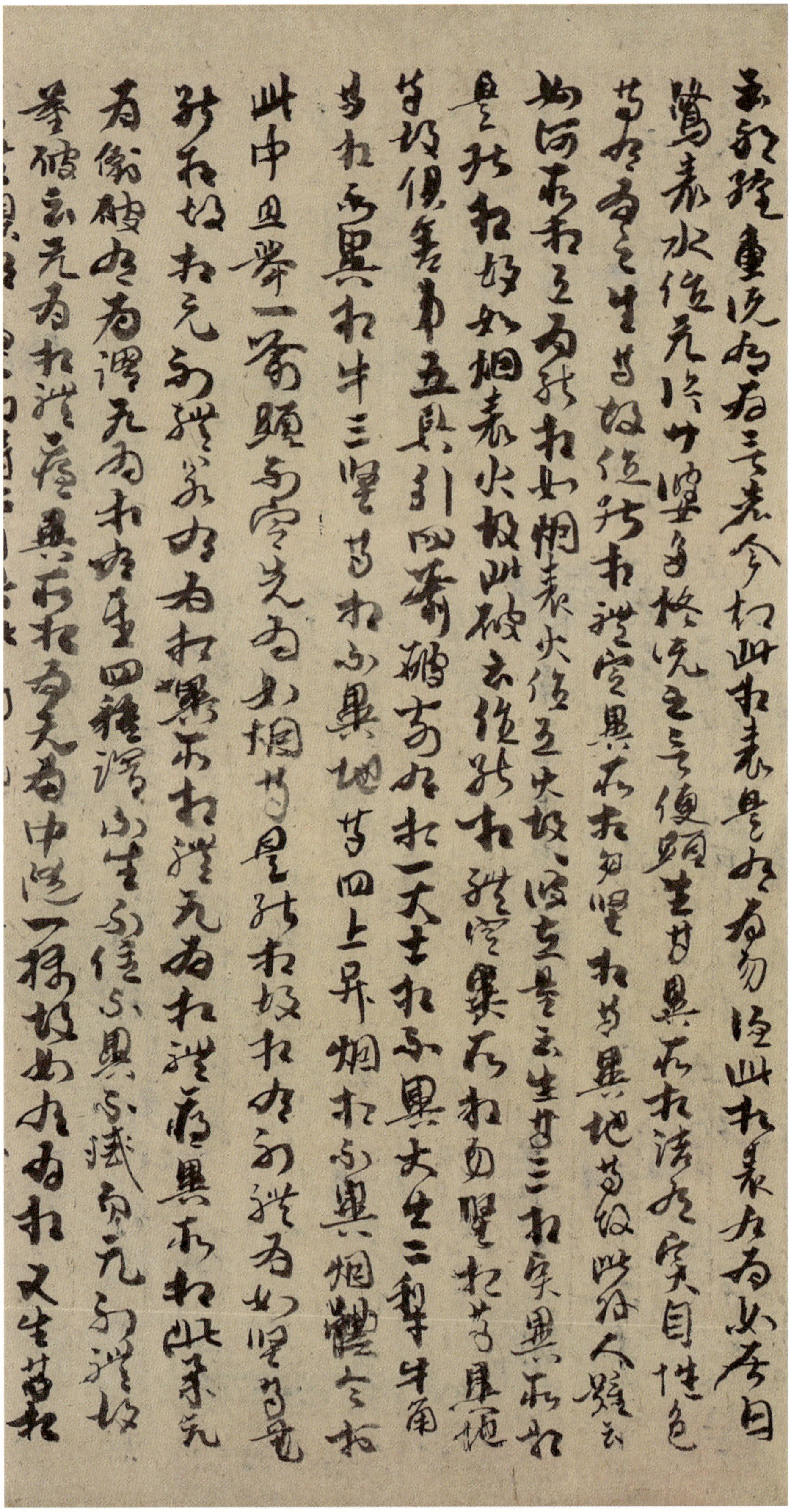

四三二 云：然經重説有爲言者，今知此相表是有爲，勿謂此相表有爲，如居白

四三三 鷺，表水非无從。薩婆多疑[二]説之言，便顯生等異所，相諸有實，自性色

四三四 等。有爲之生等，故作能相禮[二]。定異所相，勿堅相等，異地等故。此外人難
云：
四三五 如何所相即爲能相？如烟表火，非即火故。故彼在量云：生等三相，實異所
相，
四三六 是能相故，如烟表火。故此彼云：非能相體，定異所相；勿堅相等，異地
四三七 等故。俱舍弟五具引四菩薩，破前有相。一大士相不異大士，二犁牛角
四三八 等相不異相牛，三堅等相不異地等，四上昇烟相不異烟體。今於
四三九 此中且舉一喻，顯不定先，爲如烟等，是能相故。相有別體，爲如堅等，是
四四〇 能相故，相无別體。若有相爲相，異所相體，无爲相體，應異所相。此舉无
四四一 爲，倒破有爲，謂无爲相。有其四種，謂不生、不住、不異、不滅，而无別
體。故
四四二 量彼云：无爲相體，應異所相，爲无爲中隨一攝故。如有爲相，又生等相。

校注

【一】「疑」，此字尚可推敲。【二】「禮」，《成唯識論》卷第二作「體」，見《大正藏》本第三一册第五頁。

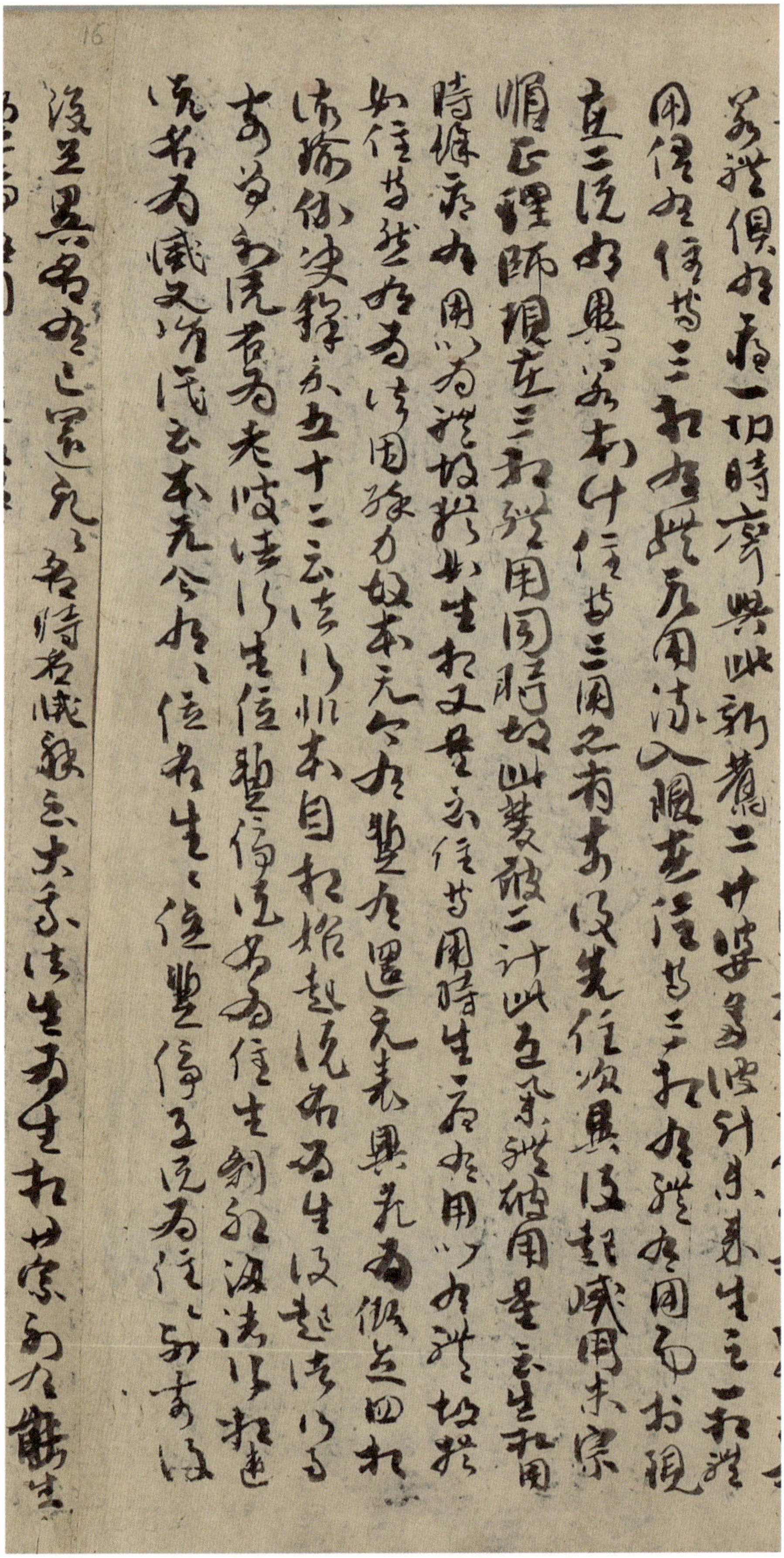

四三 若體俱有應一切時，率興此新舊二。薩婆多彼計未來生三：一相體

四四 用俱有，住等三相；有體无用，流入現在，住等三相；有體有用，而於現

四四五　在。二説有異，若本計住等三用，亦有前後先住；次異後起，咸用未宗，

四四六　順正理師。現在三相體用同時，故此夢破。二[一]計此即舉體破用，量云生相，用

四四七　時餘應有用，以爲體故，猶如生相。又量云：住等用時，生應有用。以有體故，猶

四四八　如住等。然有爲法因緣力故，本无今有，暫有還无；表異无爲，假立四相。

四四九　依瑜伽決釋分五十二云：諸行非本自相，始起説名爲生。後起諸行㝵

四五〇　前差別，説名爲老；彼諸行生位暫停，説名爲住；生刹那後諸行相違[二]，

四五一　説名爲滅。又唯識云：本无今有，有位名生；生位暫停，即説爲住；住別前後，

四五二　復立異名；有已[三]還无，无名時名滅。解云：大乘諸生爲生相。廿宗：別有能生，

校注

【一】「二」，據文意，應作「三」。【二】「違」，《瑜伽師地論》卷第五十二作「盡」，見《大正藏》本第三〇册第五八五頁。【三】「有已」，《瑜伽師地論》卷第五十二作「暫有」，見《大正藏》本第三〇册第五八五頁。

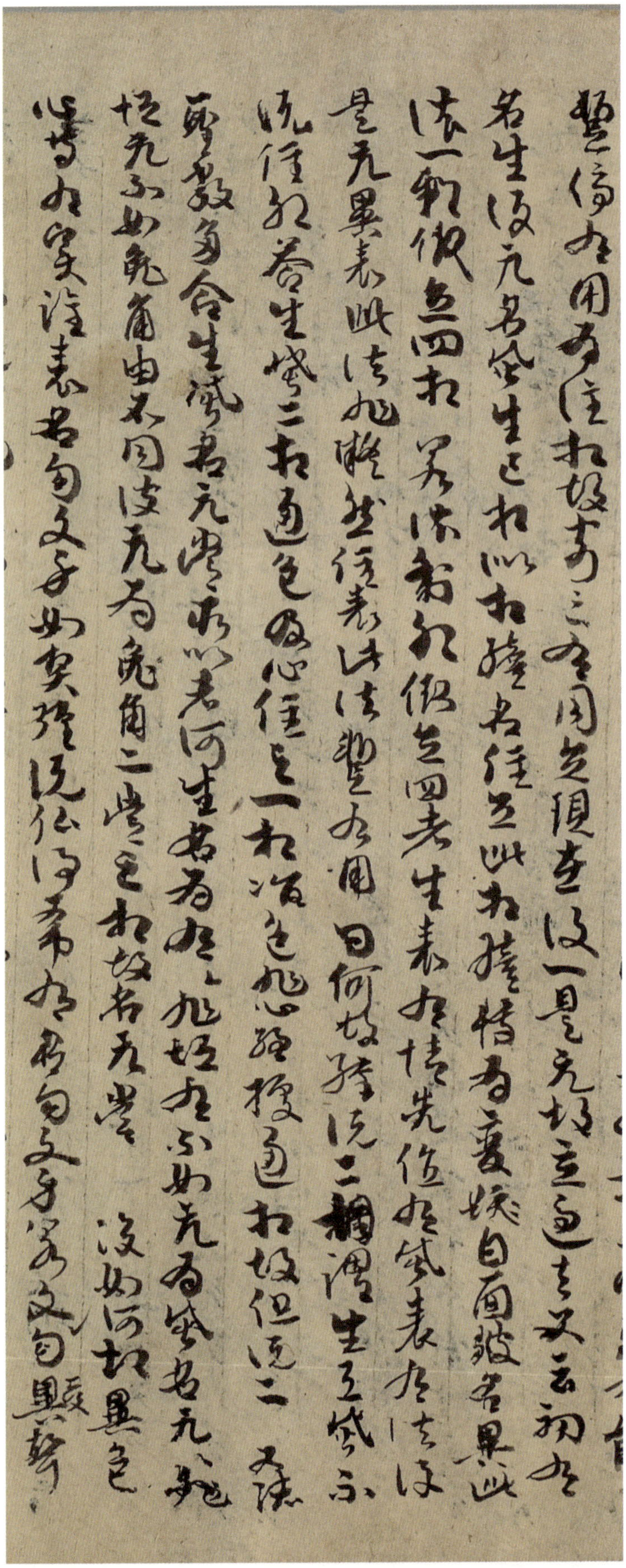

四五三 暫停有用爲住相。故前三有，用立現在；後一是无，故立過去。又云：初有

四五四 名生，後无名滅。生已相似，相續名住。即此相續，轉爲變髮。白面皺名異

此，

四五五 依一類假立四相。若依刹那假立四者，生表有情[一]先非有，滅表有法後

四五六 是无。異表此法非凝然，住表此法暫有用。問：何故經説二相？謂生即滅，不

四五七 説住耶？答：生滅二相通色及心，住之一相唯色非心。經據通相，故但說二。又諸

四五八 聖教，多合生滅，名无常，所以者何？生名爲有，有非恒有。不如无爲，咸名[二]无，无非

四五九 恒无。不如兔角，由[三]不同彼无爲，兔角二[四]常之相[五]，故名无常。復如何知，異色、

四六〇 心等；有實詮表，名句文身。如契經説：仏得希有名句文身。若句文[六]受[七]，聲

校注

【一】「情」，《成唯識論》卷第二作「法」，見《大正藏》本第三一册第六頁。【二】據《大乘百法明門論解卷下》（見《大正藏》本第四四册第五一頁）、《百法明門論贅言》（一卷本，見《卍新續藏》第四八册第三三九頁），此處當闕一「爲」字。【三】「由」，《大乘百法明門論解卷下》（見《大正藏》本第四四册第五一頁）、《百法明門論贅言》（一卷本，見《卍新續藏》第四八册第三三九頁）闕。【四】「二」，《大乘百法明門論解卷下》（見《大正藏》本第四四册第五一頁）、《百法明門論贅言》（一卷本，見《卍新續藏》第四八册第三三九頁）作「之」。【五】「之相」，《大乘百法明門論解卷下》（見《大正藏》本第四四册第五一頁）、《百法明門論贅言》（一卷本，見《卍新續藏》第四八册第三三九頁）均闕。【六】「句文」，原作「文句」，右有倒乙符。【七】「受」，原作「異」，行右小字校改為「受」，四六一行同。

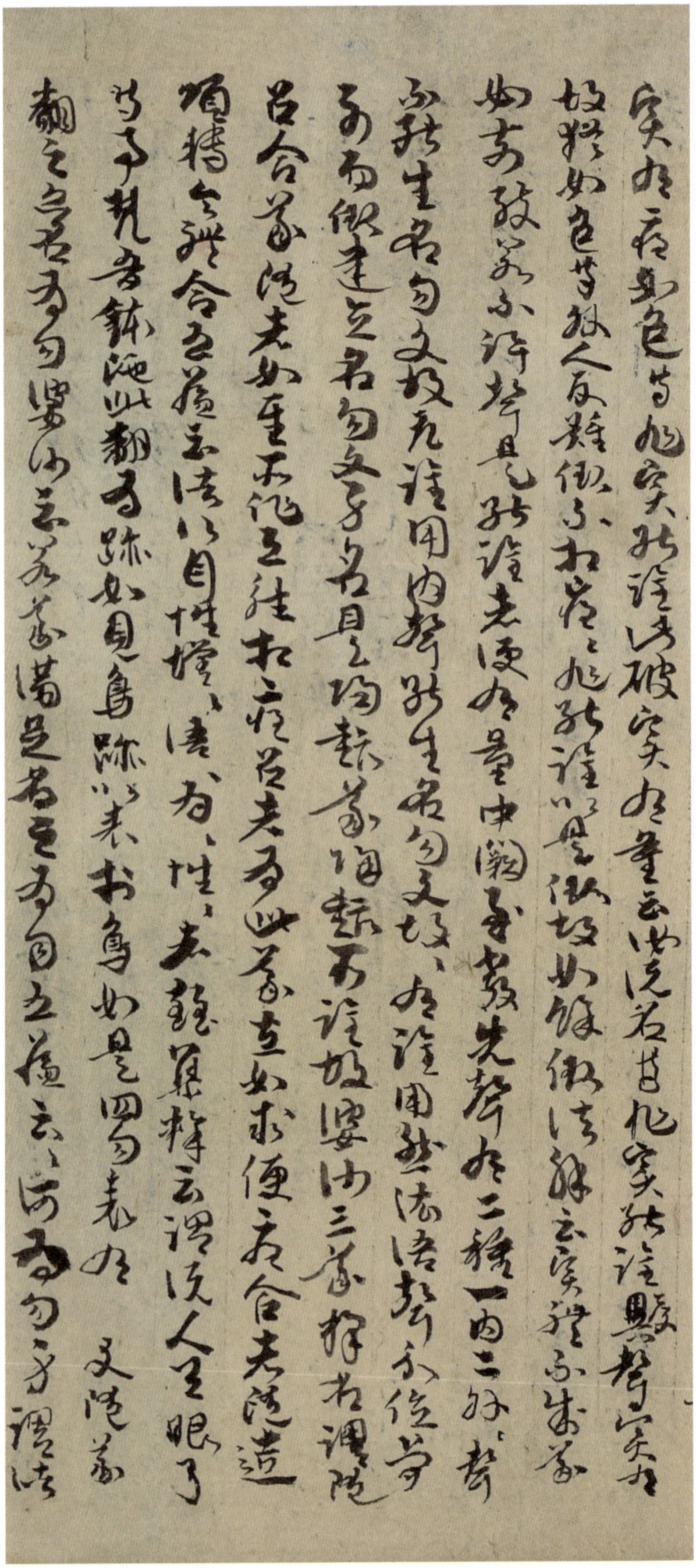

四六一 實有，應如色等非實能詮，此破實有。量云：汝說名等，非實能詮。受聲有，

實

四六二 故猶如色等。外人反難，假不相應，應非能詮。以是假故，如餘假法。解云：

實體不成，義

如前緣。若不許聲是能詮者，便有量中闕至教。先聲有二種：一内二外。外聲不能生名句文，故无詮用。内聲能生名句文故，故有詮用。然依語聲，分位差别而假。建立名句文身，名是歸趣義，歸趣所詮故。婆沙三義釋名，謂隨召合義隨者。如其所作，即往相應，召者爲此義立。如求便應合者，隨造頌轉，令體合[一]。五藴云：諸行自性，增語爲性。增語爲性者，雜集釋云：謂説人、天、眼、耳等事。梵音鉢陁，此翻[二]爲跡。如見象跡，以表於[三]象。如是四句，表有[四]文。隨義翻之，亦名爲句。婆沙云：若義滿足，名之爲句。五藴云：云何爲句身？謂諸

校注

【一】「體合」，《阿毘達磨大毘婆沙論》卷第一四作「与義會」，見《大正藏》本第二七册第七〇頁。【二】「翻」，敦煌本伯二一八〇等《大乘百法明門論開宗義記》作「譯」，釋文見《大正藏》本第八五册第一〇六二頁；又《唐西明寺沙門圓測解深密經》卷六同，見《卍新續藏》第二一册第三一九頁；又唐西太原寺沙門懷素撰《四分律開宗記》卷十亦同，見《卍新續藏》第四二册第五九九頁。【三】「於」，敦煌本伯二一八〇等《大乘百法明門論開宗義記》作「有」，釋文見《大正藏》本第八五册第一〇六二頁。【四】「有」下，原有空格，據敦煌本伯二一八〇等《大乘百法明門論開宗義記》，當為「煩」字，見《大正藏》本第八五册第一〇六二頁。

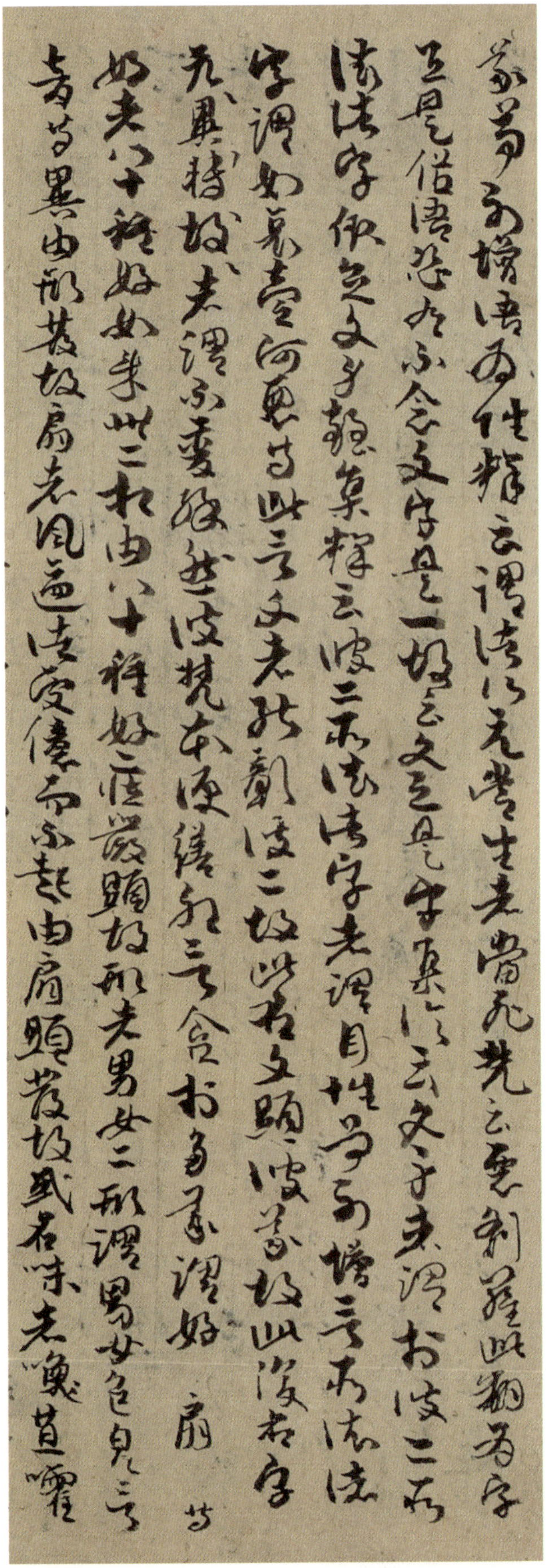

四七〇 義差別，增語爲性。釋云：謂諸行无常，生者當死。梵云：惡刹羅此翻爲字，

四七一 即是俗語；恐有不念[一]，文字是一。故云文之是字。集論[二]云：文身者，謂於

彼二所

四七二 依諸字，假立文身。雜集[三]釋云：彼二所依諸字者，謂自性、差別、增言；所

依諸

四七三 字，謂[四]如哀、壹、何悪[五]等。此言文者，能彰彼二故；此名文[六]顯彼義故。

此復名字，

四七四 无異轉故，无異轉故[七]者，謂不變緣。然彼梵本，便繕那言，含於多義。謂好

扇　等

四七五 好者，八十種好：如來卅二相，由八十種好莊嚴顯故。形者，男女二形，謂男

女色、皃[八]、言、

四七六 音等異，由形發故。扇者，風遍法處，億而不起，由扇顯發故。或名味者，喚

苴囉

校注

【一】「念」，敦煌本伯二一八〇等《大乘百法明門論開宗義記》作「悟」，見《大正藏》本第八五册第一〇六二頁。【二】「集論」，指唐玄奘所譯《大乘阿毘達磨雜集論》，以下所引字即出該論卷一，見《大正藏》本第三一册第六六五頁。【三】「雜集」，指唐玄奘所譯《大乘阿毘達磨雜集論》。【四】「謂」，《大乘阿毘達磨集論》卷一、《雜集論》卷二無，分別見《大正藏》本第三一册第六六五、七〇〇頁。【五】「何悪」，《大乘阿毘達磨集論》卷一、《雜集論》卷二均作「鄔」，分別見《大正藏》本第三一册第六六五、七〇〇頁。【六】「文」，《大乘阿毘達磨集論》卷一、《雜集論》卷二均作「又」，分別見《大正藏》本第三一册第六六五、七〇〇頁。【七】「无異轉故」四字右有重文符，然《大乘阿毘達磨集論》卷一、《雜集論》卷二均無重複，分別見《大正藏》本第三一册第六六五、七〇〇頁。【八】「皃」，同「貌」，後同。

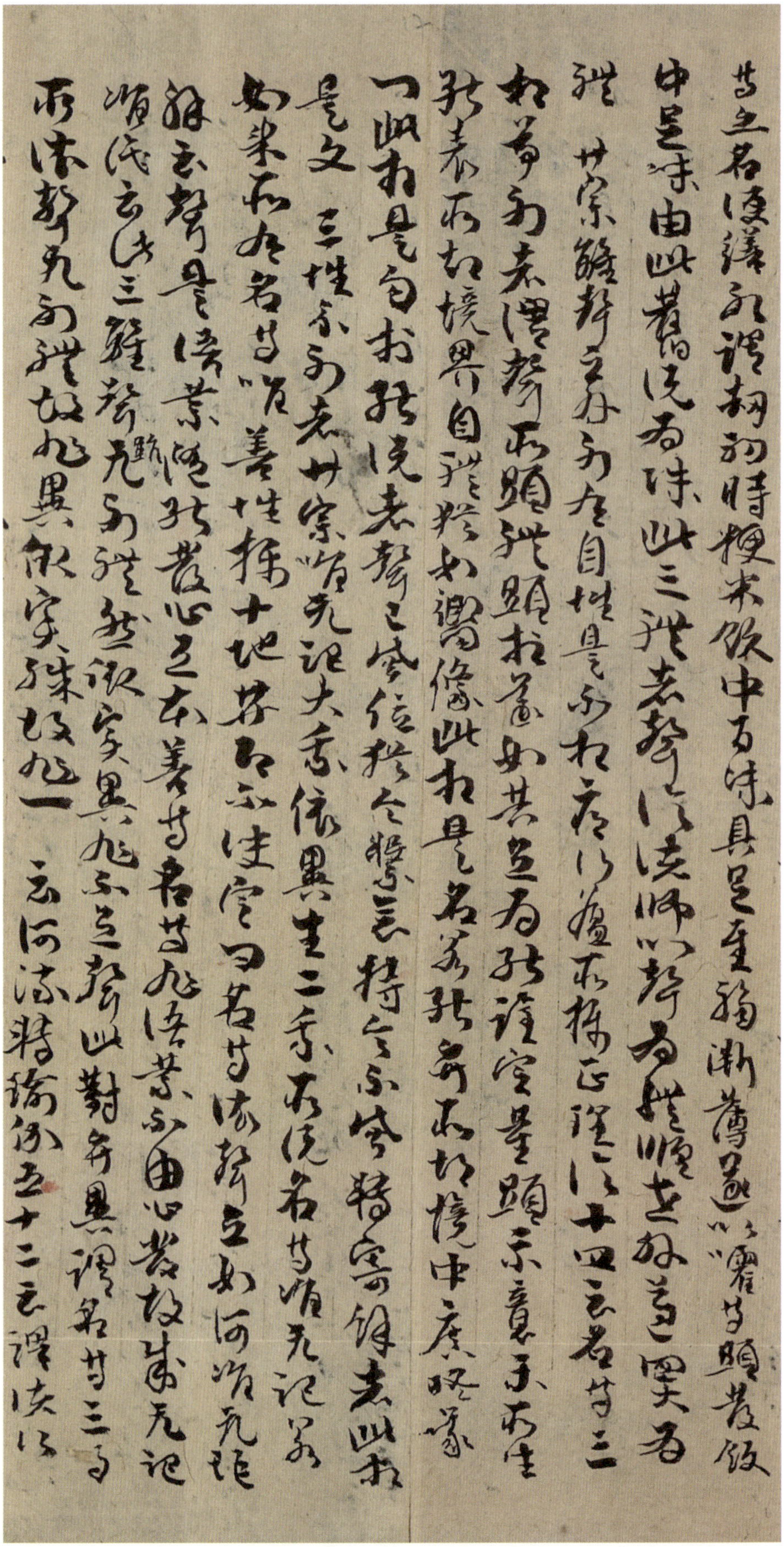

四七七

等，亦名便缮那。謂劫初時，粳米飯中百味具足；其福漸薄，遂以嚁等顯發。

飯

中足味由此，舊説爲味。此三體者，聲論諸師以聲爲體。順世外道，四大爲體。廿宗離聲之外别有自性，是不相應行蘊所攝。正理論十四云：名等三相差别者，謂聲所顯，體[一]顯於義。如共，即爲能詮定量。顯示意乐，所生能表，所知境界，自體猶如響像，此相是名。若能弁所知境中廣略義門，此相是句。於能説者聲已威位，猶令繫念。持令不威[二]，轉寄餘者，此相是文。三性分别者，廿宗唯无記。大乘依異生、二乘所説名等，唯无記。若如來所有名等，唯善性攝。十地菩薩即不決定問名等，依聲立如何唯无記？解云：聲是語業，隨能發心，立本善等。名等非語業，不由心發，故成无記。唯識云：此三種聲，雖[三]无别體，然假實異；非不立聲，此對弁異。謂名等三

导

所依，聲无别體，故非異假實，殊故非一。云何流轉？瑜伽五十二云：謂諸

行

校注

【一】「體」，唐玄奘譯《阿毗達磨順正理論》卷十四作「能」，見《大正藏》本第二九册第四一三頁。【二】「威」，唐玄奘譯《阿毗達磨順正理論》卷十四作「惑」，見《大正藏》本第二九册第四一三頁。【三】「雖」爲行右側補字。

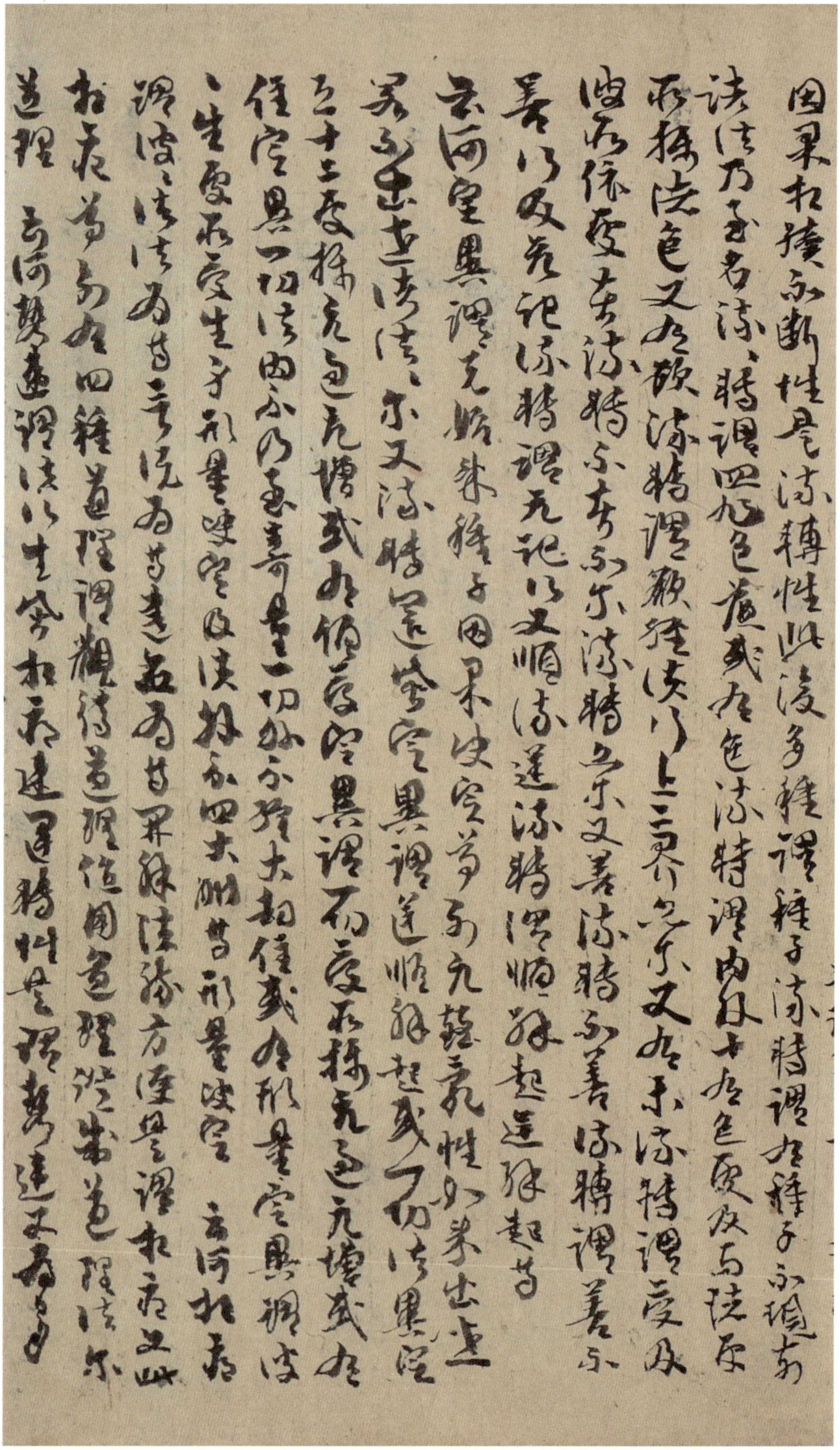

因果，相續不斷性，是流轉性。此後多種謂：種子流轉，謂有種子不現前

諸法。乃至名流流轉，謂四非色蘊。或有色流轉，謂內外十有色處，及与諸處所攝諸色。又有欲流轉，謂欲經淡行，上二界亦尔。又有未流轉，謂受及彼，所依處苦，流轉不苦，不尔流轉，亦尔。又善流轉、不善流轉，謂善不善行。及无記流轉，謂无記行。又順流、逆流轉，謂順緣起、逆緣起等。云何定異？謂无始成種子，因果決定差別。无競亂性，如來出世。若不出世，諸法法尔。又流轉還滅定異，謂逆順緣起。或一切法定異[一]即十二處攝，无過无增。或有領受定異，謂一切受所攝，无過无增。或有住定異，一切法內不乃至壽量，一切外不經大劫住。或有形量定異，謂彼彼[二]生處，所受生身形量決定；及諸外分四大洲等，形量決定。云何相應謂彼？彼諸法爲等，言説爲等，建立爲等，開解諸勝方便，是謂相應。又此相應差別有四種道理：謂觀待道理、作用道理、證成道理、法尔道理。云何勢速？謂諸行生戚相應，速運轉性，是謂勢速。又有多

校注

【一】「定異」，原作「異定」，右有倒乙符。【二】「彼」，原卷爲重文符。

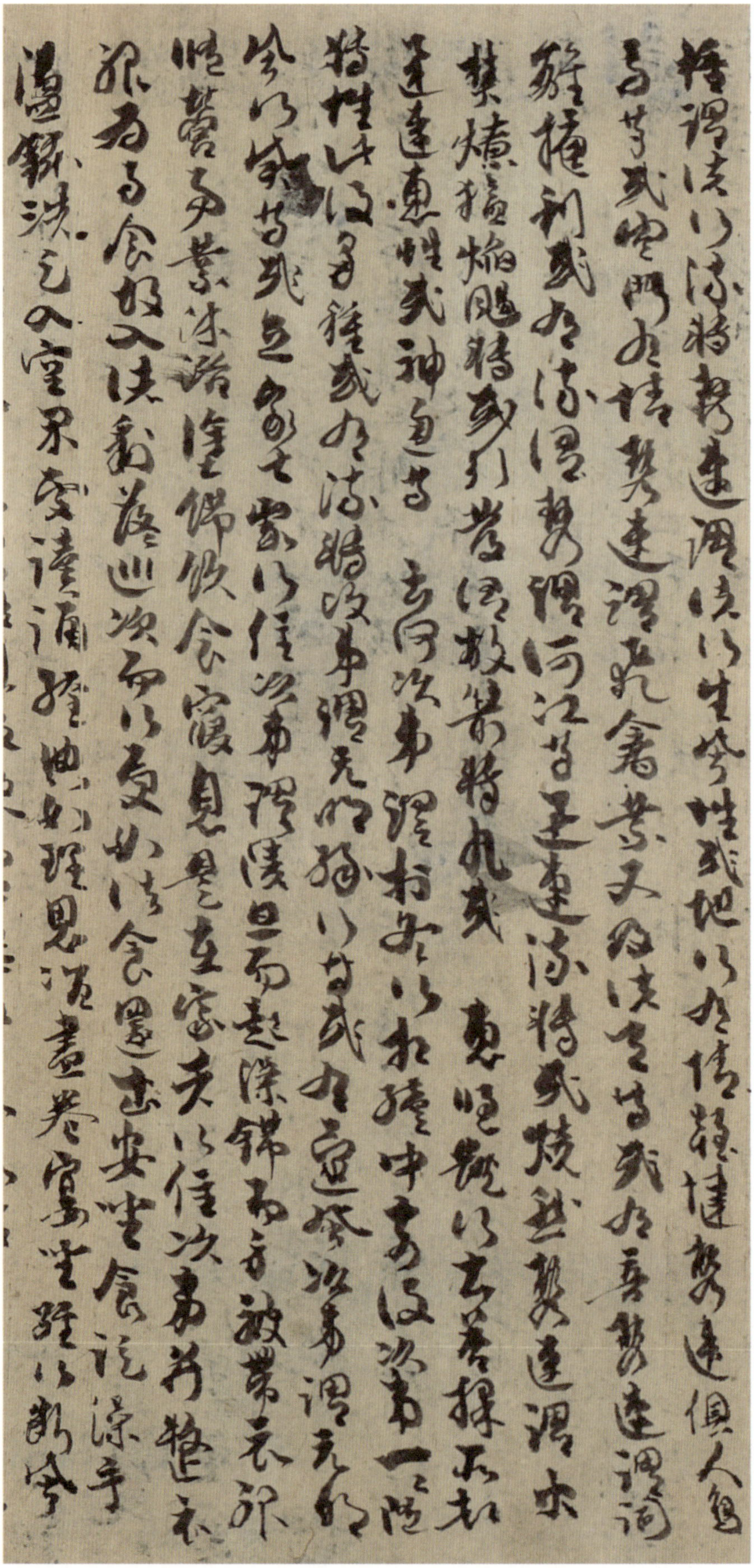

五〇一 種：謂諸行流轉勢速，謂諸行生滅性。或地行有情輕健勢速，俱[二]人、象、

五〇二 馬等；或空門有情勢速，謂飛禽業叉及諸天等；或有音勢速，謂詞

五〇三　離捷利；或有流謂[二]勢，謂河江等迅速流轉；或燒然勢速，謂火

五〇四　焚燎，猛焰颷轉；或引發，謂放箭、轉丸。或[三]惠脩觀行，知簡擇所，知

五〇五　迅速惠性；或神通等。云何次弟？謂於各行相續中，前後次弟一一隨

五〇六　轉性，此後多種。或有流轉次弟，謂无明緣行等；或有還戚次弟，謂无明

五〇七　戚行戚等。或立[四]家、七[五]家、行住次弟，謂：陵旦而起，澡飾而身，被帶衣

服，

五〇八　脩營事業，沐浴塗飾，飲食寢息，是在家者行住次弟。菩薩[六]整衣

五〇九　服，爲与食故，入諸聚落，巡次而行；受如法食，還出安坐；食訖澡手，

五一〇　盪鉢洗足；入室閑處，讀誦經典；如理思唯晝卷，宴坐經行，斷戚

校注

【一】「俱」，《瑜伽師地論》卷五二作「謂」，見《大正藏》本第三〇册第一八八頁。【二】「謂」，《瑜伽師地論》卷五二作「潤」，見《大正藏》本第三〇册第五八八頁。【三】「或」下，原有一空格，據《瑜伽師地論》卷五二應爲「智」字，見《大正藏》本第三〇册第五八八頁。【四】「立」，《瑜伽師地論》卷五二作「在」，見《大正藏》本第三〇册第五八八頁。【五】「七」，《瑜伽師地論》卷五二作「出」，見《大正藏》本第三〇册第五八八頁。【六】「菩薩」，《瑜伽師地論》卷五二作「若」，見《大正藏》本第三〇册第五八八頁。

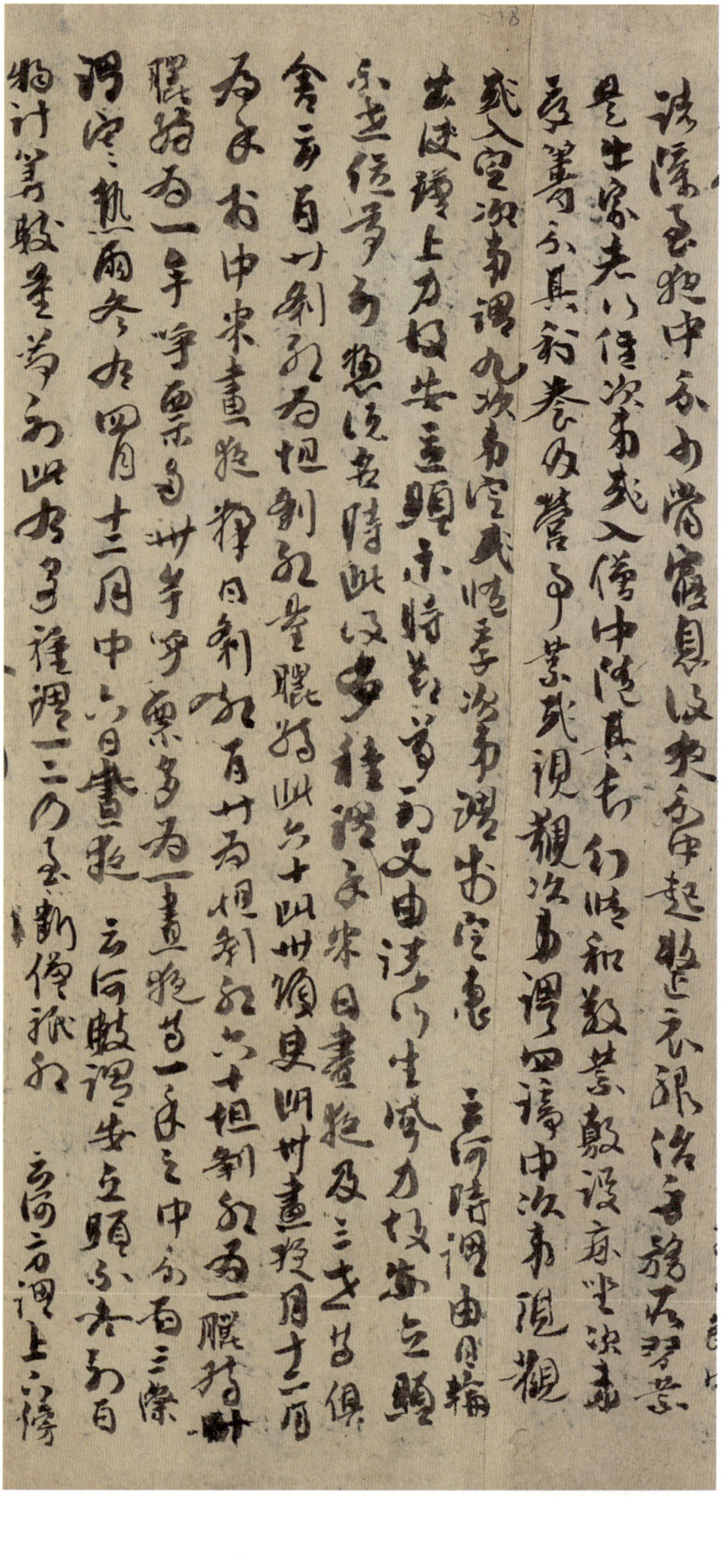

五一一 諸障；至夜中分少當寢息；後夜分中起，整衣服，治身務[一]，所習業，

五一二 是出家者行住次弟。或入僧中，隨其長幼，脩和敬業，敷設床坐，次弟

五一三 受籌，分其利養及營事業。或現觀次弟，謂四諦中次弟現觀；

五一四 或入定次弟，謂九次弟定；或脩學次弟，謂戒、定、恵。云何時，謂由日輪
五一五 出没增上力故？安立顯示時節差別，又由諸行生滅力故。安立顯
五一六 示世位差別，揔説名時。此復多種，謂年、半日、晝夜及三世等。俱
五一七 舍云：百廿[二]剎那，爲怛剎那量，臘縛此六十，此卅[三]須臾。此卅晝夜月，十
二月
五一八 爲年。於中半晝夜。釋曰：剎那百廿爲怛剎那，六十怛剎那爲一臘縛，十
五一九 臘縛爲一牟呼票[四]多，卅牟呼票多爲一晝夜，等。一年之中分爲三際，
五二〇 謂寒、熱、雨，各有四月；十二月中六日晝夜。云何數？謂安立顯示各別百[五]
五二一 物，計算數量差別。此有多種，謂一、二，乃至断僧祇耶。云何方？謂上、
下、傍、

校注

【一】「務」，《瑜伽師地論》卷五二作「歸」，見《大正藏》本第三〇册第五八八頁。【二】「廿」，《阿毘達磨俱舍論》卷一作「二十」，見《大正藏》本第二册第三一五頁。【三】「卅」，《阿毘達磨俱舍論》卷一作「三十」，見《大正藏》本第二册第三一五頁。【四】「票」，《瑜伽師地論》卷五二作「栗」，見《大正藏》本第三〇册第五八八頁。【五】「百」，《瑜伽師地論》卷五二作「事」，見《大正藏》本第三〇册第五八八頁。

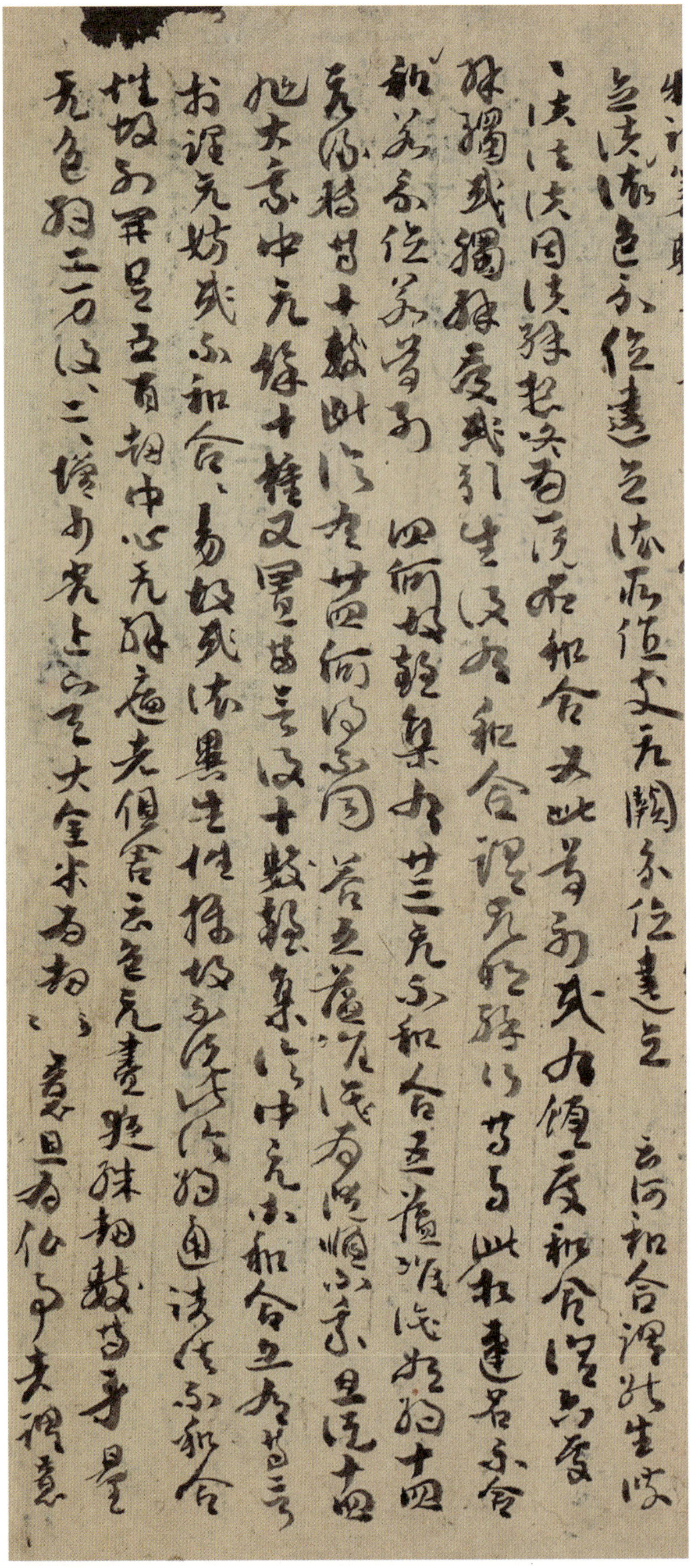

五二 立，諸依[一]色分位建立，依所作支无闕[二]分位建立。云何和合？謂能生彼

五三 彼諸法、諸因、諸緣，摠略爲一説，名和合。又[三]此差別或有領受和合，謂六

處

五四 緣觸，或觸緣受，或引生，後有和合。謂无明緣行等，与此相違，名不和

合[四]。若分位，若差別。問何故？雜集有廿三[五]无不和合。五蘊唯識始初十四无流轉等十數，此論有廿四，何得不同？答：五蘊、唯識爲隨順小乘。且說[六]十四，非大乘中无餘十種，又置等言後十數。雜集論中无[七]不和合，亦有等言，於理无妨。或不和合，合易故。或依異生性攝，故不說。此論初通諸法，不和合性，故別開足[八]。五百劫中心无緣慮者。俱舍云：色无晝夜殊，劫數等身量。无色初二万後二，後二增少光。上下天大，全半爲劫云云[九]。意且爲仏事者，謂意

校注

【一】「諸依」，原作「依諸」，右有倒乙符。【二】「闕」，《洪武南藏》義忠本作「闘」。【三】「又」，《瑜伽師地論》卷五十二作「即」，見《大正藏》本第三〇册第五八七頁。【四】「和合」，原作「合和」，右有倒乙符。【五】「廿三」，《洪武南藏》義忠本作「二十三」。【六】「説」，《洪武南藏》義忠本作「明」。【七】「无」，《洪武南藏》義忠本作「闘」。【八】「足」，《洪武南藏》義忠本作「之」。【九】「云云」，原兩字左右並排。

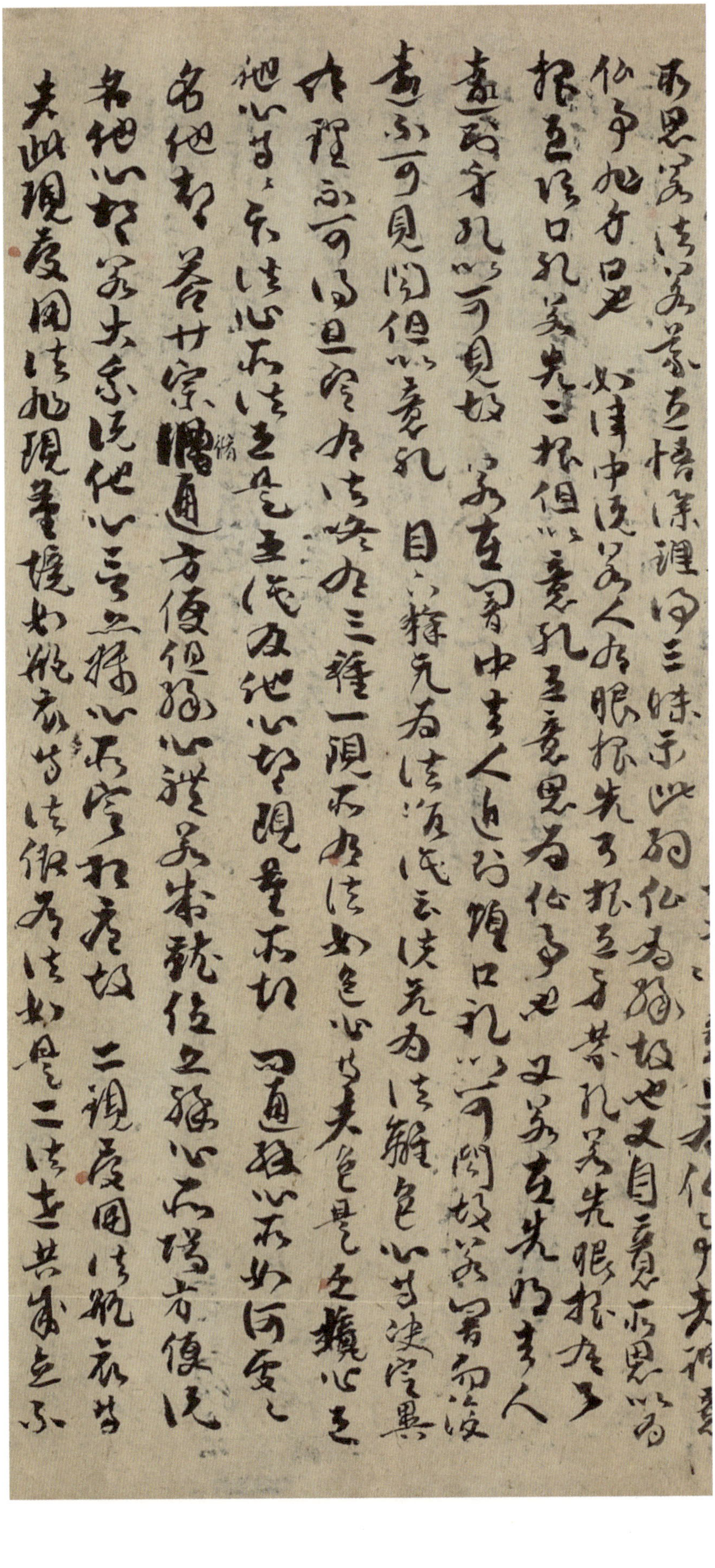

五三一 所思。若法若義，立悟深理，得三昧示，此初仏爲緣故也。又自意所思，以爲

五三二 仏事，非身口也。如律中說：若人有眼根，先耳根即身發孔；若先眼根，有

耳

五三三 根即頂口孔。若先二根，但以意孔立，意思爲仏事也。又若在光明者，人

五三四 遠到身孔，以可見故。若在闇中者，人近則頌口，礼以可聞故。若闇而復

五三五 遠，不可見聞，但以意礼目。六釋无爲法。唯識云：諸无爲法，離色、心等，

決定異[一]

五三六 有，理不可得。旦[二]定有法，略有三種：一現所有[三]法，如色、心等者，色是

即境，心即

五三七 他心，等等。取諸心所法，即是五識，及他心智現量所故。問？通緣心所，如

何處處

五三八 名他智？答：廿宗脩[四]通方便，但緣心體。若成就位，亦緣心所增方便說，

五三九 名他心智。若大乘說他心，言亦攝心所定相應故。二現受用法。瓶、衣等

五四〇 者，此現受用法，非現量境如瓶、衣等法。假若法如是二法，世共成立，不

校注

【一】「異」，《成唯識論》卷二作「實」，見《大正藏》本第三一册第六頁。【二】「旦」，《成唯識論》卷二作「且」，見《大正藏》本第三一册第六頁。【三】「有」，《成唯識論》卷二作「知」，見《大正藏》本第三一册第六頁。【四】「脩」，原卷改寫於行右側。

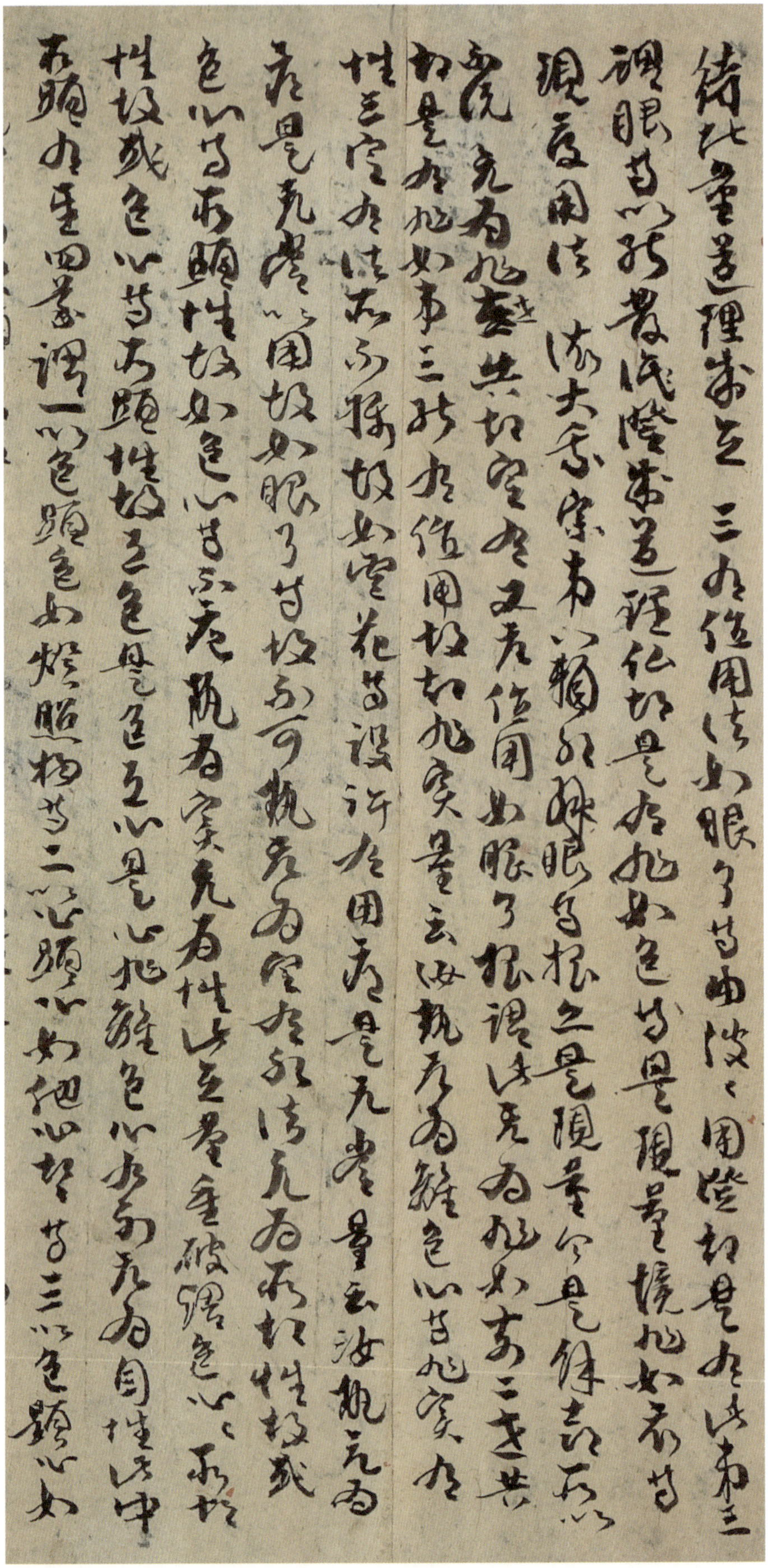

五四一 待此量，道理成立。三有作用法，如眼、耳等，由彼彼用證，知是有此。弟三

五四二 謂眼等，以能發識證成道理。仏智是有非如色等，是現量境；非如衣等，

校注

五四三　現受用法。依大乘宗弟八賴耶，緣眼等根亦是現量，今是解命，所以

五四四　不說。无爲非世，共知空有，又取作用。如眼耳根，謂此无爲。非如前二世，
共

五四五　知是有非如。弟三能有作用，故知非實。量云：汝執无爲，離色心等，非實有

五四六　性。三定有法，所不攝故。如雪花等，設許有用，應是无常。量云：汝執无爲

五四七　應是无常以用。故如眼耳等，故不可執无爲定有。然諸无爲，所知性故；或

五四八　色、心等，所顯性故。如色、心等，不應執爲，實无爲性，此即量重破。謂
色、心、心所智

五四九　性故，或色、心等所顯性故。即色是色，即心是心。非離色心，有別无爲。自
性此中

五五〇　所顯，有其四義：謂一以色顯色，如燈照物等。二以心顯心，如他心智等。三
以色顯心，如

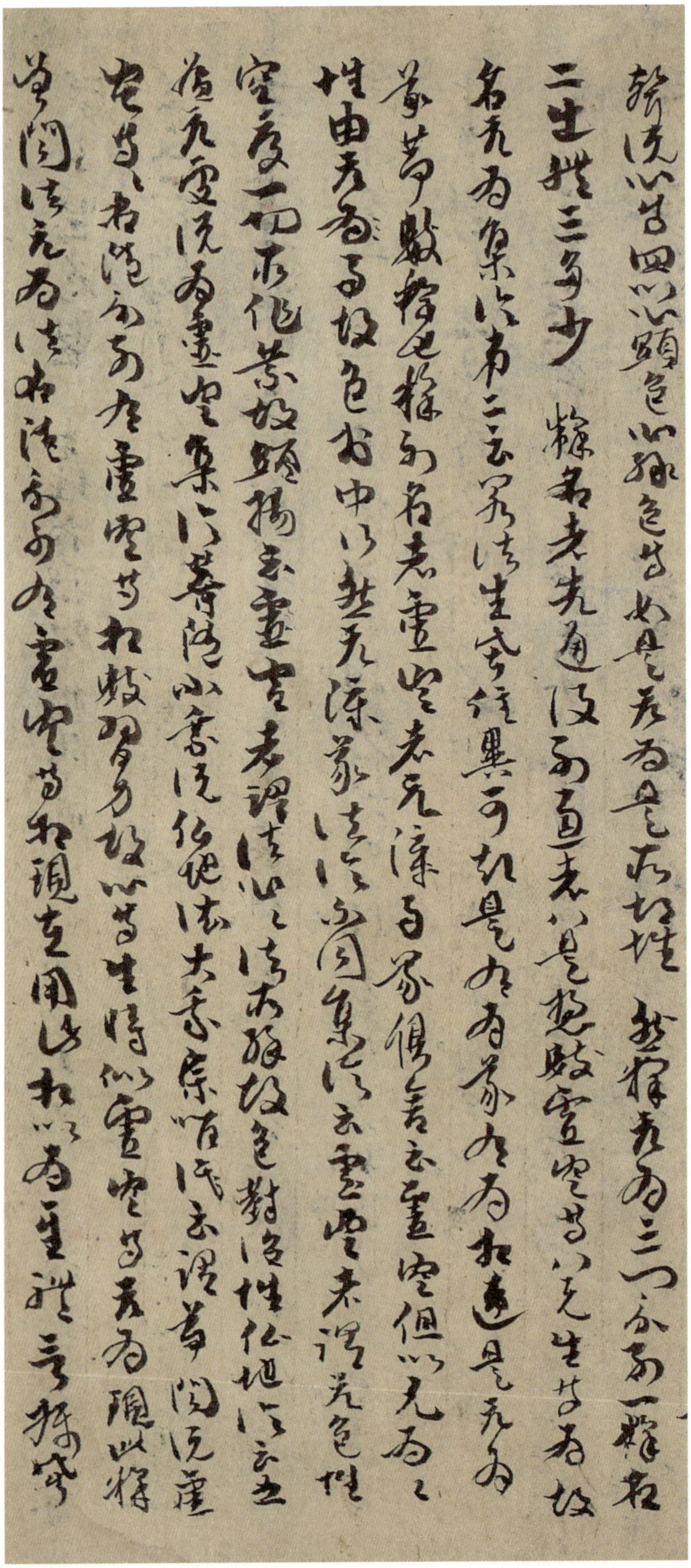

五二一 聲説心等。四以心顯色，心緣色等。如是无爲，是所知性。然釋无爲，三門分
別：一釋名，
五二二 二出體，三多少。釋名者，先通、後別通者，八是摠數：虛空等八，无生等

爲，故
五五三 名无爲。集論弟二云：若法生烕住異，可知是有爲義；有爲相違是无爲
五五四 義，帶數釋也。釋別名者，虛空者，无障㝵義。俱舍云：虛空但以无爲爲
五五五 性。由无[一]事故，色於中行，然无障義。諸論不同：集論云：虛空者，謂无色
性，
五五六 空受一切，所作業故。顯揚云：虛空者，謂諸心、心法所緣故，色對治性[二]。
仏地論云：五
五五七 蘊无處，說爲虛空。集論等隨小乘說，仏地依大乘宗。唯識云：謂曾聞說虛
五五八 空等等[三]名，隨分別有虛空等相，數習力故。心等生時，似虛空等无爲。現此
釋
五五九 曾聞法无爲，法名隨差別，有虛空等相。現在用此相以爲其體，言攝烕

校注

【一】「无」下，原有「爲」，點删。【二】「色對治性」，《顯揚聖教論》卷第一作「外色對治境界性」，見《大正藏》本第三一册第四八四頁。

【三】「等等」，《成唯識論》卷二作「等」，見《大正藏》本第三一册第六頁。

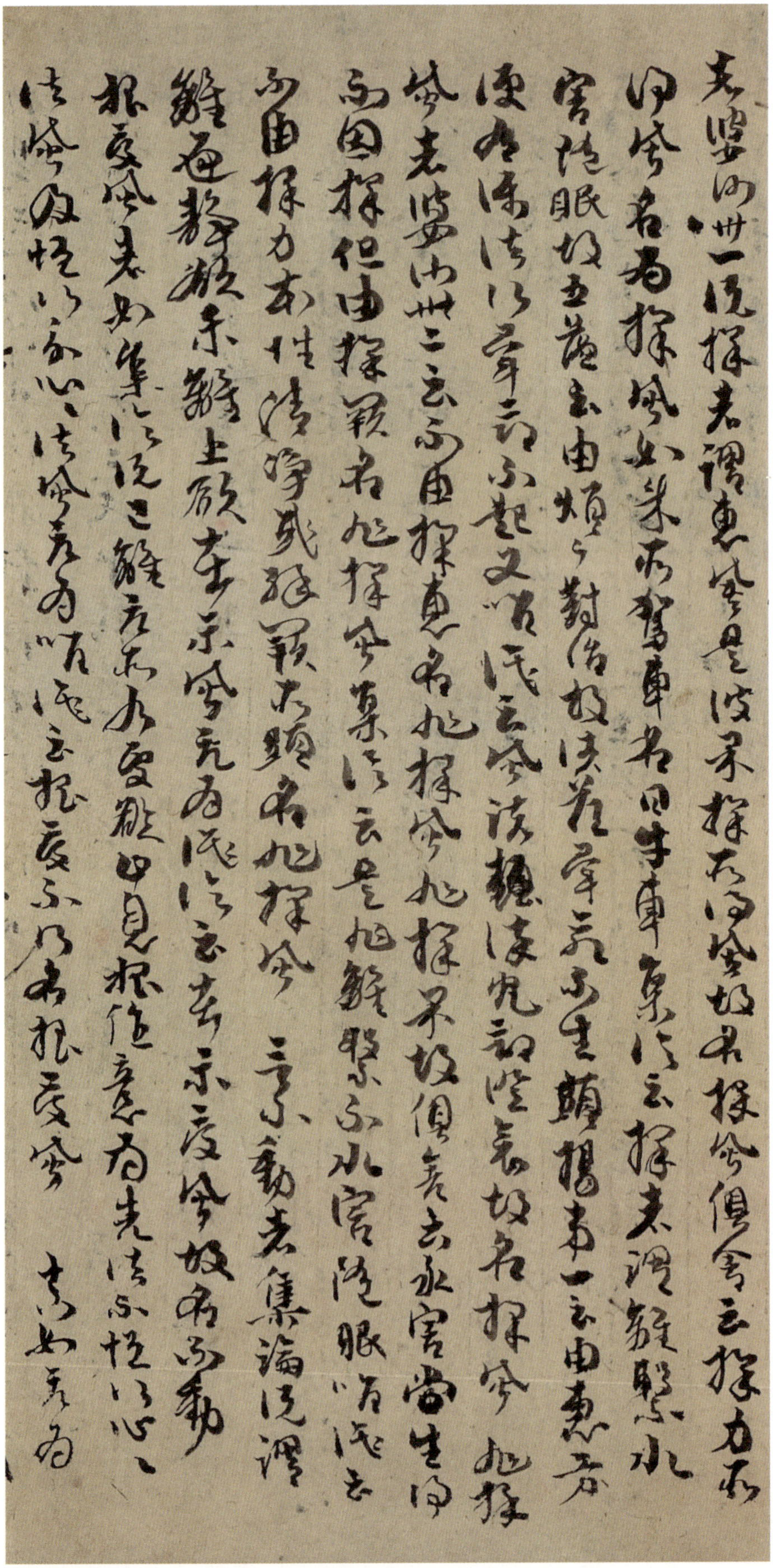

五六〇 者。婆沙卅一說：擇者謂惠，烕是彼果；擇所得烕，故名擇烕。俱舍云：擇力所

五六一 得烕名爲擇烕，如來所駕車名曰牛車。集論云：擇者謂離繫，水

五六二 害隨眠故。五蘊云：由煩惱對治故，諸蘊畢竟不生。顯揚弟一云：由惠方
五六三 便，有漏諸行，畢竟不起。又唯識云：滅諸預[一]流，究竟證食[二]，故名擇滅。
非擇
五六四 滅者，婆沙卅二云：不由擇惠[三]，名非擇滅，非擇果故。俱舍云：水害當生，
得
五六五 不因擇；但由擇闕，名非擇滅。集論云：是非離繫，不水害隨眠。唯識云：
五六六 不由擇力，本性清淨；或緣闕所顯，名非擇滅。言不動者，集論說：謂
五六七 離遍靜欲，未離上欲，苦樂滅无爲。識論云：苦乐受滅，故名不動。
五六八 根受滅者，如集論說：已離无所有處，欲止息根，作意爲先。法[四]不恒以，
心、心
五六九 法滅；及恒以分心、心法滅，无爲。唯識云：根受不行名根受滅。真如无爲

校注

【一】「預」，原字改写過，尚可推敲。【二】「食」，《成唯識論》卷二作「會」，見《大正藏》本第三一册第六頁。【三】「惠」，《阿毘達磨雜集論》卷三二作「慧」，見《大正藏》本第二七册第一六四頁。【四】「法」，唐玄奘所譯《大乘阿毘達磨雜集論》卷一作「故」，見《大正藏》本第三一册第七〇二頁。

五七〇

者，三性真如。色、心等，諸順、益名善，違、損名不善；与上相違，是无記

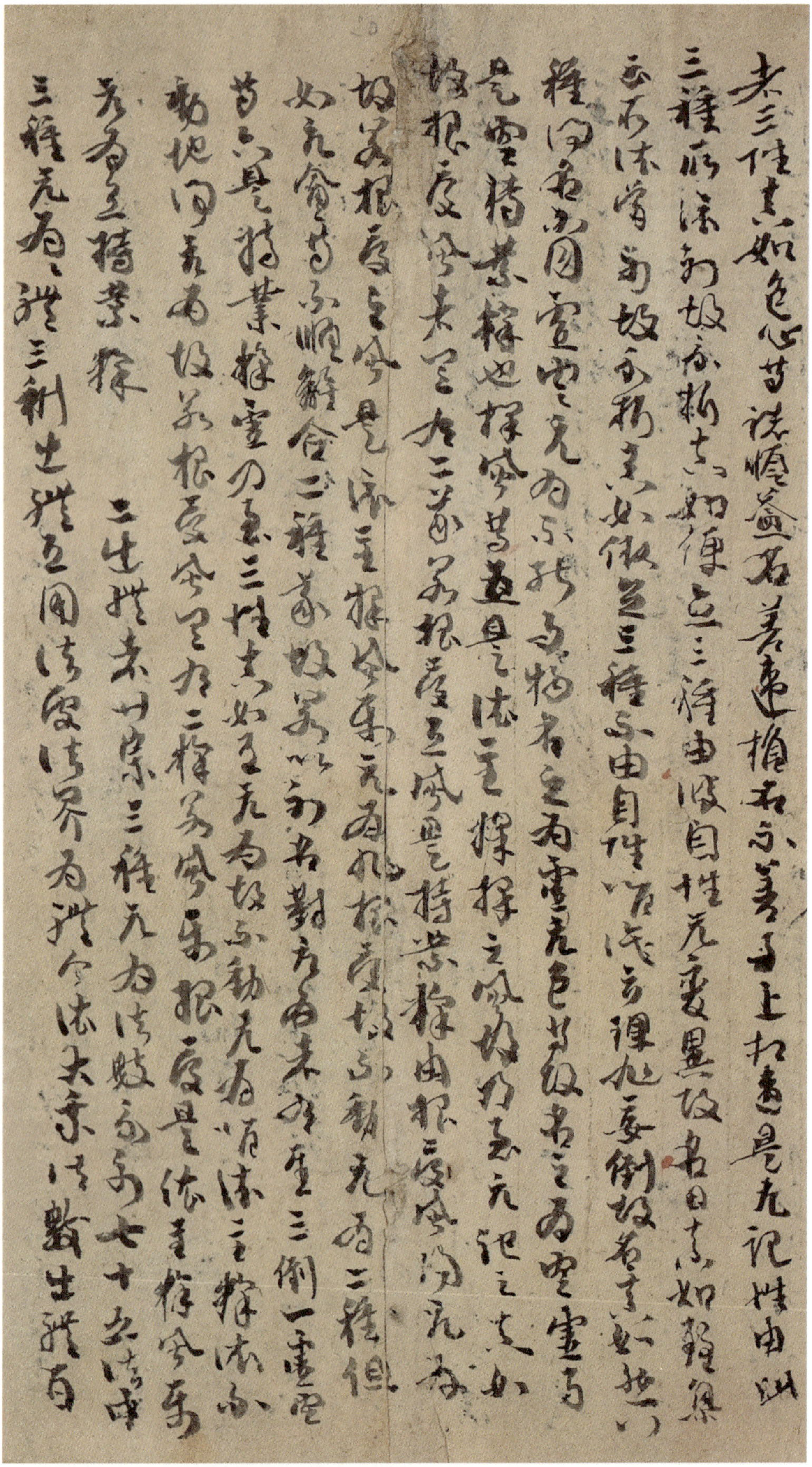

性。由此

五七一　三種所染別故，不斷真如，便立三種。由彼自性无變異故，名曰真如。雜集

五七二　云：所依差別，故不斷真如。假立三種不由自性。唯識云：理非妄倒，故名真

如。然八

五七三　種得名不同，虛空无爲，不能与物名之。爲虛无色等，故名之爲空㝵等，

五七四　是空轉業釋也。擇威等並是依意釋，擇之威故，乃至无記之真如。

五七五　故根受威者，具有二義：若根受即威，是持業釋；由根受威，得无爲

五七六　故。若根受与威，是依主釋。威屬无爲，非根受故。不動无爲二種，但

五七七　如无貪等。不順離、合二種義故。若以別名對无爲者，有其三倒：一虛空

五七八　等，六是持業釋，虛乃至三性真如即无爲。故不動无爲唯依主釋，依不

五七九　動地得无爲故。若根受威，具有二釋：若威屬根受，是依主釋；威屬

五八〇　无爲，即持業釋。二出體者，廿宗：三種无爲，法數分別。七十五法中，

五八一　三種无爲爲體；三科出體，即用、法處、法界爲體，今依大乘法數出體。百

校注

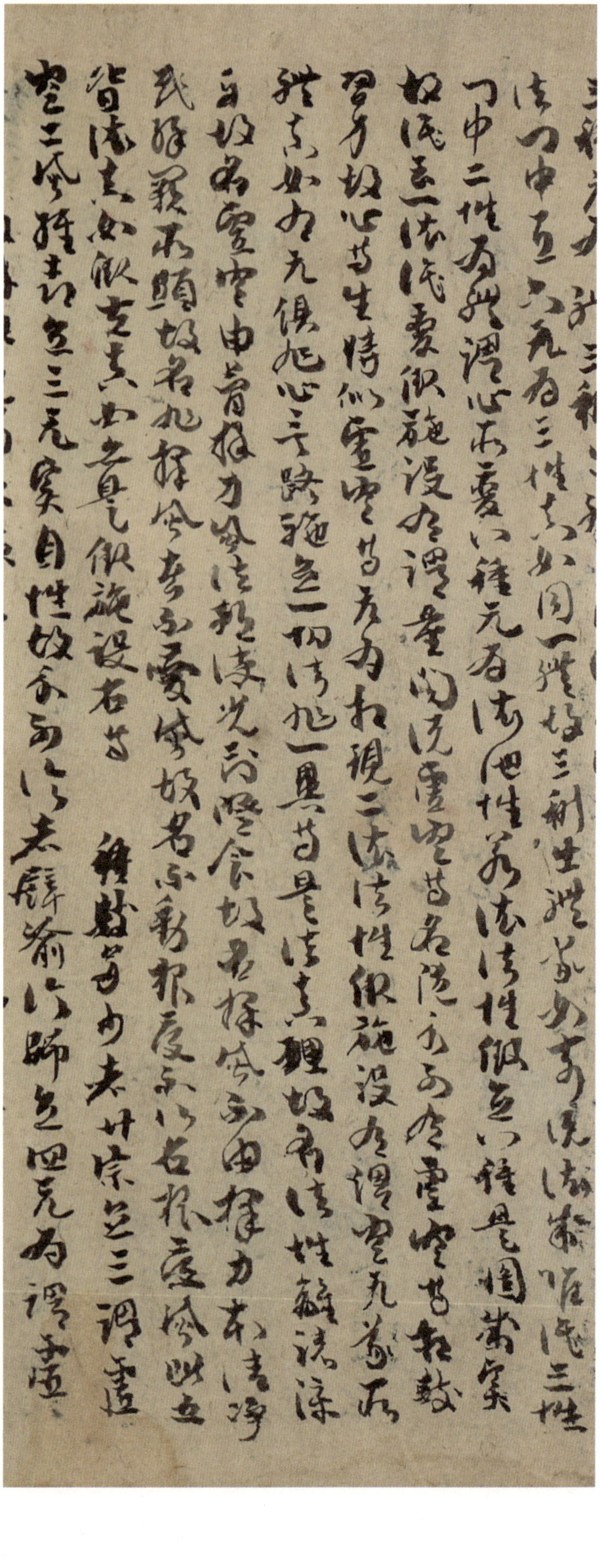

五八二 法門中，即六无爲；三性真如，同一體故；三科出體，義如前説。依成唯識：三性

五八三 門中，二性爲體，謂心所變。八種无爲依他性，若依法性假立八種，是圓成實。

五八四 故識云：一依識變，假施設有。謂量[一]聞説虛空等名，隨分別有虛空等相，數

五八五　習力故；心等生時，似虛空等，无爲相現。二依法性，假施設有，謂空无義，

所

五八六　體[二]真如，有无俱非，心言路施[三]；即一切法非一異等，是法真理，故名法

性。離諸障

五八七　㝵，故名虛空。由簡擇力，烕諸雜染，究竟證食[四]，故名擇烕。不由擇力，

本[五]清淨，

五八八　或緣闕所顯，故名非擇烕。苦不[六]受烕，故名不動。根受不行，名根受烕。此

五

五八九　皆依真如假立。真如亦是假施設名等。　種數多少者，廿宗立三，謂虛

五九〇　空二烕。經命立三无[七]，實自性故。分別論者，譬喻論師立四无爲，謂虛

校注

【一】「量」，《成唯識論》卷二作「曾」，見《大正藏》本第三一册第六頁。【二】「體」，《成唯識論》卷二作「顯」，見《大正藏》本第三一册第六頁。【三】「施」，《成唯識論》卷二作「絶」，見《大正藏》本第三一册第六頁。【四】「食」，《成唯識論》卷二作「會」，見《大正藏》本第三一册第六頁。【五】《成唯識論》卷二此處多一「性」字，見《大正藏》本第三一册第六頁。【六】「不」，《成唯識論》卷二作「樂」，見《大正藏》本第三一册第六頁。【七】「立三无」，《俱舍論》疏頌本卷一作「列三無爲」，見《大正藏》本第四一册第八一八頁。

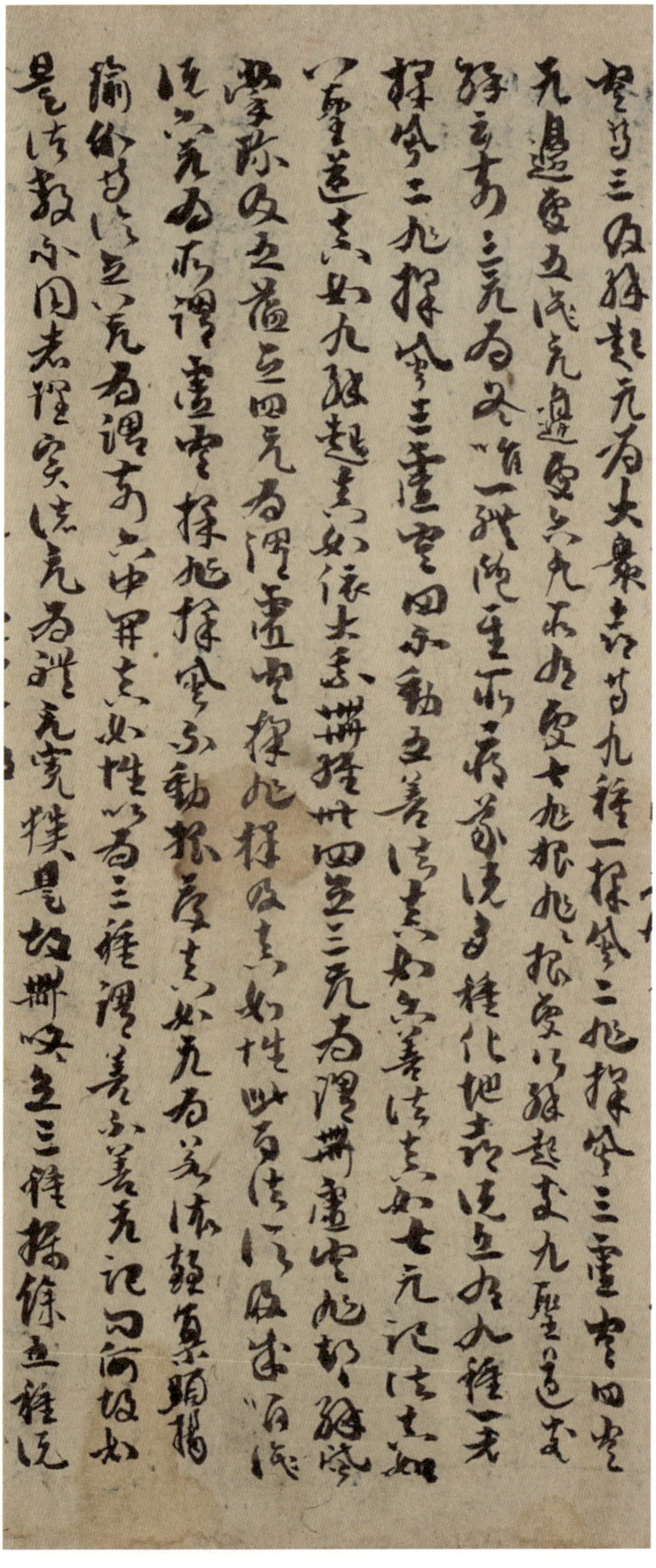

五九一 空等三及緣起无爲。大衆部等九種：一擇威，二非擇威，三虛空，四空

五九二 无邊處，五識无邊處，六无所有處，七非根、非非根處，八緣起支[二]，九聖道

支。

五九三　解云：前三无爲各唯一體，隨其所應義説多種。化地命説，亦有九種：一者[二]
五九四　擇烕，二非擇烕，三虛空，四不動，五善法真如，六[三]善法真如，七无記法真
如，
五九五　八聖道真如，九緣起真如。依大乘涅槃經卅四，立三无爲，謂涅槃、虛空、非
智緣烕。
五九六　掌珍及五蘊立四无爲，謂虛空、擇、非擇及真如性。此百法論及成唯識
五九七　説六无爲，所謂虛空、擇、非擇、烕、不動想受、真如无爲。若依雜集、顯
揚、
五九八　瑜伽等論，立八无爲，謂前六中開真如性，以爲三種，謂善、不善、无記。
問：何故如
五九九　是？諸教不同者，謂實諸无爲，體无寬狹。是故涅槃略立三種攝，餘五種説

校注

【一】《成唯識論述記》卷二等，此處多一「性」字，見《大正藏》本第四三册第二九一頁，其餘各疏論記等不舉。【二】「者」，《成唯識論述記》卷二無，見《大正藏》本第四三册第二九一頁。【三】《成唯識論述記》卷二六此處多一「不」字，是；見《大正藏》本第四三册第二九一頁。

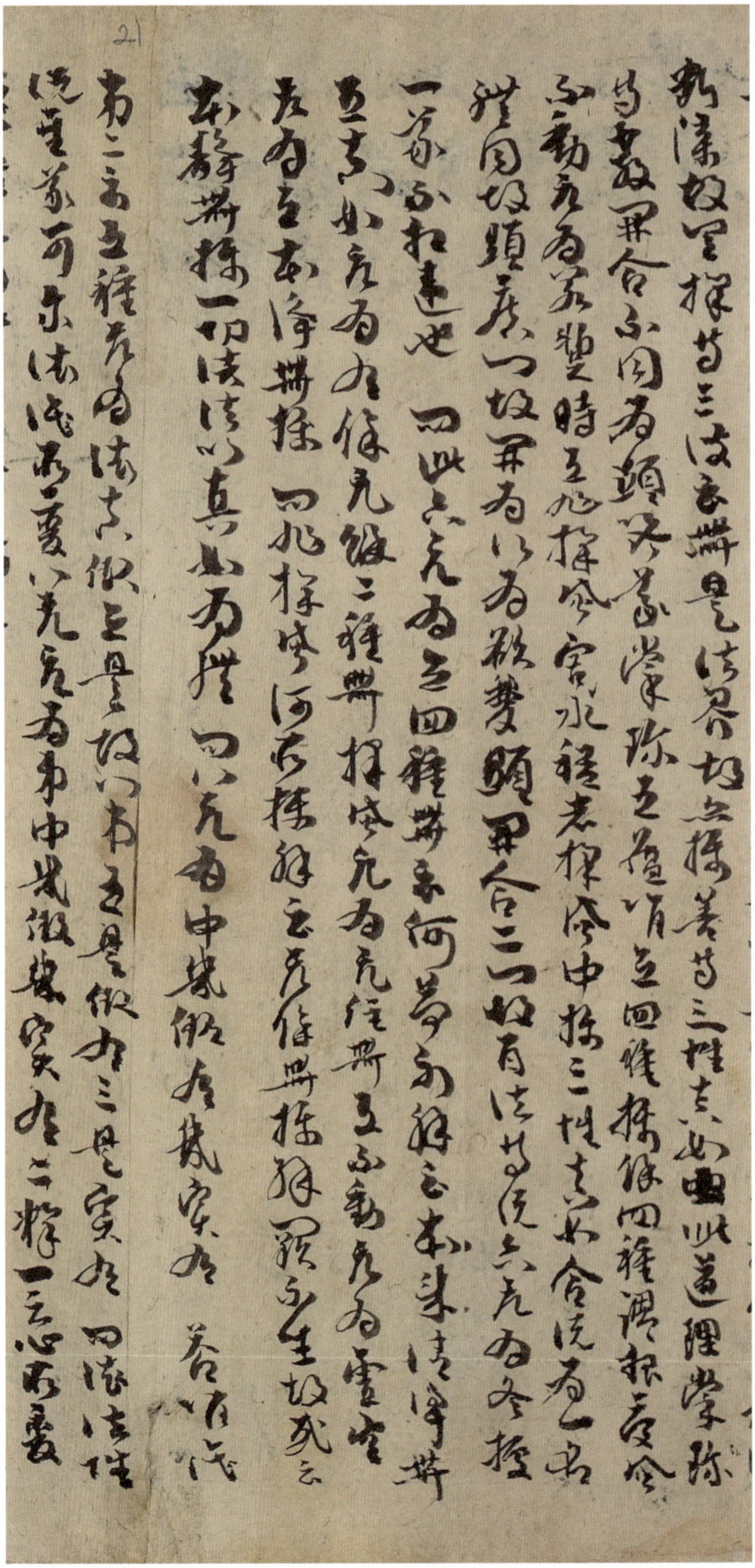

六〇〇 断障故。具擇等三彼[二]云：涅槃是法界，故亦攝善等。三性真如由此道理。掌珍

六〇一 等教開合不同，爲顯各義。掌珍、五蘊唯立四種攝，餘四種謂想受、咸、

六〇二 不動、无爲。若暫時，即非擇威。水害[二]種者，擇威中攝三性真如，合説爲

一，名

六〇三 體同故。顯廣門故，開爲行、爲欲、變顯，開合二門。故百法等説：六无爲各

據

六〇四 一義，不相違也。問：此六无爲立四種涅槃，云何差别？解云：本來清净涅

槃，

六〇五 即真如，應爲有餘、无餘二種涅槃；擇威无爲、无住涅槃，与不動无爲、虚空

六〇六 无爲，即本净涅槃攝。問：非擇威，何所攝？解云：无餘涅槃攝，緣闕不生

故。或云

六〇七 本静涅槃攝，一切諸法以真如爲體。問：八无爲中幾假有、幾實有？答：唯識

六〇八 弟二示：五種无爲依真假立，是故八弟、五是假有，三是實有。問？依法性

六〇九 説，其義可尔。依識所變八无，无爲弟中，幾假幾實？有二釋：一云心所變

校注

【一】「彼」，疑爲「疏」之筆誤；三疏即《唯識三疏》，指注釋《成唯識論》及《成唯識論述記》的三種注疏，即窺基《成唯識論掌中樞要》、慧沼《成唯識論了義燈》及智周《成唯識論演秘》。【二】「水害」，原作「害水」，右有倒乙符。

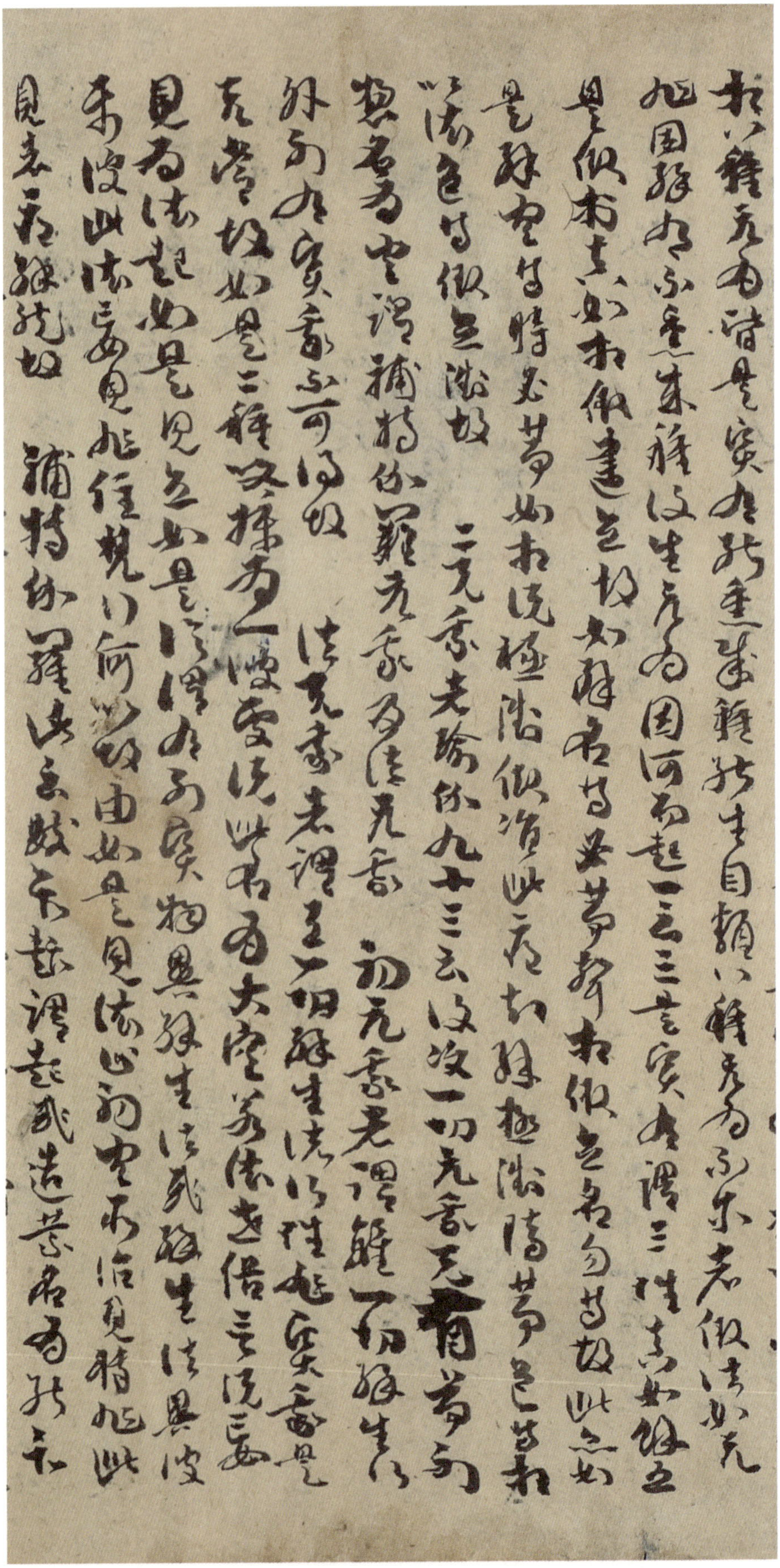

六一〇

相。八種无爲，皆是實有，能熏成種，能生自類。八種无爲不乐者，假法如

无，

六一一 非因緣有。不熏成種，後生无爲。因何而起？一云三是實有。謂三性真如，餘

五

六一二 是假。於真如相假建立故。如解名等，必帶聲相，假立名而等。故此亦如

六一三 是緣空等。時必帶如相，説極微假，唯此應知；解極微時帶色等相，

六一四 以依色等假立微故。二无我者，瑜伽九十三云：復次一切无我无有差別，

六一五 揔名爲空。謂補特伽羅无我，及法无我。初无我者，謂離一切緣，生行

六一六 外別有實，我不可得故。法无我者，謂即[一]一切緣，生諸行性非實，我是

六一七 无常故。如是二種略攝爲一，彼處説此名爲大空。若依世俗言説，妄

六一八 見爲依。起如是見、立如是論。謂有別實[二]物異解生法，或緣生法，異彼

六一九 屬彼。此依妄見非住梵行，何以故？由如是見依止初空，所治見轉，非此

六二〇 見者應解脱故。補特伽羅此云數取趣：謂起惑造業，名爲能取；

校注

【一】「即」，《瑜伽師地論》卷九三同，見《大正藏》本第三〇册第八三三頁；窺基《大乘百法明門論解》卷下無，見《大正藏》本第四四册第五二頁。【二】「實」，《瑜伽師地論》卷九三無，見《大正藏》本第三〇册第八三三頁。

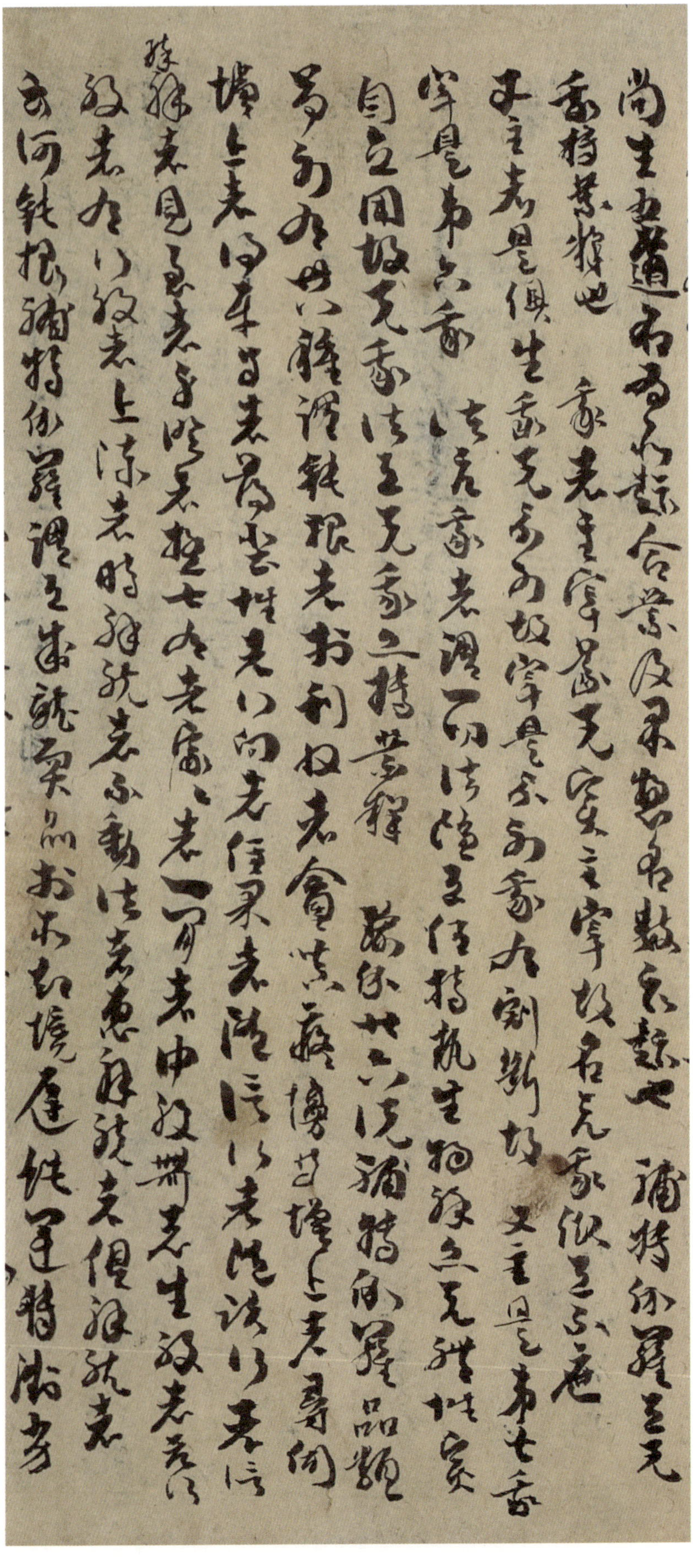

六二 尚生五道，名爲所趣；合業及果，揔名數取趣也。 補特伽羅即无

六三 我，持業釋也。 我者主宰義。无實主宰，故名无我。假立不遮，

六三 又主者是俱生，我无分别故。宰是分别，我有割断故。 又主是弟七我，

六四 宰是弟六我。 法无我者，謂一切法隨即住持，執生物緣，亦无體性，實

六二五　自立用。故无我法即无我，亦持業釋。瑜伽廿六説：補特伽羅品類

六二六　差別有卅[一]八種，謂鈍根者、於[二]利收[三]者，貪、嗔、癡、慢等增上者，尋伺

六二七　增上者，得平等者，薄尘[四]性者，行向者、住果者、隨信行者、隨法行者、信

六二八　緣[五]解者、見至者、身證者、斃七有者、家家者、一間者、中般涅槃者、生

般[六]者、无行

六二九　般[七]者、有行般[八]者、上流者、時解脱者、不動法者、惠解脱者、俱[九]解脱

者。

六三〇　云何鈍根補特伽羅？謂即[一〇]成就耎品於所智境。遲鈍運轉、微劣

校注

【一】「卅」，《瑜伽師地論》卷二六作「廿」，見《大正藏》本第三〇册第四二四頁。【二】「於」，《瑜伽師地論》卷二六無，見《大正藏》本第三〇册第四二四頁。【三】「收」，《瑜伽師地論》卷二六作「根」，見《大正藏》本第三〇册第四二四頁。【四】「尘」，乃「塵」的俗字，後同。【五】「緣」，原卷爲行上補字。【六】「般」，《瑜伽師地論》卷二六作「涅槃」，見《大正藏》本第三〇册第四二四頁。【七】「般」，《瑜伽師地論》卷二六作「涅槃」，見《大正藏》本第三〇册第四二四頁。【八】「般」，《瑜伽師地論》卷二六作「涅槃」，見《大正藏》本第三〇册第四二四頁。【九】《瑜伽師地論》卷二六此處多一「分」字，見《大正藏》本第三〇册第四二四頁。【一〇】「即」，《瑜伽師地論》卷二六作「有」，見《大正藏》本第三〇册第四二四頁。

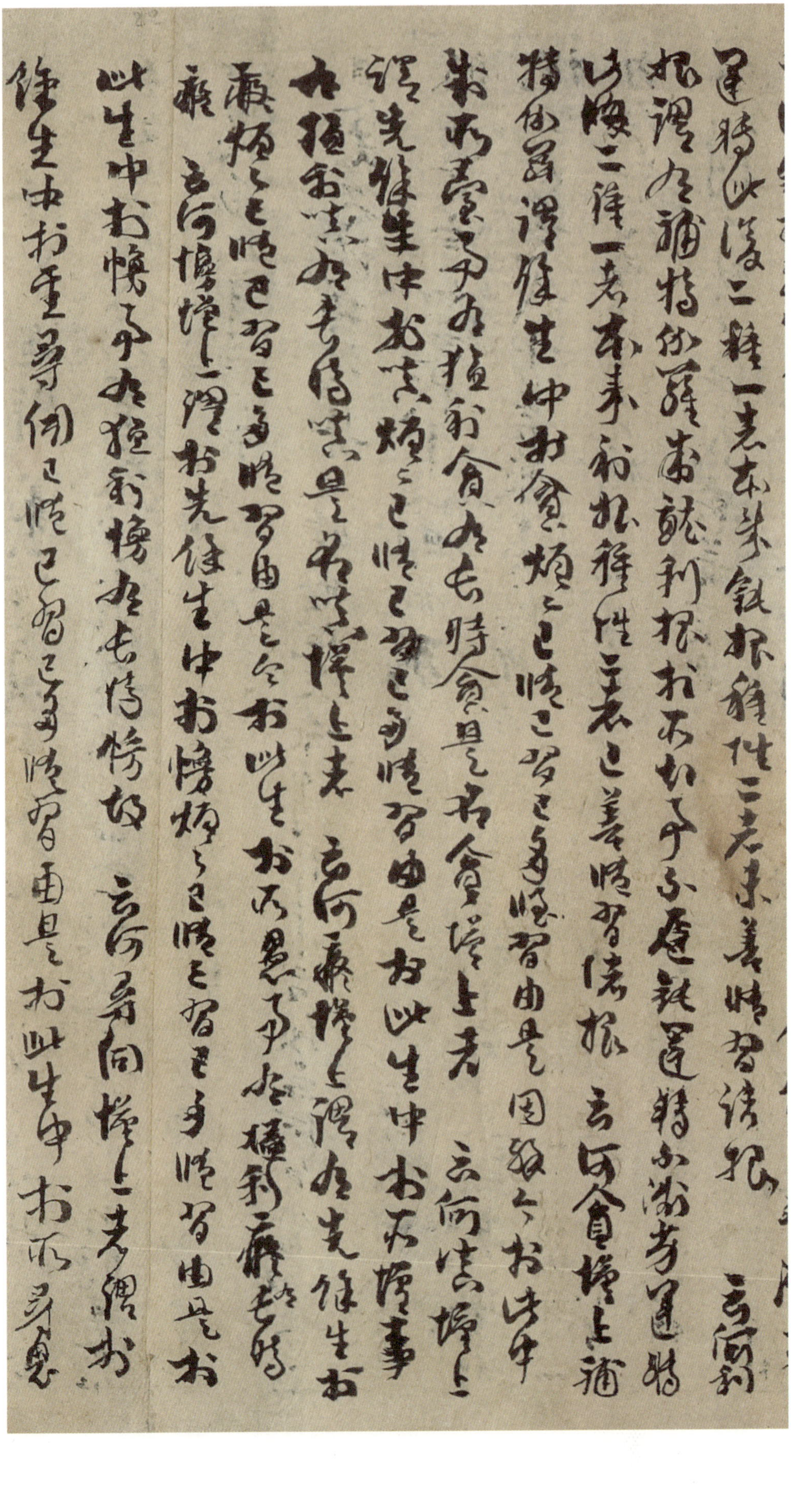

六三

運轉，此復二種：一者本來鈍根種性[二]，二者未善脩習諸根。云何利

六三二 根？謂有補特伽羅成就利根，於所知事不遲鈍、運轉不微劣。運轉

六三三 此復二種：一者本來利根種性，二者已善脩習諸根。　云何貪增上補

六三四 特伽羅？謂餘生中於貪煩惱，已脩已習，已多脩習；由是因緣，今於此中

六三五 成所臺[二]事，有猛利貪，有長時貪，是名貪增上者。　云何嗔增上？

六三六 謂先餘生中於嗔煩惱，已脩已習，已多脩習；由是於此生中，於所增事

六三七 有猛利嗔，有長時嗔，是名嗔增上者。　云何癡增上？謂有先餘生於

六三八 癡煩惱，已脩已習，已多脩習；由是令[三]於此生，於所愚事，有猛利癡，有[四]

長時

六三九 癡。　云何慢增上？謂於先餘生中，於慢煩惱，已脩已習，已多脩習；由是於

六四〇 此生中，於慢事有猛利慢，有長時慢故。　云何尋伺增上者？謂於

六四一 餘生中於其尋伺，已脩已習，已多脩習；由是於此生中，於所尋思

校注

【一】「性」，《瑜伽師地論》卷二六作「姓」，誤；見《大正藏》本第三〇册第四二四頁。【二】「臺」，《瑜伽師地論》卷二六作「愛」，是；見《大正藏》本第三〇册第四二四頁。【三】「令」，《瑜伽師地論》卷二六作「今」，見《大正藏》本第三〇册第四二四頁。【四】「有」，原卷爲行右側補字。

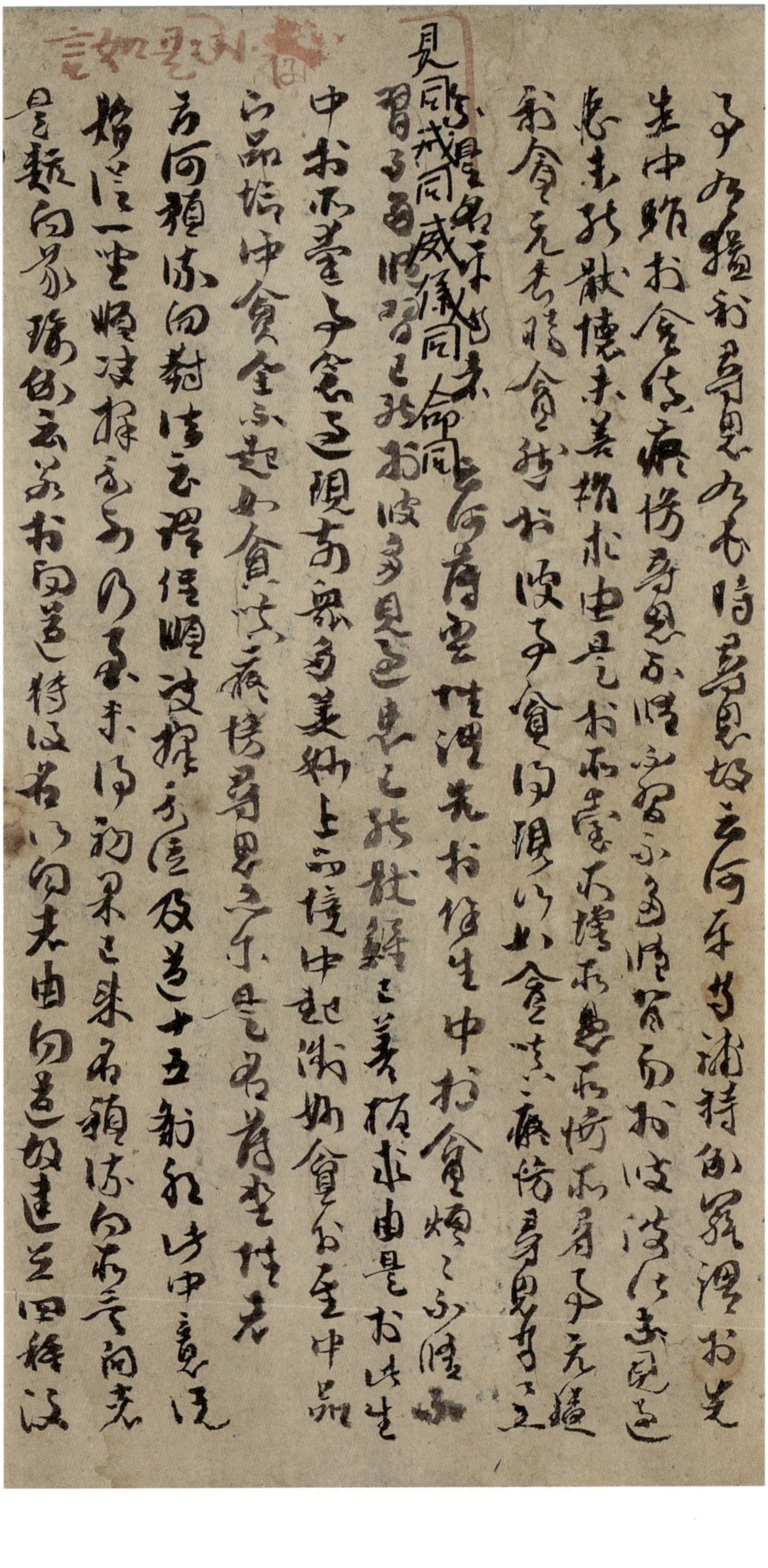

六四二 事有猛利尋思，有長時尋思故。云何〔二〕平等補特伽羅？謂於先

六四三 生中，雖於貪、嗔、癡、慢、尋思，不脩不習，不多脩習；而於彼彼法未見過

六四四 患，未能厭懷，未善推求；由是於所愛、所憎、所愚、所慢、所尋事，无猛
六四五 利貪，无長時貪；然於彼事貪得現行，如貪、嗔、癡、慢、尋思等等亦
六四六 尔，是名平等者。見同、戒同、威儀同、命同。　云何薄尘性？謂先於餘生
中，於貪煩惱，不脩不
六四七 習，不多脩習；已能於彼多見過患，已能厭離，已善推求；由是於此生
六四八 中，於所愛事，念過[二]現前衆多美妙上品境中，起微妙[三]貪，於其中品、
六四九 下品境中貪全不起；如貪、嗔、癡、慢、尋思亦尔，是名薄尘性者。
六五〇 言如是[四]。　云何預流向？對法云：謂住順決擇分位，及道十五剎那[五]。　此中意
說
六五一 始，從一坐順，決擇分別。乃至未得初果已來，名預流向。所言向者，
六五二 是類向義。　瑜伽云：若於向道轉後，名以向者，由向道故，建立四種。後

校注

【一】《瑜伽師地論》卷二六此處多一「得」字，見《大正藏》本第三〇册第四二四頁。【二】「念過」，《瑜伽師地論》卷第二六作「會遇」，見《大正藏》本第三〇册第四二四頁。【三】「妙」，《瑜伽師地論》卷二六作「劣」，見《大正藏》本第三〇册第四二四頁。【四】此三字爲朱筆橫批，並有藏文對譯。【五】「及道十五剎那」，《大乘阿毘達磨集論》卷六作「及住見道十五心剎那位」，見《大正藏》本第二七册第六八九頁。

三句中初義可解後諸聖行趣向果故說名行向就十五心名得一至
順決擇分位也此句位類報書是一來向也雜欲界之分惑過向故
預流五十七云四果初學初學三果向各當三三果向預流
是果向位於起預流之句法之釋又預流道因已得果疏
預流果預流果者於此預流果最小斷三結等及損惑斷一
切見所斷惑由此聖果已見諦故名爲聖果猶逆順行果法之意
頭流見道第十六心說名住果未起勝法以勝果道故預流大果
流謂流類法人天趣往還七中又時劍入聖人類故名爲預流頌
言是法持者擇也此預流果向諸法中上說之爲近性報生無
者故定勤修道未於見理難也　言何名一來向頌揚見六謂如
於一義言阿蓋經信教者含已起入正性定離預流果謂斷欲界
中品惑修對治行此文意頗超越之人往往只道十五心中決本定

三向中，唯前可解。脩諸聖行，趣向果故，説名行向，就十五心，及得一坐順，決擇分位，非唯初向。位離欲者，是一體向。唯離欲者，亦不還向。故瑜伽五十七云，問：未知當知根，當言何果向？答：當言三果向，預流是果向。位能起預流之向，依主釋也。預流道因即持業釋。云何預流果？瑜伽云：預流果者，若隨勝攝，永断三結；若全天攝[一]，永断一切見所断或[二]。由此聖者已見諦故。最初證果，得逆、順行果，此文意顯住見道。弟十六心説：名住果未起趣，復勝果道故。預者入也，流謂流預。此人无始住異生中，今時創[三]入聖人類，故名爲預流。預即是流，持業釋也。此預流果向諸聖教中，亦説應爲正性離生，亦名決定對法，亦名於現法類故。云何名一來向？顯揚論説[四]：謂如有一或世間道倍，離欲界貪，已起入正性、定或預流果。謂數欲界中品，或脩對治，行此文意，顯超越之人，位住見道。十五心中，次弟之

校注

【一】「天攝」，《顯揚聖教論》卷三作「攝者」，見《大正藏》本第三一册第四九三頁。【二】「或」，《顯揚聖教論》卷三作「惑」，是；見《大正藏》本第三一册第四九三頁。【三】「創」，疑爲「闖」，因同音致誤。【四】「論説」，原作「説論」，右有倒乙符。

六六五

人從預流果勝進道断欲，唯或始從一品，乃至五品，加行无間，解脫勝道。

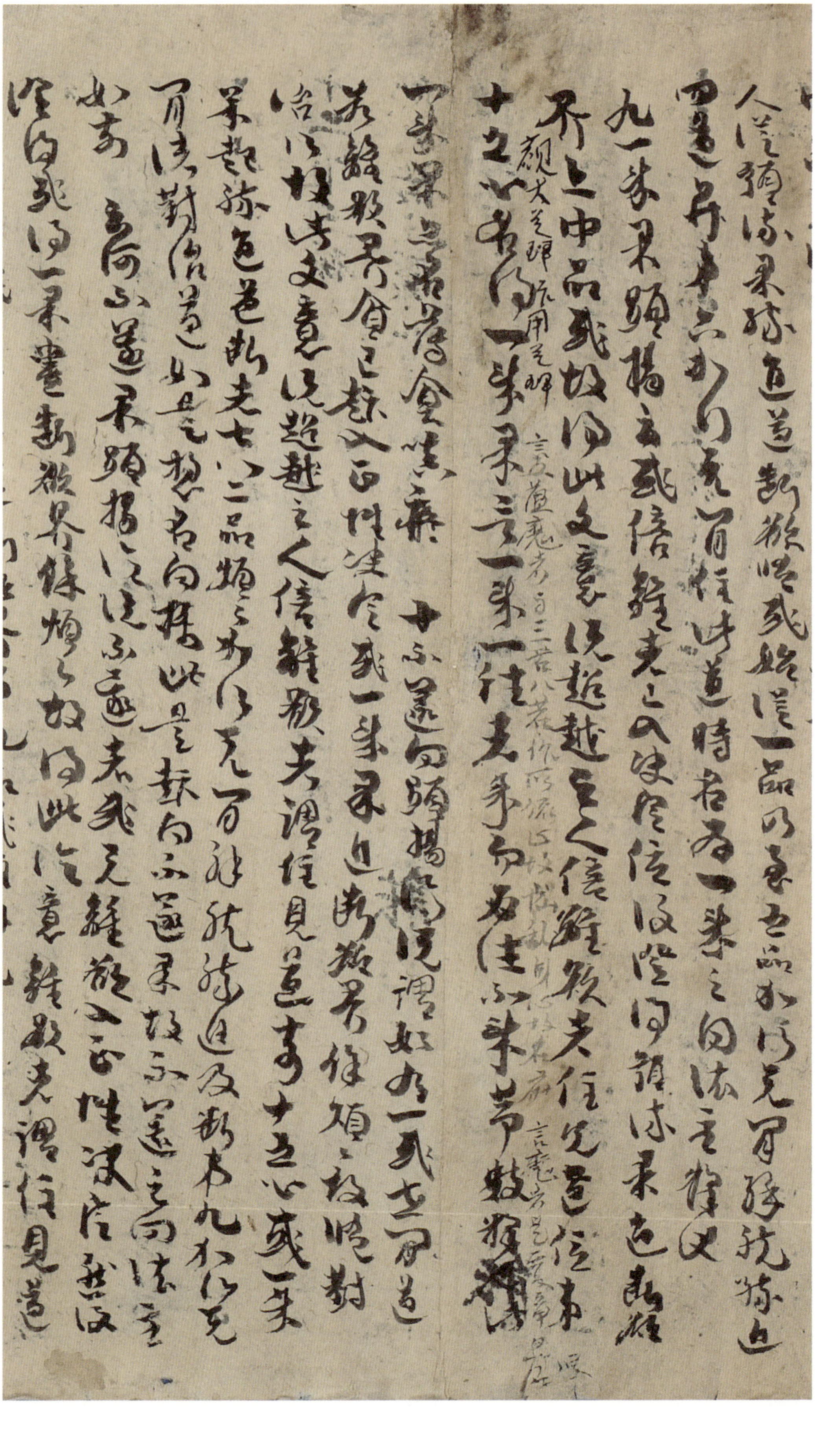

六六六　問道弁弟六断，行无間性，此道時名爲一來之向，依主釋也。

六六七　九[一]一來果。顯揚云：或倍離者已，入決定位，復證得預流果，進断欲

六六八　界上、中品或故得。此文意説，超越之人，倍離欲者，住先進位。弟

六六九　觀大道歸，取用道歸。言及藴魔者，与三苦、八若作所依止，故惱乱身心，故

名癡。言魔者是變，爭亦在緣。[二]

六七〇　十五心名得一來果，言一來一住者，來而爲住。不來帶數釋也。

六七一　一來果亦名薄、貪、嗔、癡，十不還向。顯揚論説：謂如有一或世間道，

六七二　若離欲界貪，已趣入正性、決定，或一來果近断欲界，餘煩惱故，隨對

六七三　治行故。此文意説：超越之人倍離欲者，謂住見道。前十五心，或一來

六七四　果，起勝色道，断者七八。二品煩惱永行无間，解脱勝進及断弟九，加行无

六七五　間。諸對治道，如是摠名向攝。此是趣向，不還果故。不還之向，依主

六七六　如前。云何不還果？顯揚論説：不還者，或无離欲，入正性、決定，然後

六七七　證得。或得一果，盡断欲界，餘煩惱故得。此論意離欲者，謂住見道

校注

【一】「九」，《顯揚聖教論》卷三作「四」，見《大正藏》本第三一册第四九四頁。【二】此行係補充插入。

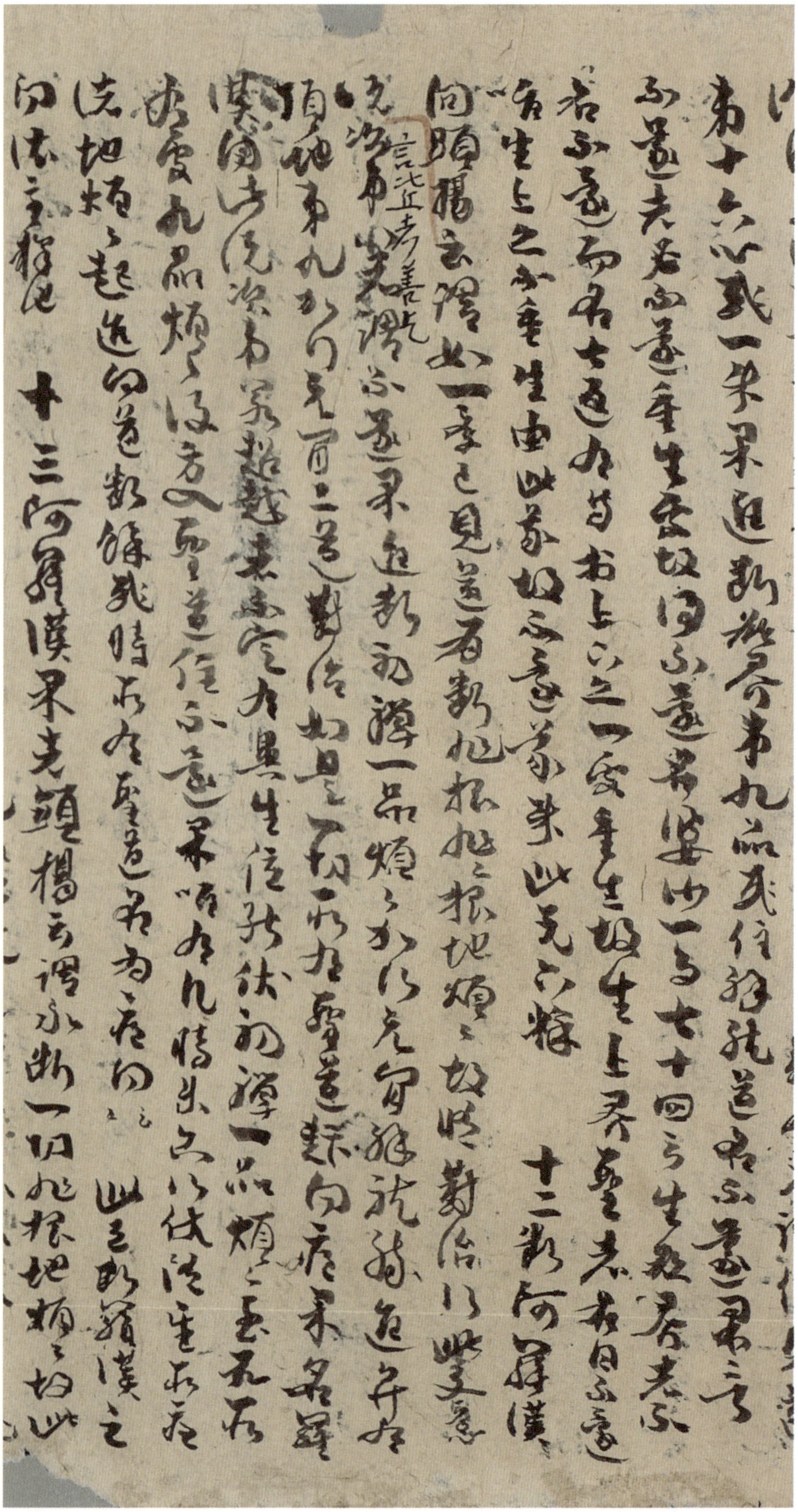

六七八 弟十六心，或一來果進断欲界弟九品，或住解脫道，名不還果。言

六七九 不還者，必不還重生處，故得不還名。婆沙一百七十四云：生欲〔二〕界者不

六八〇 名不還，而名七返，有等於上下之一處重生。故生上界聖者名曰不還，
六八一 唯生上亦不重生。由此義故，不還義來[二]，此无下釋。 十二斷阿羅漢
六八二 向，顯揚云：謂如一學，已見還爲斷，非根、非非根，地煩惱故，脩對治行。
此文意
六八三 說：言比丘者善乞[三]。次弟行者謂不還果，進斷初禪，一品煩惱，加行无間，
解脱勝進。弁有
六八四 頂地弟九，加行无間，二道對治。如是一切所有聖道，趣向應果，名羅
六八五 漢向。此說次弟：若超越者，不定有異生位，能伏初禪；一品煩惱至无所
六八六 有處，九品煩惱後方入聖道，住不還果。唯有凡時，來亦以伏，隨其所應。
六八七 諸地煩惱起進向道，斷餘慼時，所有聖道名爲應向云云[四]。此即阿羅漢之
六八八 向，依主釋也。 十三阿羅漢果者，顯揚云：謂永斷一切非根、地煩惱故。此

校注

【一】《阿毘達磨大毘婆沙論》卷一七四此處多一「聖」字，見《大正藏》本第二七冊第八七七頁。據後文，此處應多一「聖」字。【二】「來」，《阿毘達磨大毘婆沙論》卷一七四作「滿」，見《大正藏》本第二七冊第八七七頁。【三】「言比丘者善乞」爲插入。【四】「云云」，原兩字左右並排。

論意言：今雖有頂，所有法或住弟九品。解脫道中名阿羅漢者，此翻名應。應有三義，本唯識云：應[一]以水害煩惱賊故，應受世間妙供養故，應[二]不

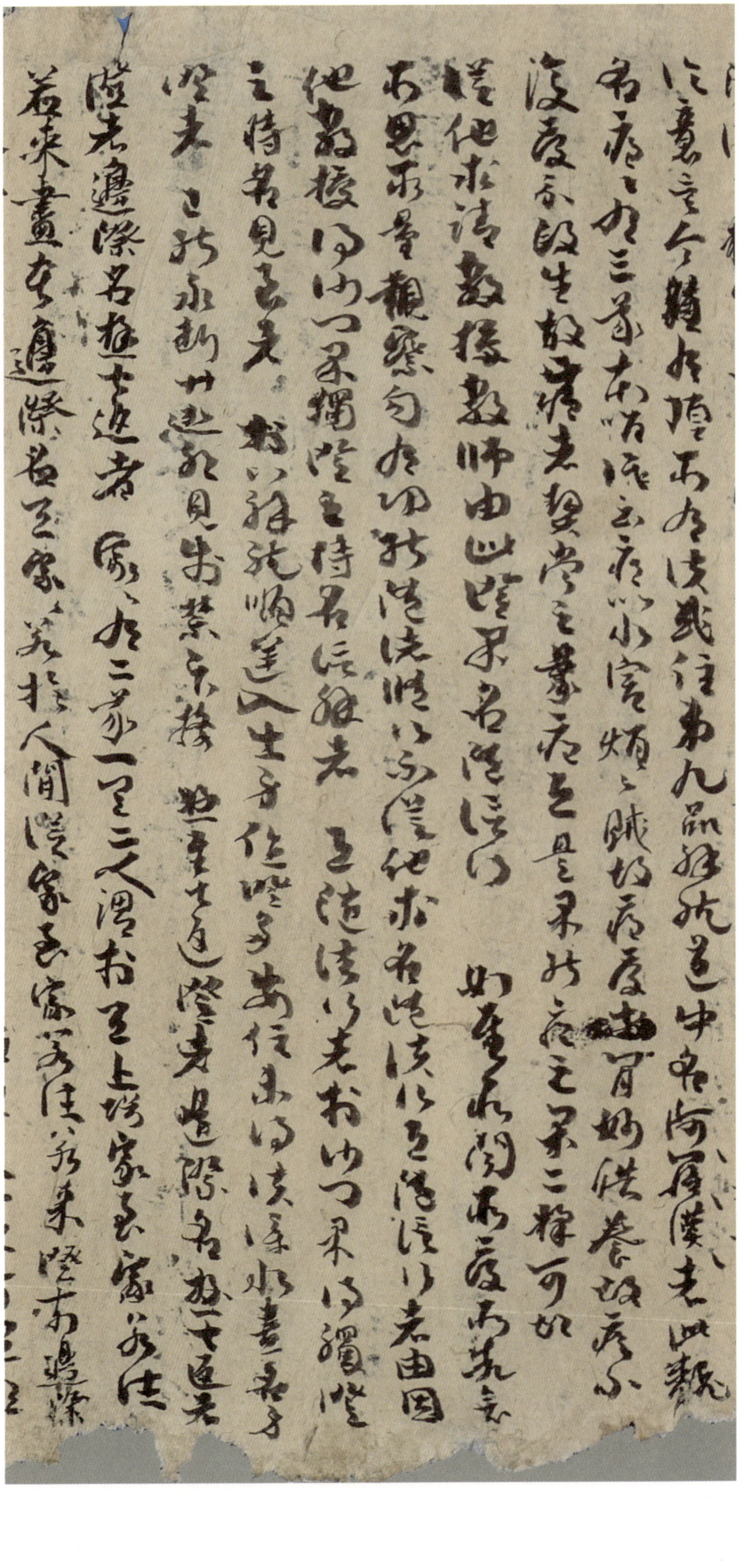

六九一 復受分段生故。應者契常之義，應即是果。能應之果，二釋可知。

六九二 從他求請教授、教師，由此證果，名隨信行。如其所聞、所受、所先念、

六九三 所思、所量，觀察自有功能，隨諸脩行，不從他求，名隨法行。立隨信行者，

由因

六九四 他教授，得沙門果。觸證主持，名信解者。過隨法行者，於沙門果得觸證

六九五 之時，名見過者。於八解脱順逆入出，身作證与安住未得法，深水盡名身

六九六 證者，已能永断。薩[三]迦耶見戒禁取疑。極至七返，證苦邊際，名極七返。

无

六九七 證者邊際，名極七返者。家家有二義：一天、二人。謂於天上，巧[四]家至

家，若住

六九八 若來，盡在邊際，名天家。家若於人間，從家至家，若住若來，證前[五]邊際，

校注

【一】「應」，《成唯識論》卷三作「皆」，見《大正藏》本第三五册第一三頁。【二】「應」，《成唯識論》卷三作「永」，見《大正藏》本第三五册第一三頁。【三】「薩」，原爲「廿」，代字符。【四】「巧」，《瑜伽師地論》卷二六作「從」，見《大正藏》本第三〇册第四二六頁。【五】「前」，《瑜伽師地論》卷二六作「苦」，見《大正藏》本第三〇册第四二六頁。

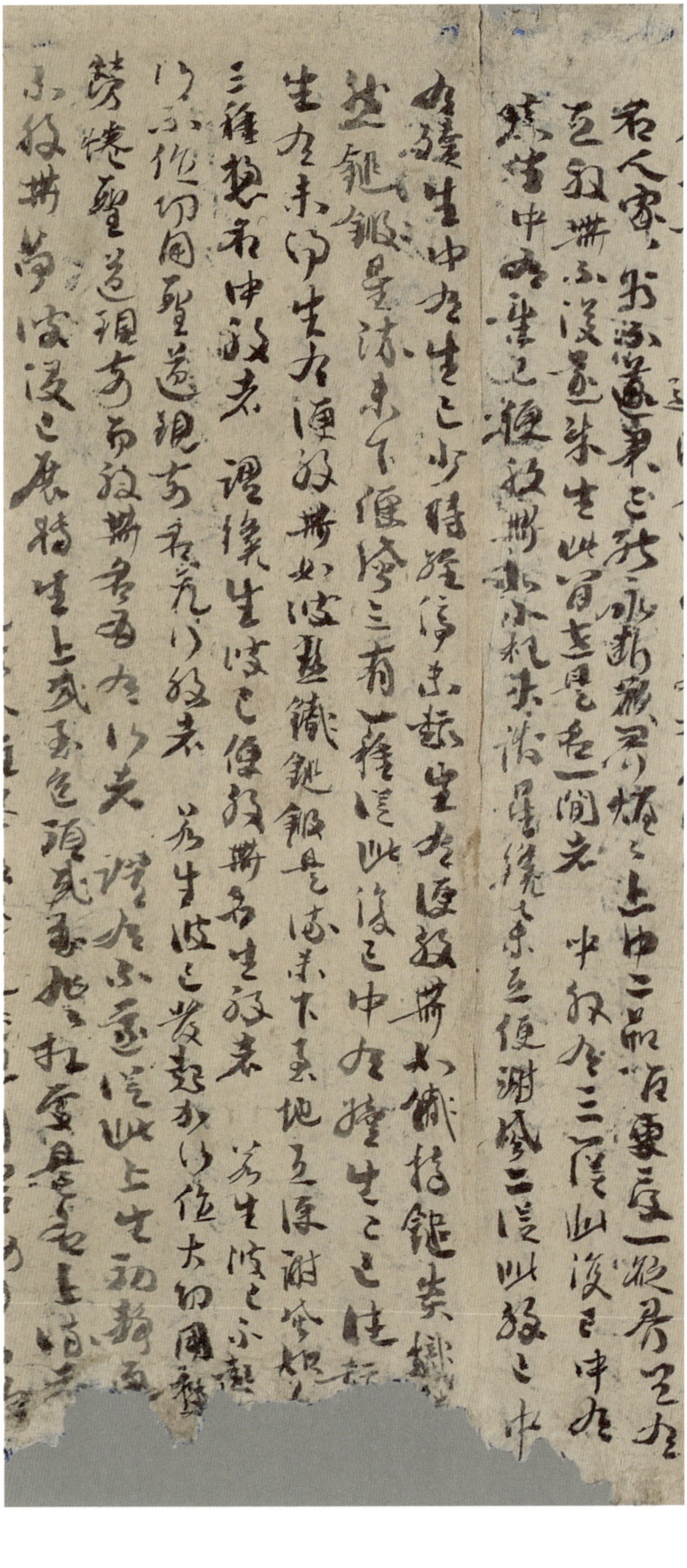

六九九 名人家。家若不還果，已能永断欲界煩惱上中二品。唯更受一欲界，天有

七〇〇 即[二]般涅槃，不復還來生此世間[三]，是名一間者。 中般有三：一從此復已中

有

七〇一　續生，中有生已，便般涅槃；如小札火微星，纔舉即便謝滅。二從此般[三]已中
七〇二　有續生，中有生已，少時經停，未趣生有便般涅槃；如鐵摶鎚[四]，炎熾[五]
七〇三　然，鎚鍛星流未下便滅。三有一種從此復[六]已，中有續生，生已往趣
七〇四　生有，未得生有便般涅槃；如彼熟鐵鎚鍛是[七]流，未下至地即便謝滅。如[八]
七〇五　三種揔名中般者，謂纔生彼，已便般涅槃，名生般者。若生彼已不起[九]
七〇六　行、不作功用，聖道現前，名无行般者。若生彼已發起加行，作大功用，極
七〇七　勞惓，聖道現前而般涅槃，名爲有行者。謂有不還，從此上生初靜慮[一〇]，
七〇八　不般涅槃，尚[一一]彼没已，展轉生上，或至色頂，或至非非根處，是名上流者。

校注

【一】「即」，《瑜伽師地論》卷二六作「得」，見《大正藏》本第三〇册第四二六頁。【二】「世間」，原作「間世」，右有倒乙符。【三】「般」，《瑜伽師地論》卷二六作「没」，見《大正藏》本第三〇册第四二六頁。【四】「鎚」，《瑜伽師地論》卷二六作「鋌」，見《大正藏》本第三〇册第四二六頁。【五】此處殘損，據《瑜伽師地論》卷二六，缺損一「赫」字。【六】「復」，《瑜伽師地論》卷二六作「没」，見《大正藏》本第三〇册第四二六頁。【七】「是」，《瑜伽師地論》卷二六作「星」，見《大正藏》本第三〇册第四二五頁。【八】此處殘損，據《瑜伽師地論》卷二六，缺損一「是」字。【九】此處殘損，據《瑜伽師地論》卷二六，缺損一「加」字。【一〇】此處殘損，據《瑜伽師地論》卷二六，缺損一「已」字。【一一】「尚」，《瑜伽師地論》卷二六作「從」，見《大正藏》本第三〇册第四二五頁。

[illegible]

攝滅對治者於諸法中生觀法求住安於速生成思自害勵力為修

不能放逸者縱解脫者不作證至道業於如上法從不動為不動

者寂於涅槃永盡於八解脫亦能身證具足住名為慧解脫者

永有了能障淨法障永盡於八解脫身之作證具足住故名俱起起淨

種種涅槃分以俱解解是名得解脫補特伽羅

大乘百法門論卷下抄

七〇九 謂如鈍根者，於諸世間現法乐住，容有退失，或思自害，勵力勤脩，

七一〇 不敢放逸，名時解脱者，不作證具足。若於如上諸作不動，名不動

七一一 者。若於法師永盡相八解脱，亦能身證具足安住，名爲惠解脱者。

七一二 若有已能證得諸漏永盡，於八解脱身已作證具足安住，於煩惱障[一]

七一三 解脱[二]障分，心俱解脱，是名俱[三]解脱補特伽羅。

七一四 大乘百法論卷下抄

校注

【一】此處殘損，據《瑜伽師地論》卷二六，缺損一「及」字。【二】「脱」，原卷爲代字符。【三】《瑜伽師地論》卷二六此處多一「分」字，見《大正藏》本第三〇册第四二五頁。

敦煌本《大乘百法明門論疏卷下》殘卷淺述

壹　相關背景信息

一、關於《大乘百法明門論》

《大乘百法明門論》，全一卷，屬印度大乘宗經論部，又稱《大乘百法明門論略録》《百法明門論》《百法論》《略陳名數論》，天親菩薩造，唐代玄奘譯，收於《大正藏》第三一册第八五頁。其内容係摘自《瑜伽師地論·本地分》中之百法名數，被稱爲五位百法：包含心法八種、心所有法五十一種、色法十一種、心不相應行法二十四種、无爲法六種，共一百種。

《大乘百法明門論》全文不長，現移録如下：

大乘百法明門論　世親菩薩　造　大唐　三藏法師玄奘　奉詔　譯

如世尊言。一切法無我。何等一切法。云何爲無我。一切法者。略有五種。一者心法。二者心所有法。三者色法。四者心不相應行法。五者無爲法。一切最勝故。與此相應故。二所現影故。三分位差別故。四所顯示故。如是次第。

第一心法略有八種。一眼識。二耳識。三鼻識。四舌識。五身識。六意識。七末那識。八阿賴耶識。

第二心所有法。略有五十一種。分爲六位。一遍行有五。二別境有五。三善有十一。四煩惱有六。五隨煩惱有二十。六不定有四。一遍行五者。一作意二觸三受四想五思。二別境五者。一欲二勝解三念四定五慧。三善十一者。一信二精進三慚四愧五無貪六無嗔七無癡八輕安九不放逸十行捨十一不害。四煩惱六者。一貪二嗔三慢四無明五疑六不正見。五隨煩惱二十者。一忿二恨三惱四覆五誑六諂七憍八害九嫉十慳十一無慚十二無愧十三不信十四懈怠十五放逸十六惛沉十七掉舉十八失念十九不正知二十散亂。六不定四者。一睡眠二惡作三尋四伺。

第三色法。略有十一種。一眼二耳三鼻四舌五身六色七聲八香九味十觸十一法處所攝色。

第四心不相應行法。略有二十四種。一得二命根三衆同分四異生性五無想定六滅盡定七無想報八名身九句身十文身十一生十二老十三住十四無常十五流轉十六定異十七相應十八勢速十九次第二十方二十一時二十二數二十三和合性二十四不和合性。

第五無爲法者。略有六種。一虛空無爲二擇滅無爲三非擇滅無爲四不動滅無爲五想受滅無爲六真如無爲。

言無我者。略有二種。一補特伽羅無我二法無我。

按照近、當代諸法師的詮釋，百法論中的主題思想即名法無我：能於五位百法通達二無我理，是爲百法明門，又稱五位百法。具體如下：

第一位「心法八種」是指心的功能，「八識」就是心的法性，心靈以「八識」來呈現法身，所以有「萬法唯識」的説法。「八識」的功用就是五蘊中的識蘊。一眼識，視覺，依眼根而有的辨識能力；二耳識，聽覺，依耳根而有的辨識能力；三鼻識，嗅覺，依鼻根而有的辨識能力；四舌識，味覺，依舌根而有的辨識能力；五身識，觸覺，依身根而有的辨識能力；六意識，思想，依意根而有的辨識能力；七末那識，我感，依我執而有的辨識能力；八阿賴耶識，容器，能够知道一切形下的意識能力。第二位「心所有法五十一」是指「八識」起用後所産生的「内心活動」，也可以称心理内容。「心所有法」包含了五蘊中的想蘊與受蘊。第三位「色法十一」是「八識」起用後所産生的「呈相」結果，就是通常所説的「外在發生的」事情。「色法」是五蘊中的色蘊。一眼、二耳、三鼻、四舌、五身、六色、七聲、八香、九味、十觸、十一法處所攝色。色即形相，「八識」爲妄心所造的所有形相。「色法」，即意識的功能。一眼、二耳、三鼻、四舌、五身：身體感官的功能，六色、七聲、八香、九味、十觸：由身體感官的功能而成的相，十一法處所攝色：被叫作「炁」「能量」「性光」的非物質形相。第二位「心所有法」與第三位「色法」相加，即等於報身。第四位「心不相應行法二十四」是指道法、規律，心妄動的造相活動也必須遵守這些法則，它不是妄動心能左右的，可以與妄動的心不相應而行的道法規律。「心不相應行法」是五蘊中的行蘊。第五位「無爲法六種」即根本的解脱法門，可以净化受染的五蘊，轉識爲智，轉五蘊爲法用。

五位百法可如下表所示：

五位百法
- 有爲法
  - 心法：眼識、耳識、鼻識、舌識、身識、意識、末那識、阿賴耶識
  - 心所有法
    - 遍行：作意、觸、受、想、思
    - 别境：欲、勝解、念、定、慧
    - 善：信、慚、愧、無貪、無嗔、無癡、精進、輕安、不放逸、行舍、不害
    - 煩惱：貪、嗔、無明、慢、疑、不正見（惡見）
    - 隨煩惱：忿、恨、覆、惱、嫉、慳、誑、諂、害、憍、無慚、無愧、掉舉、惛沉、不信、懈怠、放逸、失念、散亂、不正知
    - 不定：惡作（悔）、睡眠、尋、伺
  - 色法：眼、耳、鼻、舌、身、意、色、聲、香、味、觸、法處所攝色
  - 心不相應行法：得、命根、衆同分、異生性、無想定、滅盡定、無想報、名身、句身、文身、生、老、住、無常、流轉、定異、相應、勢速、次第、方、時、數、和合性、不和合性
- 無爲法：虚空無爲、擇滅無爲、非擇滅無爲、不動滅無爲、想受無爲、真如無爲

二、關於《大乘百法明門論疏》

《大乘百法明門論》譯出以後，僅玄奘門下從窺基開始，制疏者即有好幾家。之後，唐五代又有許多以專講這部論而成名家者，如唐長安青龍寺釋道氤，「爲衆推許，乃登首座，於《瑜伽》《唯識》《因明》《百法》等論，竪立大義六科」。又唐京師西明寺釋乘恩也重撰《百法》論疏並《鈔》行於西土，「其疏祖慈恩而宗潞府，大抵同而少聞異，終後弟子傳佈」。又梁滑州明福寺釋彦暉，對《因明》《百法》二論各講百許遍，著《滑台鈔》，盛行於世。又後唐會稽郡大善寺釋虚受，對《百法論》有別行義章；漢洛陽天宫寺釋從隱，進具後講《百法論》；周魏府觀音院釋智佺，前後講《百法論》可百許遍。一直到近現代，各種講解、注釋、詮疏、講記等仍層出不窮，可以稱得上汗牛充棟，這裏恕不一一列舉。

從莫高窟藏經洞出土情況看，《大乘百法明門論》及各種疏釋早在唐代中期就傳到敦煌。百法論本文就不必細説，僅前面提到的各種疏釋就存有數十件寫卷（包括殘片）。《大正藏》第八五卷所收敦煌本「大乘百法明門論開宗義記」就是其中之一，還有《大乘百法明門論抄》等各種疏釋類。這些寫卷大多爲楷書和行書，也有極少量草書。而本書所及《大乘百法明門論疏卷下》，即其中的四件草書殘卷，分别爲敦煌博物館藏〇八三號殘卷，上海博物館藏〇六〇號殘卷，蘭州私人收藏李愛蓮〇〇一號殘卷和法藏伯二三〇四號殘卷；從内容上分爲三種：前二卷爲義忠本，第三卷爲普光本，第四卷佚名。

貳　義忠本《大乘百法明門論疏卷下》

（一）寫本保存現狀

敦煌博物館本

敦煌博物館藏敦煌寫本〇八三號，首尾俱殘。單層白皮紙。卷長八六點八釐米，卷高二九點七釐米。天頭二點三釐米，地脚二點二釐米，烏絲欄寬一六釐米。單紙長四三點四釐米、書二七行，行二〇至二三字不等，共二紙，總存五四行，焦墨書寫。經文原經校兑，卷中有倒乙符。此前出版的目録和圖録都擬名爲《佛論》。

上海博物館本

上海博物館藏上博六〇號寫卷，紙質及書寫現狀與前件一致，殘存三紙半、九六行；出版時擬名「百法述」；與敦煌博物館〇八三號出自同一人手筆。

經考證，二殘卷内容爲署名「唐義忠述」之《大乘百法明門論疏卷下》的一部分，收入《洪武南藏》第二〇五册。在佛教界和學術界，廣爲流通者爲《大正新修大藏經》（簡稱《大正藏》），而《洪武南藏》一般很少使用。本寫卷作爲早期佛典，在近代没有受到廣泛的關注，故凸顯其珍貴。

另外，從内容上看，此二件敦煌草書寫卷《大乘百法明門論述卷下》，是唯一存世的義忠疏手抄本。

（二）作者生平事跡簡介

《宋高僧傳》對義忠一生的事跡有較詳細的記述：

釋義忠，姓尹氏，潞府襄垣人也。年始九歲，宿殖之性，志願出家，得淄州沼闍梨爲師，若鳳巢中之生鵷雛也。少秉奇操，慧解不倫。沼授與《大涅槃經》，時十三歲矣。相次誦徹四十卷，衆皆驚駭，號空門奇童也。二十登戒，學四分律，義理淹通。旁習《十二門論》二本，即當講演。沼師知是千里之駿，學恐失時，聞長安基師新造疏章，門生填委，聲振天下。乃師資相將，同就基之講肆，未極五年，又通二經五論，則《法華》《無垢稱》及《百法》《因明》《俱舍》《成唯識》《唯識道》等也。由兹開講，弟子繁多，講樹别茂於枝條，義門旁開於關竅，乃著《成唯識論纂要》《成唯識論鈔》三十卷、《法華經鈔》二十卷、《無垢稱經鈔》二十卷。《百法論疏》最爲要當，移解二無我歸後，是以掩慈恩之繁，於今盛行勿過忠本。所謂列羣玉，貫衆花，玉裝瓊樹之林，花綴蜀機之錦。輩流首伏，聲彩悠颺。況基師正照於太陽，忠也旁銜於龍燭，四方美譽，千里歸心者，不可勝筭矣。傳持靡怠，僅五十餘年，計講諸教七十許遍。至年七十二，忽起懷土之心，歸於昭義，示同初夏誦戒行道。每一坐時，面向西北，仰視兜率天宫，冥心内院，願捨壽時得見天主，永離凡濁，終得轉依。一日，晨興澡洗訖，整肅容儀，望空禮拜，如有哀告之狀。少頃，結加趺坐，囑付流通教法之意畢，忽異香滿室，彩雲垂空。忠合掌仰視曰：「穢弱比丘，何煩大聖躬來引接？」言盡而化。鄉人道俗建塔供養，全身不壞，至今河東鄉里高岡存焉。

由此可知，義忠二十歲後與慧沼就學於慈恩寺作《百法論疏》，因爲它文義安排得當，不像窺基師等疏文那樣煩瑣，所以一直到宋代盛行不衰，而且由於忠《疏》的盛行，各家爭相學習，此論的地位提高到與《唯識》《因明》並駕。義忠有云：「天親降跡造論時代，正顯第三非空有教、初陳百法明遺執空，後答無我爲除有執。若但科文明法中無我者，雖除有病，空執仍存。」（見義忠本《大乘百法明門論疏卷上》，載《洪武南藏》第二〇五册），可視作《百法明門論疏》基本精神的高度概括。

（三）内容來源與異同

首先，敦煌博物館本殘卷第一行至三七行所抄，義忠所述實爲窺基撰《大乘法苑義林章卷第五·法處色義林》的後半段《大乘法苑義林章》七卷，略稱法苑義林章、義林章、法苑，别稱七卷章，窺基所著，收於《大正藏》第四五册。書中對於唯識教義之組織及基本内容，如判教、唯識義理、修行理論、果位等，均詳加闡釋，内容分爲二九章，即（一）總料簡、（二）五心、（三）唯識、（四）諸乘（卷一）、（五）諸藏、（六）十二分、（七）斷障、（八）二諦（卷二）、（九）大種造色、（一〇）五根、（一一）表無表色（卷三）、（一二）歸敬、（一三）四食、（一四）六十二見、（一五）八解脱、（一六）二執（卷四）、（一七）二十七賢聖、（一八）三科、（一九）極微、（二〇）勝定果色、（二一）十因、（二二）五果、（二三）法處色（卷五）、（二四）三寶、（二五）破魔羅、（二六）三慧、（二七）三輪（卷六）、（二八）三身、（二九）佛土（卷七）。其中，總料簡章爲本書之最重要部分。相傳另有八卷三十三章之異本，係在原有二十九章外，另加得非得、諸空、十二觀、三根等四章。本書之後又有諸多注釋書，較重要者有：《義林章決擇記》（智周）、《義林章補闕》（慧沼）、《義林章獅子吼章》（基辨）、《義林章纂注》（普寂）等。法苑在這裏指法義之庭苑，佛教範圍法義叢在；林在這裏指彙集：《大乘法苑義林章》即佛學（主要是唯識學）各類法義的彙聚解釋。法苑或義林一般專指《大乘法苑義林章》。可見此書在唯識學和佛教文獻、佛教史方面的重要的價值。所以，義忠在《大乘百法明門論疏》大段徵引窺基此書。敦博〇八三號殘卷前半部（第一行至三七行）爲第五卷第二三章《法處色義林》，從佛教角度闡釋對人間萬象（色）的認識（意）。另外有部分内容與窺基所撰《大乘阿毘達磨雜集論述記》相近。

其次，敦煌此二卷寫本從殘存的内容上看，主要是對《大正百法明門論》之五位百法中的第四位「不相應行法」二十四種與第五位諸法的解釋。但後面又回過頭來解釋第二位心所有法中的内容。當然，百法之間都有一定的内在聯繫，交叉學習，更能加深理解。這可能就是義忠本的特殊之處和比較受歡迎的原因。

再次，上海博物館本〇六〇號自第一行「依已離遍」至第一四行「字所攝」一段，主要内容又見於《瑜伽師地論》卷第五十六「攝決擇分中五識身相應地意地之六」。瑜伽師地論略稱瑜伽論，彌勒講述，無著記，收於《大正藏》第三十册。係瑜伽行學派之基本論書，後來成爲我國佛教史上之重要論書。内容記録作者聞彌勒自兜率天降至中天竺阿逾陀國之講堂説法之經過，其中詳述瑜伽行觀法，主張客觀物件乃人類根本心識之阿賴耶識所假現之現象，須遠離有與無、存在與非存在等對立之觀念，始能悟入中道，爲研究小乘與大乘佛教思想之一大寶庫。由於本論廣釋瑜伽師所依所行之十七地，故又稱《十七地論》。又十七地之中，尤以「菩薩地」爲重要。該書之漢譯本有數種，以玄奘所譯之瑜伽論一百卷最爲著名。全書分爲五分：（一）本地分，廣説瑜伽禪觀境界十七地之義，爲百卷中之前五十卷，乃本論之主體；（二）攝決擇分，顯揚十七地之深義，爲其次之三十卷；（三）攝釋分，解釋諸經之儀則，爲卷八一、卷八二；（四）攝異門分，闡釋經中所有諸法之名義差别，爲卷八三、卷八四；（五）攝事分，明釋三藏之要義，爲最後之十六卷。除玄奘所譯之外，本論之異譯本有北涼曇無讖之《菩薩地持經》（十卷）、劉宋求那跋摩之《菩薩善戒經》（九卷）、梁真諦之《決定藏論》（三卷），三本均爲節譯本。漢譯本外，另有藏譯本。本論之注疏極多，較重要者有論釋一卷（最勝子等）、略纂十六卷（窺基）、疏十卷（神泰）、記二十四卷（遁倫）。實際上，百法論的内容基本上來自《瑜伽師地論》，這一點早已得到共識。對百法論的各種註釋自然也離不開《瑜伽師地論》，義忠本也不例外。

（四）書寫風格與特色

敦博〇八三與上博〇六〇兩份殘卷原爲同一件，書寫也是同出一人之手，精湛絶倫的書法讓人嘆爲觀止。本卷所用唐代普通寫經紙，有淡墨色的烏絲欄，行距整齊；而每行中字與字之間的距離則相對緊湊，字距靈活，字體大小搭配合理。從形態上看，結字規矩，功底扎實，字體端莊規範、圓勁秀潤，運筆流暢自如、純熟，具有濃厚怡人的書卷氣息和文人氣韻。

本卷在書寫方面展示了濃鬱的時代風格，爲唐代的標準草書今草，同時蕴含了章草風骨，可見當時用字的實際情況，具有智永千字文風格特點。智永爲王羲之的七世孫，他的書法造詣極高，精於草書與楷書；《真草千字文》是智永的傳世代表作，也是中國書法史上流傳的千古名跡。據載，智永曾書《真草千字文》八百本，散佈江東諸寺，一時間流佈甚廣，成爲寺院僧人和民間寫經生臨習的範本。敦煌遺書中的伯三五六一蔣善進臨本《真草千字文》，有題記「貞觀十五年七月臨出此本，蔣善進記」；正文共三十四行、一百七十餘字；從其運筆、結體等方面來看，功力深厚，牽絲連帶平穩自然，酷似智永《真草千字文》之原貌。而此寫卷的書體書風，即智永書法的發揮與創新，唐代標準草書寫法，是草書書法的精品，不僅可以作爲臨摹範本，同時也爲我們準確釋讀敦煌草書寫卷文字提供了寶貴的樣品。

叁　普光本《大乘百法明門論疏卷下》

（一）寫卷現存狀況

編號LAL〇〇一，首尾俱缺；寫本長三〇三釐米，高二八點二釐米，草書，以八紙粘接，首一紙長三六釐米，末一紙長二七釐米，其餘六紙平均長度爲四〇釐米，每紙二八行，總計二〇九行，行一八至三〇字不等，薄黄紙單面書寫，保存情況基本完好。

經仔細鑒别和查證，確係出自敦煌藏經洞之唐人真跡，其内容爲唐代普光《大乘百法明門論疏卷下》，原文收録於《大正藏》第四四册第五七至六〇頁。

（二）作者生平及事跡簡介

《大乘百法明門論疏》上下二卷，《大正藏》第四四卷記撰人大乘光，佛教史籍多記爲普光撰（《敦煌學大辭典》即從此説）。《宋高僧傳》卷第四《唐京兆大慈恩寺普光傳》記云：

釋普光，未知何許人也。明敏爲性，爰擇其木。請事三藏奘師，勤恪之心，同列靡及，至於智解，可譬循環，聞少證多，奘師默許。末參傳譯，頭角特高，左右三藏之美，光有功焉。初，奘嫌古翻《俱舍》，義多缺然，躬得梵本，再譯真文，乃密授光，多是記憶西印薩婆多師口義。光因著《疏》解判。一云其《疏》至圓暉略之爲十卷，如漢之有淹歟？又嘗隨奘往玉華宫譯《大般若經》，厥功出乎禅贊也，時號大乘光。觀夫奘自貞觀十九年創譯，訖麟德元年，終於玉華宫，凡二十載，總出大小乘經律論七十五部一千三百三十五卷，十分七八是光筆受，或謂嘉光、普光也。若驗從辯機同參譯務，即普光是也。

據此可知，普光别號大乘光，故普光與乘光當爲同一人。《大正藏》所記並無不妥之處。值得注意的是，《大正藏》所依據的底本，係日本大谷大學所藏寬政五年（一七九三）刊本。

（三）内容来源与異同

寫卷與《大正藏》本相校，因爲是手寫本，脱漏情況比較明顯：最少是在寫卷的第三五、六六、一〇三、一一一、一二五、一三〇、一三五、一九〇等行後各漏抄了行，總計八行、二百餘字；同時，寫卷與《大正藏》本在文字上的差異之處頗多，詳見校注。

敦煌文獻中保存的《大乘百法明門論疏》寫本還有北官二〇殘片、北潛六七殘卷、斯四三〇九殘片、伯四〇〇六殘片等卷，但這些寫卷各自僅存數十字或數百字不等，不足以與經文全文相校。另外，有伯三六四八被目録專家們定名爲《大乘百法明門論疏釋》，雖然在卷背抄有百法之名，但整卷主要内容與百法差異較大，也没有發現藏内有相同的文獻；又，北露四六首題《大乘百法明門義章》，晏法師撰，尾題却是《大乘百法明門論疏》，其内容與《大乘百法明門論疏》多處相同。

本寫卷内容爲普光本的下卷，主要是對五位百法中的二位以下的所有九十二法的解釋。其珍貴之文獻價值主要有以下幾個方面。

一是寫卷時代早。雖然寫卷没有紀年，但參照相關的敦煌寫本比較，可以肯定爲唐代後期的公元八、九世紀的寫本，比《大正藏》所依據的日本寬政本早了近千年。雖然有漏抄現象，但它還是應該屬於最原始的文獻，可能比較接近原作；《大正藏》在流傳過程中内容多有變化，主要是字數的增加，這是佛教文獻在流傳過程中存在的普遍現象。因此，寫本在《大乘百法明門論疏》的校勘方面具有重要价值。

二是寫卷内容在國内屬孤本。《大正藏》依據的是日本寬政本。其他寫本殘片也主要是在敦煌發現的。

三是寫卷書法獨特。草書寫本在敦煌文獻中雖有一定數量，今草寫本占其中多數，因年代久遠而彌足珍貴，但主要是收藏在倫敦和巴黎，國内保存極少。因此就草書書法本身講，本卷也屬敦煌寫本中的珍品。在書寫方面，本卷是敦煌寫卷中極其少見的没有烏絲欄的寫卷，因此在行距方面没有像其他寫卷那樣排列整齊，字距也不是很守規格，書寫過程顯得有些急促。加上卷面上墨汁濃淡不同，諸多校改、添字、加行的痕跡；又因脱漏多行，可以斷定本卷應該是一份聽講的記録稿，而不是普通的抄寫本。這就展示了本寫卷的原始形態，尤爲珍貴。而且從運筆方面看，也是因爲没有了行距和字距的約束，揮灑自如隨意，彰顯書者張揚的個性：如在敦煌寫經及所有文獻中一般都使用的「无」字，在本卷中都用「無」，而且在鄰近處同時出現時又寫成兩種不同的字形（參見第九、一一行）；又如「滅」字，在本卷中出現較多，因此也就有了兩種字形，且後一種是不見於其他寫本，而由本卷書者自己創作的一種獨特的寫法（參見第一九一、一九五、二〇〇至二〇三等行）。但全卷整體上又不失書寫規矩，具體的用字都是當時通行的標準草書寫法，即使變换字形，如前所述最多也就换一種，而不是隨意狂書。總的來説，本卷向我們展示了漢字的標準草書，即具有濃鬱的章草遺風的今草的字形字體，較多地展示出漢晉以來敦煌及河西書法傳統風格，是漢字書法史上的珍貴文獻，爲書法愛好者們提供了鑒賞和學習的標準草書範本。

肆　伯二三〇四《大乘百法論述卷下抄》

（一）寫卷概貌

據國際敦煌項目網頁公佈的信息，伯二三〇四號《百法論疏卷下抄》（尾題），首缺尾全，全卷長一〇二三點一釐米，高二九點五釐米，由二十四紙粘接而成，單紙長四一至四三釐米不等。雙面書寫，正面即此草書寫《百法論疏卷下抄》，總計七一四行。單紙除首、尾外，一般抄二九行，部分有烏絲欄。背面内容爲《大乘稻芉經隨聽手鏡記》節録，首題及尾題完整。前有開元寺律師比丘大弁記，前部年代題記「貝三年六月廿八日」，「貝」爲右偏旁殘存。

《大乘稻芉經隨聽手鏡記》在敦煌保存抄本較多，據抄卷可知爲九世紀中期歷吐蕃和歸義軍兩朝的敦煌高僧法成所講，《大正藏》第八五册收録首尾完整的伯二二八四號卷，卷尾「永康寺後輩法律比丘福漸受持并兼通稻芉及坐禪並具足義」題記，加蓋「浄土寺藏經印」；斯五八三五有「清信弟子張議潮書」抄寫題記，應該都是產生於吐蕃末期的最早的抄本。伯二二〇八卷背有大中年雜記；伯二三〇三有法成集疏與法成譯記等。這些抄本都產生在公元九世紀中期。本卷之大弁抄本與法成譯本同。查敦煌中晚唐時期的吐蕃至歸義軍時代，即公元九至十世紀，偏旁帶有貝字的年號，只有五代後周的廣順年號，以此推斷大弁此抄本當問世於此時。因此背面内容與正面《百法論疏卷下抄》看不出有什麽直接的聯繫，也無法證明正面寫卷的年代。

（二）内容來源

從内容看，中間從第三色法開始，應該是從第二位心所有法五十一開始的。因此上卷應該只是心法的詮釋，與義忠本及普光本在結構上相同。

這份《大乘百法論疏卷下抄》的講述者，以自己獨特的方式廣證博引。僅現存情況看，所引經文典籍除《瑜伽師地論》之外還有有二十餘種：引用各經見校注，這裏略舉幾種。

《阿毘達磨》（對法）系列，主要分毘婆娑論和俱舍論兩大部分。這兩個部分在很多情況下也交叉使用，你中有我，我中有你。

第一部分是阿毘曇毘婆沙論。毘婆娑，指對於佛典（尤其是律典或論典）的詳細解説書。此詞音譯又作毘頗沙、鞞婆沙、鞞婆娑，或鼻婆沙，意譯爲廣解、廣説、勝説、異説、種種説，或分分説。玄應《一切經音義》卷十七云：「毘婆沙，隨相論作毘頗沙，此云廣解，應言鼻婆沙，此譯云種種説，或言分分説，或言廣説，同一義也。」《俱舍論光記》卷一（《大正藏》第四十册第十一頁）云：「毘名爲廣，或名爲勝，或名爲異；婆沙名説。謂彼論中分別義廣故名廣説，説義勝故名爲勝説，五百阿羅漢各以異義解釋發智，名爲異説。具此三義故存梵音。」《隨相論》（《大正藏》第三十二册第一五八頁）云：「佛本説優波提舍經以解諸義。佛滅後阿難、迦旃延等，還誦出先時所聞，以解經中義。如諸弟子造論解經，故名爲經優波提舍。毘婆沙複從優波提舍中出略優波提舍。既是傳出，故不言經毘婆沙。」《阿毘達磨大毘婆沙論》（對法廣解、廣説）二百卷，北印度五百大阿羅漢等造，唐代玄奘譯。或稱爲《大毘婆娑論》，或又簡稱爲《婆沙》，收於《大正藏》第二十七册。是小乘説一切有部所正依的論藏。此論廣明法義，備列衆説，爲詳解迦多衍尼子的《阿毘達磨發智論》而造的釋論。而《阿毘達磨發智論》原是印度二十部派中説一切有部的根本論典，和《集異門足論》《法蘊足論》《施設足論》《識身足論》《品類足論》《界身足論》合稱爲有部重要的七論。據《俱舍論記》卷一（《大正藏》第四十一册第八頁）載：「發智一論法門最廣，故後代論師説六（論）爲足，發智爲身。」即古來都以《發智論》爲有部教義的代表作。在當時北印度思想界占主要地位的有部學人，對於此論曾競相鑽研，各宣勝義，廣事解説，而《大毘婆沙論》即爲這些對《發智論》不同義解的廣大結集。其所以名爲《大毘婆沙》，即包含有廣説、勝説、異説三義。如《俱舍論記》卷一載：「謂彼論中分別義廣，故名廣説；説義勝故，名爲勝説；五百阿羅漢各以異義解釋發智，名爲異説。具此三義，故存梵音。」（《大正藏》第四十一册第十一頁）顯示此論爲一切有部的廣大教藏。《大毘婆沙論》對印度佛學的發展起到頗大的推動作用。它提高了説一切有部在當時小乘佛學中的地位，該部的學者由此被稱爲「毘婆沙師」，同時也出現了不少有關此論的著述。如法勝的《阿毘曇心論》，法救的《雜阿毘曇心論》，衆賢的《阿毘達磨順正理論》和《顯宗論》等。所有這些典籍在本文中都有不同程度的出現。

第二部分即《阿毘達磨俱舍論》（簡稱《俱舍論》，對法藏論）。本卷從一五〇行左右開始，大量引用《阿毘達磨俱舍論》《俱舍論本頌》及相關的疏論本。《俱舍論》爲佛教説一切有部論典，印度世親著，玄奘譯，全三十卷。「阿毘達磨」義爲「對法」，「俱舍」義爲「藏」。《阿毘達磨俱舍論》義爲「對法藏論」。相傳世親早年尚未信仰大乘佛教時，先在説一切有部出家，後來接受當時新的大乘學説；世親在喀什米爾和犍陀羅爲信衆講《大毘婆沙論》時，每日講完一段，即概括其義作一頌，全論講畢，成六百頌（最初爲五百九十八頌），即《俱舍論本頌》。後來續作長行注釋，合稱《俱舍論》。該論以《雜阿毘曇心論》爲基礎，廣泛吸取説一切有部重要的阿毘達磨（對法）系列如《發智論》《識身足論》《法藴足論》等以及《大毘婆沙論》

的要義，並參考當時的經量部學説，不拘成説，根據自己的觀點，把説一切有部的全部教義，概括地加以歸納而成。全論通過五事（色法、心法、心所法、不相應行法、無爲法），主要講述一切萬法之總相、别相、性質、類别，對世出世間法進行細緻入微的分析，詳細闡明流轉與還滅的因果法則，真實開顯四諦真理，爲所有希求解脱的修行人指明一條修行途徑。俱舍之五事與百法之五位内容相同，《俱舍論》實際上是百法論的另外一個版本。

除以上兩大部分外，本卷在第四六九行下始多爲《大乘阿毘達磨集論》卷第一（《大正藏》第三十一册第六六五頁）、《大乘阿毘達磨雜集論》卷第二（《大正藏》第三十一册第七〇〇頁）等，以及唐玄奘譯《阿毘達磨順正理論》卷十四（《大正藏》第二十九册第四一三頁）等。《大乘阿毘達磨集論》爲無著菩薩造，唐玄奘譯，本事分中三法品第一，蘊、界、處；攝品第二，有十一種（相、界、種類、分位、伴、方、時、一分、具分、更互、勝義）；相應品第三，有六種（不相離、和合、聚集、俱有、作事、同行）；成就品第四，有三種：（種子、自在、現行）。決擇分中諦品第一（四聖諦）；法品第二（十二分聖教）；得品第三（一建立補特伽羅有七種。二建立現觀有十種）；論議品第四，有七種（義、釋、分别顯示、等論、攝、論軌、秘密）。《大乘阿毘達磨雜集論》（十六卷），安慧菩薩造，唐玄奘譯；後有窺基《大乘阿毘達磨發要集論述記》十卷詳釋此論（《卍新續藏》第四八册）。《阿毘達磨順正理論》（八十卷）亦名《説一切有部順正理論》，尊者衆賢造，唐玄奘譯，辯本事品第一，明蘊、處、界，三種攝法；辯差别品第二，明二十二根差别，及破無因、一因、不平等因、辯心、心所及不相應行等，及辯六因四緣；辯緣起品第三，明三界、五趣、七識住、九有情居、四生及辯中有相、十二因緣相、有情世間相、器世間相；辯業品第四；辯隨眠品第五；辯賢聖品第六；辯智品第七；辯定品第八。當然，這三部著作在本卷中出現較少，但也保存了較重要的文獻信息。

成唯識論系列，包括成唯識論及「三疏」「六家」在内的各種疏釋。

《成唯識論》，佛教論書，又名《净唯識論》，簡稱《唯識論》。玄奘梳理糅譯印度親勝、火辨、難陀、德慧、安慧、净月、護法、勝友、勝子、智月等十大論師分別對《唯識三十頌》所作的注釋而成，計十卷。傳説玄奘留學印度時，曾廣收十家注釋（每家各十卷），並獨得玄鑒居士珍藏的護法注釋的傳本。回國後，原擬將十家注釋全文分別譯出，後採納窺基建議，改以護法注本爲主，梳理和糅譯十家學説，由窺基筆受，集成一部。内容是宣揚和論證三界的本源是阿賴耶識，都是「唯識所變」，「萬法唯識，識外無境」。全論按相、性、位分爲三大部分，即明唯識相（釋《唯識三十頌》一至二十四頌）、明唯識性（釋第二十五頌）和明唯識位（釋第二十六至三十頌）。注疏主要有唐窺基《成唯識論述記》二十卷（或作十卷、六十卷）、《成唯識論掌中樞要》四卷、《唯識別鈔》十卷（現殘缺）、《唯識科簡》二卷，慧沼《成唯識論了義燈》十三卷（或作十四卷、七卷），智周《成唯識論演秘》十四卷（或作七卷）；之後又有圓測《成唯識論疏》十卷，普光《成唯識論鈔》八卷，慧觀《成唯識論疏》四卷，玄範《成唯識論疏》十卷，義寂《成唯識論未詳決》三卷，與窺基《成唯識論述記》合稱六家；再後來有太賢著《成唯識論學記》（又稱《古跡記》）八卷、《成唯識論抉擇》

一卷、《成唯識論廣釋本母頌》二卷（後二書已佚），梳理窺基、圓測兩家之疏解説自成體系。本寫卷中直接或間接地引用《成唯識論》《成唯識論述記》《成唯識論學記》《成唯識論了義燈》《成唯識論疏意演》等典籍達十餘處。當然，這裏不排除其所引爲已經失傳的窺基等人注疏本的内容。

（三）其他相關經籍

《顯揚聖教論》，無著菩薩造，玄奘法師譯，共二十卷。《顯揚聖教論》是顯揚《瑜伽師地論》要義最重要的論著，「瑜伽論十支」之一。全書分十一品：一爲攝事品，二爲攝浄義品，三爲成善巧品，四爲成無常品，五爲成苦品，六爲成空品，七爲成無性品，八爲成現觀品，九爲成瑜伽品，十爲成不思議品，十一爲攝勝決擇品。共二百五十二頌半，卷末附有《顯揚聖教論頌》。注疏主要有窺基《顯揚疏》一卷、新羅璟興《顯揚論疏》八卷等，但皆已不傳。近代有學者歐陽漸評《顯揚聖教論》（摘録於《瑜伽師地論敘》）、吕澂《顯揚聖教論大意》（原載一九二四年十二月《内學》第一輯）等研究。本寫卷從第一九五行開始，直接引用《顯揚聖教論》（文中簡稱「顯揚」）有二十多處，兹不一一列舉。同樣，這裏也可能有一些是已經失傳的窺基《顯揚疏》的部分内容。

《大乘入楞伽經》（原作者不詳，簡稱《入楞伽經》），宣説世界萬有皆由心所造，認識作用之對象不在外界而在於内心；結合如來藏思想與唯識阿賴耶識思想，爲印度後期大乘佛教思想之經典，是法相宗所依六經之一。據經録載，《入楞伽經》共四譯，目前尚有三種存世：一爲劉宋求那跋陀羅譯，四卷，又稱四卷楞伽、宋譯楞伽；二爲北魏菩提流支所譯《入楞伽經》，十卷，又稱十卷楞伽、魏譯楞伽；三爲武周久視元年唐實叉難陀譯《大乘入楞伽經》七卷，又稱七卷楞伽、唐譯楞伽。如原文所説，這裏所引爲十卷楞伽，説明唐代就已經明顯區分各種譯本。雖然引文較少，也足以説明作者博覽群經，所提供的文獻信息也頗有意義。同時，在第四二二行至四二三行之「本无今有名生，法非凝然亦異法。暫有用名住」等句，見於武周時代東都沙門寶臣所述《注大乘入楞伽經》，這在殘卷中僅此一例。

《大乘法苑義林章》這部出自窺基之手的經典之作在本卷中亦多有引用，特别是卷第五「法處色義林」部分，這一點與義忠本異曲同工。而直接與百法明門論相關的疏釋注解，大部分還是來自窺基的著述，一部分失傳的散見於後來的各種百法論疏釋中，如原卷第四五七至四五九行之「又諸聖教，多合生滅，名无常，所以者何？生名爲有，有非恒有。不如无爲，威名无。无非恒无，不如兔角，由不同彼无爲，兔角二常之相，故名无常」，出自明代普泰撰《大乘百法明門論解》卷下和明昱撰《百法明門論贅言》中所引窺基之注解。該窺基注解無傳世本，二明僧本所引與此敦煌本在敘述中有一些出入，正好可以互校互證。

與敦煌本《百法明門論疏釋》相關者，如《大乘百法明門論開宗義記》。

直接引自敦煌本《大乘百法明門論疏》者，如義忠本、乘光本。此二本均爲殘卷，幸好《大正藏》保存有完整的内容，從中可以看出本疏對其之摘引。如第一二六行以下移録義忠本的部分，第五八一行「三科出體」出自義忠之疏（《洪武南藏》本）；第五二九行「五百劫中心無緣慮」，出自乘光《大乘百法明門論疏卷下》（《大正藏》第四四册第五九頁）。

（四）敘述精練、文字簡略的表達特色

文字簡略，如《俱舍論》（九〇行以後）略語、《瑜伽師地論》（第九九至一二三行）等。

卷末爲《瑜伽師地論》卷二六内容的高度概括。「瑜伽論」卷二六有近萬字，但到了這裏不足九百字，卻簡要地闡明其主題思想。

（五）作者推測

伯二三〇四《大乘百法論疏卷下》因卷首殘缺，没有留下作者姓名。

值得注意的是，该卷大量引用窺基（並不限於百法論疏釋注解的各種著述），如《大乘法苑義林章》《成唯識論述記》等；較多地引用義忠本的内容，而且在結構上與義忠本有些近似，但敘述方面比義忠本更簡明扼要。

據佛教史籍記載，在百法論相關的疏釋中，還有一種是長安西明寺僧乘恩的稿本，詳情來自於《宋高僧傳》卷第六《唐京師西明寺乘恩傳》（《大正藏》五〇册第七四三頁），全文如後：

釋乘恩，不知何許人也。肇從志學，知遍尋師，凡厠黌堂，必窮義路。常訓門人曰：「好學近乎智，力行近乎仁，仁智稍成，是殊名同實，趨菩薩地，若下坂之走丸耳。」恩樂人爲學，不忘講導。及天寶末，關中板蕩，因避地姑臧。旅泊之間，嗟彼密邇羌虜之封，極尚經論之學。恩化其内衆，勉其成功，深染華風，悉登義府。自是重撰《百法論疏》并《鈔》，行於西土。其《疏》祖慈恩而宗潞府，大抵同而少聞異，終後弟子傳佈。迨咸通四年三月中，西涼僧法信精研此道，禀本道節度使張義朝（張議潮）表進恩之著述，敕令兩街三學大德等詳定，實堪行用，敕依，其僧賜紫衣，充本道大德焉。

《新修科分六學僧傳》卷第二十三（《卍新續藏》第七七册第二七六頁）記載稍簡略：

唐乘恩，不知何許人。志學尋師，頡頏黌肆，尤樂於教養、講習之美，爲四方所歸。天寶末，關中板蕩。因避地姑臧，衆翕然影附。乃自念以羌虜之封，習俗易變，此亦佛法之幸也。故重撰《百法論疏》並《鈔》行之。既示寂，沙門法信禀本道節度使張朝義（張議潮），表進乞使兩街三學大德詳定，詔許之，仍賜其僧紫衣，充本道大德。則咸通四年三月也。

這裏除了記述乘恩本的成就之外，還特别强調咸通四年（八六三）敦煌歸義軍新政權專門派高僧法信向唐廷進貢並得到敕封事。《大宋僧史略》卷下（《大正藏》第五四册第二四九頁），記此事發生於咸通六年（八六五）：

懿宗咸通六年，西涼府僧法信，禀本道節度使張義朝（張議潮），差進乘恩法師所撰百法論疏抄。兩街詳定可以行，用敕宜依。其法信賜紫衣，充本道大德。

因此，年代問題應該以咸通四年（八六三）爲是。

這裏又值得注意的是：受派遣去唐廷進貢乘恩疏的法信和尚是「西涼府僧」，當時的西涼即當年乘恩避居之姑臧，是吐蕃占領時期在河西的大本營，也是張議潮的歸義軍經過三年苦戰，於咸通二年（八六一）收復的最後一個吐蕃在河西的重鎮。法信應該就是在這个時候向張議潮獻上這件產生於涼州、由自己精研深讀的「乘恩疏」。本卷第六四六行有十分顯眼的勾畫痕跡和添補内容；而在位於六四八至六五二行上方的開頭空白處，朱筆書漢藏文雜寫「言如是(ཨེ་)」，内容上與本疏文正文無關；漢文意思好理解，藏文的意思爲「梵文」，可能是僧人在研讀時信手所書。筆者推測，伯二二三〇四也就應該是法信研讀過的寫卷：他可能是將自己的謄抄本經過張議潮進貢給朝廷，而將這份底稿交由張議潮的部屬帶回歸義軍大本營敦煌，後入莫高窟藏經洞而得以存世。

乘恩疏雖然在中唐時廣泛流行於西土，晚唐時代又由敦煌歸義軍新政權作爲重要禮品呈獻給唐廷，遺憾的是也没能流傳後世。但這裏只記載説乘恩之疏在内容上「祖慈恩而宗潞府。大抵同而少聞異」，爲我們提供了可以進行推測的綫索。就我們現在看到的這份在敦煌發現的伯二二三〇四《大乘百法論疏卷下》，大量引用窺基和義忠的情况看，很可能是長安西明寺僧乘恩重撰之《百法論疏》並《鈔》。但推測當時進獻給朝廷的寫卷，必然是抄寫整齊的，最少應該是行書抄寫，而不應該是草書。因此，伯二三〇四極有可能就是乘恩疏的演講記録稿和底本。按乘恩曾因躲避戰亂移居河西，在武威（姑臧）和敦煌都留下活動記録，依僧傳記載，乘恩疏在西土的流行和他親自講演有一定關聯。

（六）書法風格簡議

從寫卷本身反映的情况看，現存首頁紙因爲没有烏絲欄，從第二行開始一直到第二八行都是傾斜的，至最後二行（第二九、三〇行）才糾正過，整個頁面顯得有些亂。而從第二紙開始，都有烏絲欄，卷面書寫就顯得比較整齊。首頁紙給我們提供了書寫趕急的信息，在各方面都没有準備好的情况下匆匆寫就，可能是聽講的記録。而後面各紙是其他助手們幫忙找到或者製作了烏絲欄，給書手以方便。再從全卷的書寫情况看，與普光本有些相似，即雖然書寫十分流利，揮灑自如隨意，但用墨濃淡不匀，一些地方的書寫也不甚流暢，還有多處校改痕跡。這一切首先進一步證明，本卷是一份記録原稿和用於抄寫的底本。書手是在受到各方面的限制的情况下記録和書寫的，出現這些情况也比較正常；其次從具有濃郁的章草遺風的今草的字形字體，較多地展示出漢晉以來敦煌及河西書法的傳統風格，寫本雖然受到聽講記録時的各種限制和影響，但從書體上看，仍然不失爲古代草書精華之作。

伍 幾點認識

（一）三種《大乘百法明門論疏卷下》的文獻價值

以上三種《大乘百法明門論疏卷下》殘卷，普光本有傳世；義忠本僅在《洪武南藏》中得以保存。《洪武南藏》爲明代刻造的三個官版中的最初版本，又名《初刻南藏》，明洪武五年（一三七二）敕令於金陵（今江蘇南京）蔣山寺開始點校，至洪武三十一年刻完；全藏六七八函，千字文編次天字至魚字，一千六百部，七千多卷；永樂六年（一四〇八）遭火焚毁，保留下來的唯一印本直到一九三四年才在四川省崇慶縣上古寺中發現，但已略有殘缺，並雜有部分補抄本和坊刻本在内；但義忠的《大乘百法明門論疏》無疑是洪武原刻本。即使是這樣，敦煌寫卷作爲唯一傳世的義忠疏的手抄本，雖然没有留下抄寫年代的記録，但從書體上看，應該屬於盛唐時代或之前的抄本，比《洪武南藏》早問世六百年左右。而伯二三〇四則是獨一無二的孤本。如果真的是乘恩本，又經過法信的研習，其珍貴之處不言而喻。

（二）內容上的大同小異

三件《大乘百法明門論疏卷下》，都是對大乘百法中除心法之外的九十二法的解釋，這在結構上與一般的百法論疏釋一致。而且，許多內容只是敘述上的不同，基本意思是一致的，沒有太明顯的個人見解，換湯不換藥，總體看是窺基的師承。

（三）書法風格的異同及其意義

因爲義忠本是抄寫本，普光本和乘恩本（疑）是記録稿，而兩份記録稿又是不同書手所寫，因此三件草書寫卷在書法上展示了兩種不同的風格，即義忠本的中原風格，和普光本、「乘恩本」的河西風格。彰顯了地域特色和唐代風貌，豐富了中國書法寶庫。

（馬　德　許葆華）

圖書在版編目(CIP)數據

大乘百法明門論疏. 卷下 / 馬德編著. --北京：
社會科學文獻出版社，2022. 6
（敦煌草書寫本識粹 / 馬德, 吕義主編）
ISBN 978-7-5201-9592-8

Ⅰ. ①大… Ⅱ. ①馬… Ⅲ. ①大乘－佛經－研究
Ⅳ. ①B942.1

中國版本圖書館CIP數據核字（2021）第277717號

·敦煌草書寫本識粹·
大乘百法明門論疏卷下

主　　編 / 馬　德　吕　義
編　　著 / 馬　德

出 版 人 / 王利民
責任編輯 / 周雪林
責任印製 / 王京美

出　　版 / 社會科學文獻出版社
地址：北京市北三環中路甲29號院華龍大厦　郵編：100029
網址：www.ssap.com.cn
發　　行 / 社會科學文獻出版社（010）59367028
印　　裝 / 北京盛通印刷股份有限公司

規　　格 / 開　本：889mm×1194mm 1/16
印　張：19　字　數：155千字　幅　數：108幅
版　　次 / 2022年6月第1版　2022年6月第1次印刷
書　　號 / ISBN 978-7-5201-9592-8
定　　價 / 498. 00圓

讀者服務電話：4008918866